제3판

반성적 실천을 위한

유아교육실습

| 박은혜 · 조운주 지음 |

창지사

머리말

우리나라에서는 유치원교사 자격을 취득하기 위해서 4주 이상의 유치원 현장실습을 하도록 규정하고 있다. 이러한 규정에 따라 모든 유아교사 양성 대학의 예비유아교사들은 유치원에서 정규실습을 이수해야 한다.

이처럼 교육실습은 유아교사를 양성하기 위해서 필요한 과정이지만, 교육실습 동안 지도교사와 교육실습생은 여러 가지 어려움에 직면하기도 한다. 지도교사와 교육실습생이 겪는 어려움을 덜어 주고, 질적으로 우수한 교육실습을 지원하기 위해서 지도교사와 교육실습생 교육 프로그램을 여러 해 동안 운영했었고, 프로그램 운영 과정에서 축척된 사례와 지식을 공유하려고 2006년도에 '반성적 실천을 위한 유아교육실습' 책을 출간했었다.

첫 출판을 하고, 7년 후인 2013년도에 개정판을 냈었는데, 2019년 개정 누리과정으로 유아교육실습에서도 변화가 필요하게 되었다. 이에 다시 7년 만에 3판 개정을 준비하였다. 이번 3판은 내용 면에서는 첫째, 놀이를 강조하는 세계적인 흐름과 국가 교육과정을 반영하여 기존에 활동 중심의 '수업' 에서 활동뿐 아니라 놀이 관찰 및 이해, 놀이 지원 및 확장에 대해서 다루었다. 둘째, '일과 및 학급 운영' 에서 융통성 있는 일과 운영 방법과 놀이 지원을 위한 환경 구성 방법을 제시하였다. 셋째, 유치원에서의 실무실습에 해당하는 사무 관리에 대한 내용을 새롭게 추가하였다. 구조적으로는 실제 사례들을 각 장의 앞부분에 제시하여 예비 유아교사들이 강의에 앞서 교육실습의 상황을 예측하고, 교육실습 상황에서 발생할 수 있는 문제들의 원인 및 해결 방법을 주도적으로 찾아보고 토의해 볼 수 있도록 구성하였다.

이 책의 특성을 살펴보면, 첫째, 성공적인 유아교육실습을 위해서 필요한 교육실습의 기초 이론을 제공하였다. 둘째, 유아교육실습 과정에서 실제 벌어지는 교사-교육실습생의 관계 사례, 교육실습생과 유아의 관계 사례, 수업 사례, 유아 지도 사례 등 다양한 사례를 제공하여 유아교육실습에 대한 간접 체험과 이해가 가능하도록 하였다. 셋째, 각 장별로 유아교육실습을 준비하는 데 도움을 줄 수 있는 계획하기, 분석하기, 토론하기, 역할놀이 실행 등의 다양한 개별, 소집단 활동을 제공하였다. 이와 같은 다양한 사례 및 활동을 통해서 교수 중심의 강의가 아닌 예비유아교사 중심의 수업이 가능하도록 하였다.

이 책은 1부 '유아교육실습의 기초', 2부 '유아교육실습의 실제' 두 파트로 구성되어 있다. 각 부의 구성 및 장별 내용을 살펴보면, 1부 유아교육실습의 기초는 6개 장으로 구성되어 있는데, 1장에서는 유아교육실습의 목적, 의의, 과정 및 내용, 제도 등의 기본 개념에 대해서 설명하였다. 2장에서는 멘터링, 성인학습, 교육실습생의 발달 등 교육실습 이론을 제공하였다. 3장에서는 교육실습생, 지도교사, 지도교수의 역할과 책임에 대해서 다루었다. 4장에서는 교육실습생을 이해하기 위한 교육실습생의 성격, 사고, 정서, 스트레스 등의 특성을 제시하였다. 5장은 교육실습 과정에서 교육실습생이 경험하는 인간관계와 의사소통에 대해서 다루었다. 6장은 저널, 포트폴리오, 수업장학 등 교육실습생의 전문성 발달에 대해서 제시하였다. 2부 유아교육실습의 실제는 5개 장으로 구성되어 있는데, 7장에서는 교육실습의 준비와 계획에 대해서 다루었다. 8장은 놀이와 활동 중심의 수업에 대해서, 9장은 유아에 대한 이해와 일상생활 지도에 대해서 다루었다. 10장은 놀이 중심의 일과 및 학급 운영, 사무관리에 대해서 다루었다. 11장은 교육실습생 및 지도교사의 평가에 대해서 제시하였다. 마지막 부록에는 교육실습생 일지 또는 포트폴리오 구성을 위한 양식들을 제시하였다.

이 책을 통해서 교육실습생과 지도교사가 자신의 역할을 인식하고, 필요한 기술과 지식을 습득하는 등 체계적으로 교육실습을 준비하고, 신뢰적인 관계를 형성하여 효율적이고 질적으로 우수한 교육실습을 수행할 수 있기를 희망한다. 또한 지도교사가 효율적으로 교육실습생을 지원하는 데에 도움이 되기를 기대한다. 그러나 의도한 것을 전달하는 데에는 여전히 부족한 부분이 많기 때문에 독자들의 비판과 격려가 필요하다. 마지막으로 책을 정성으로 만들어 주신 창지사 관계자분들께 감사의 인사를 드린다.

2020년 7월
저자 씀

차 례

2부 유아교육실습의 실제

○○○ 1부

유아교육실습의 기초

유아교육실습의 개념 1장

교육실습에 대한 실습생 저널

나에게 교육실습은 현장으로 나가기 전의 경험으로 가볍게 여길 수도 있지만, 유아들에게 한 달은 중요할 수 있다고 생각했기 때문에 나는 유아들에게 정말 최선을 다하며 교육실습에 임했다. 하지만 수업을 계획할 때에 무언가 배워 가는 것이 있었으면 하는 마음에 너무 학습에 중점을 두고 계획한 경우가 있었다. 그리고 유아들의 문제행동이 나타났을 때, 해결 방법보다는 제재를 하는 방향으로 가게 된 점이 유아들에게 너무 미안하고, 나 스스로 많은 자책감이 들었고, 자존감마저 떨어졌었다. 하지만 그럴 때마다 담당 선생님의 조언을 통해 내가 이런 상황에서 어떻게 대처를 해야 하는지, 좋은 수업을 어떻게 만들어 가야 하는지 등 교사로서 전문능력을 기를 수 있는 방법에 대해 많이 배울 수 있었다. 그리고 수업을 한 후 좋은 점보다는 잘못한 부분에 대해서 자책만 하는 나에게 항상 장점을 말씀해 주시며 용기를 북돋아 주시고 자존감을 높여 주셨다.

4주 동안의 교육실습 시간은 많은 것을 배우고 느낄 수 있는 시간이었다. 가끔 이론과 현장에서 바라는 것이 달라 혼란스럽기도 했지만, 막연하게만 생각했던 유아교육에 대한 것들이 교육실습을 통해서 분명해졌고, 올바른 교사상에 대해서도 배우게 되었다.

이러한 배움 속에서 교육실습을 하는 동안 나에게 많은 변화가 생기게 되었는데 우선 교사라는 직업에 대해 자부심과 보람을 직접 느껴 보았고, 앞으로의 진로에 대한 확신을 가지게 되었다. 또한 교사의 역할에 대해서도 많은 생각을 해 볼 수 있는 시간이었다.

그리고 유아들을 대상으로 직접 수업을 해 보기도 하고 하루하루를 같이 지내면서 유아들이 내 뜻대로 따라 주지 않아 속상할 때도 있었지만, 매일의 일과 속에서 항상 새로운 모습의 유아들을 보면서 삶의 활력을 느낄 수 있었고, 유아들을 더욱 사랑하고 아끼는 마음을 가지게 되었다.

사례에 대해서 토의하기

- 저널에 나타난 교육실습의 의의
- 교육실습을 통해서 배우기 원하는 것

1. 유아교육실습의 목적

유아교육실습은 예비교사가 일정 기간 동안 지도교사의 지도 하에 대학에서 배운 이론을 교육현장에 적용하고, 체험해 보는 과정을 의미한다. 유아교육실습 동안 예비교사는 유아교육기관에서 유아를 지도하고, 수업을 진행하고, 학급을 운영하고, 사람들과 상호작용을 하는 등 다양한 유아교사의 역할을 경험한다. 이런 경험을 통해서 예비교사는 유아교사로서 갖추어야 할 교육적 이해와 지식 및 기술을 증진시키고, 유아교사로서의 실천 능력과 반성적 사고를 기른다. 더 나아가 유아교사로서의 태도 및 성향을 배운다. 따라서 유아교육실습은 예비교사에게 실제적인 교사로서의 준비를 도와주는 가장 핵심적인 부분이고 유아교사로 입문하는 과정이라고 볼 수 있다(김정규, 이광자, 1997; 류진희, 2000; 이영석, 정찬주, 박인권, 박재환, 1994).

유아교육실습은 우리나라뿐 아니라 외국에서도 교사 양성의 중요한 부분으로 인식되고 있다. 유아교육실습이 유아교사 양성의 중요한 과정으로 실행되는 이유는 대학에서 이루어지는 교육과는 다른 여러 가지 특성을 갖기 때문이다. 이론 중심으로 각 교과목들이 분리되어 있는 대학의 교육과는 달리 유아교육실습은 이론과 실제, 대학과 현장을 통합하고 연계한다. 유아교육실습은 예비교사가 대학에서의 교수 및 친구와의 관계에서 벗어나 유아, 원장, 교사, 부모 등 교육현장에서의 다양한 인간관계를 경험하게 한다. 또한 유아교사에게 필요한 실천적인 기술과 의사결정을 연습할 수 있는 기회를 제공한다. 유아교육실습은 다양한 현장 체험 및 교사로 전환할 수 있는 경험을 제공하므로 예비교사에게 유아교사로서의 정체성을 확립하고, 자신의 적성을 파악할 수 있게 한다.

이러한 긍정적 가치가 있는 유아교육실습의 목적을 살펴보면, 정재철(1977)은 유아교육실습의 목적을 풍부한 교직 경험, 합리적인 교직 기술의 연마, 숭고한 교직자적 정신의 확립, 유아교사로서의 자기 이해와 자기 검증이라고 하였다. Hopkins와 Moore(1993)는 유아교육실습의 목적은 예비교사가 창의적이고 전문적 기술을 지닌 유아교사가 되도록 하고, 예비교사에게 문제와 질문을 제기할 수 있는 기회를 제공하는 것이라고 하였다. 전경원과 황혜성(2004)은 유아교육실습의 목적을 유아교육 이론과 실제의 접목, 유치원 교사의 직무 이해, 교사로서의 적성 파악, 유치원 환경의 이해라고 하였다.

유아교육실습의 목표를 살펴보면, Hopkins와 Moore(1993)는 유아교육실습의 목표는 자기 주도적으로 되기, 경험을 통해서 철학 구성하기, 다양한 교수학습 상황 경험하기, 교수기술 및 교수자료 경험하기, 과외의 교육과정 활동 참여하기, 유아들의 개인차 고려하여 지도하기, 인간관계 기술 이해하고 적용하기, 교육환경 경험하기, 실제적인 근무환경 경험하기라고 하였다. Machado와 Meyer-Botnarescue(2004)는 유아교육실습의 목표를 자신을 알고 신뢰하기, 교육철학 발전시키기, 부모 및 이웃을 이해하고 관계 형성하는 것 알기, 유아의 요구를 인식하고 지원하는 것 알기, 교육 목표를 인식하고 교수방법 배우기, 학급 환경 구성 알기, 효율적으로 평가하는 것 알기 등이라고 하였다. 임영서(1999)는 유아교육실습의 목표를 교육 의욕 높이기, 유아 지도 능력 향상, 교육이론의 실증적 연구, 교육현장의 실제 체험, 유아에 대한 이해 심화라고 하였다.

이상 학자들의 제안에 근거하여 유아교육실습의 목적을 정리하면, 유아교육실습은 유아교사로서의 철학 및 교직관 형성, 유아교사로서의 정체성 형성, 실천적이고 전문적 지식 및 기술 습득, 유아교사직에 대한 적성 파악 등을 위한 것이다. 유아교육실습의 목적에 기초하여 구체적인 유아교육실습의 목표를 정리하면 다음 |표 1-1|과 같다.

|표 1-1| **유아교육실습의 목적 및 목표**

목 적	목 표
유아교사로서의 철학 및 교직관 형성	• 유아교육철학 발전시키기 • 유아교사로서의 교직관 형성하기
유아교사로서의 정체성 및 자긍심 형성	• 유아교사직의 특성 이해하기 • 유아교사의 역할, 책임 이해하기 • 유아교사로서의 신뢰감 발전시키기
실천적이고 전문적 지식 및 기술 습득	• 유아교육 목표 인식하기 • 수업 계획 및 교수방법 배우기 • 교수자료 경험하기 • 유아에 대한 이해 심화하기 • 유아의 성장과 발전 촉진하기 • 유아의 행동 지도하기 • 학급환경 구성 이해하기 • 유아교육기관의 일과 운영 알기 • 효율적으로 평가하기 • 유아교육기관의 행정 및 사무 업무 알기 • 유아, 교직원, 부모들과 관계 형성하기 • 의사소통 기술 배우기 • 창의적인 문제해결 기술 발달시키기
유아교사직에 대한 적성 파악	• 유아교육에 대한 의욕 증진시키기 • 유아교사로서의 자신의 장·단점 파악하기 • 자신을 알고 수용하기

2. 유아교육실습의 의의

교육실습생은 유아교육실습을 통해서 대학에서 경험하기 어려운 유아놀이 지원, 일상생활 지도, 활동 실행, 일과 운영, 환경 구성, 사무 관리 및 행정 업무, 행사 등 교사로서의 다양한 경험을 하고 이런 경험을 통해서 유아교육 현장에 대한 이해를 넓혀 나간다. 즉, 유아교육실습은 예비교사가 유아교사로 성장할 수 있도록 경험을 제공해 주고 총체적으로 준비시켜 준다.

유아교육실습 기간 동안 교육실습생은 반성적 사고, 효능감, 신념, 실천적 지식과 기술 등이 증진되는 등 유아교사로서 성장한다(McDermott, Gormeley, Rothenberg, & Hammer, 1995; Pultorak, 1993; Sparks-Langer, Simmons, & Pasch, 1990; Veale, 1989). 교육실습생은 교육실습 기간 동안 유아교사로서 유아 지원, 수업 실행, 학급 운영 등을 경험하지만, 판단이 미숙하고 능력이 부족하여 실천 과정에서 많은 문제 상황이나 딜레마에 직면하게 된다. 이런 문제 상황은 교육실습생의 반성을 촉진시킬 수 있다. 물론 교육실습생의 경험에 대한 반성은 대부분이 주관적인 느낌이나 경험을 진술하는 기술적 단계이거나, 문제 상황이나 교육 결과를 평가하는 수준이다(Collier, 1999; Ross, 1989; Surback, Han, & Mayer, 1991). 그러나 낮은 수준의 반성이라고 하더라도 교육실습생은 반성을 통해서 실천적 지식과 기술을 발전시키게 된다.

또한 교육실습생은 교육실습 과정에서 실제적으로 유아교사라는 직업을 파악하고, 교사의 역할에 대해서도 현실적인 견해를 갖게 되면서 유아교사직의 특성을 이해하게 된다. 즉, 교육실습생은 교육실습 과정을 통해서 유아교사로서 가르치는 것의 현실은 어떠한지, 유아교사의 역할과 자질은 어떤 것인지를 이해하게 된다(이명순, 2000).

더 나아가 교육실습생은 교육실습을 통해서 유아교사로서의 자신의 적성을 파악하거나 자질의 변화를 느낀다. 교육실습생은 자신의 변화를 통해서 유아교사로서의 자신감을 얻는다. 또한 자신의 태도와 기술의 긍정적인 변화를 인식하고, 미래의 유아교사로서의 이미지를 구축해 보는 기회를 갖는다(염지숙, 2003).

이처럼 교육실습을 통해서 교육실습생은 유아교육 현장을 좀 더 종합적으로 이해하고, 자신의 발전적인 변화를 스스로 느끼면서 교육실습 이전보다 유아교사로 한걸음 발전한다. 이상 제시한 유아교육실습의 의의를 정리하면 다음과 같다.

- 유아교사로서의 전문적이고 실천적인 지식과 기술을 심화시켜 준다.
- 유아교육 이론과 실제를 통합하게 한다.
- 유아교사로서의 교육관을 갖게 한다.
- 다양한 문제해결 및 의사결정 기회를 제공한다.
- 다양한 교수학습 방법 및 상황을 경험하게 한다.
- 다양한 자료의 사용을 경험하게 한다.
- 수업 이외의 다양한 활동에 참여할 수 있는 기회를 제공한다.
- 유아의 특성을 파악하고 이해할 수 있는 기회를 제공한다.
- 유아, 교직원, 부모 등 다양한 인간관계 및 대인관계 기술을 경험하게 한다.
- 학급 운영의 기회를 제공한다.
- 행정 및 사무에 대한 교사 역할을 경험하게 한다.
- 유아교사로서 자신의 능력과 자질을 평가할 수 있는 기회를 제공한다.

이처럼 유아교육실습은 학생에서 유아교사로의 전환을 준비하는 과정으로 대학교육에서 경험하지 못한 다양한 현장 경험을 제공하여 유아교사에게 필요한 지식, 기술 및 자질을 기르게 한다. 그러나 경우에 따라서는 부정적인 영향을 미치기 때문에 효과적인 유아교육실습을 위해서는 대학과 유아교육기관이 교육실습의 문제점을 파악하고, 보다 협력적인 교육실습 체제를 구성하고 운영해야 한다.

3. 유아교육실습의 과정 및 단계

유아교육실습 과정은 시기에 따라 다르고, 단계에 따라서 진행된다. 유아교육실습의 과정 및 단계를 살펴보면 다음과 같다.

1) 유아교육실습의 과정

유아교육실습의 과정은 교육실습 시기에 따라서 사전실습, 정규실습, 사후실습으로 구분할 수 있다. 과거에 대부분의 대학에서는 유아교육실습으로 2학점(4주)의 정규실습만을 운영해 왔다. 그러나 현장 경험이 거의 없는 교육실습생이 4주의 정규실습을 통해서 교사 역할을 경험한다는 것은 불가능하다. 이런 문제점을 해소하기 위해서 2009년 이후 입학자부터는 4학점의 교육실습(교육봉사활동 2학점 이내 포함)을 이수하도록 규정하고 있다(교육부, 2019). 또한 많은 대학에서는 정규실습 이외에 사전실습과 사후실습을 운영하고 있다. 사전실습, 정규실습, 사후실습에 대해서 구체적으로 살펴보면 다음과 같다.

(1) 사전실습

사전실습은 정규실습 전에 일정 기간 동안 또는 각 교과목별로 교육실습이 이루어지는 것으로 교육실습생이 유아교육기관을 관찰하고, 일부 수업을 실행하는 등 현장에 대해서 경험하고 정규실습을 준비하는 기간이다. 대학들은 예비교사가 유아교육기관을 관찰하고, 보조교사의 역할을 하고, 교사로서 일부 수업을 실행해 보게 하는 등 다양한 형태로 사전실습을 운영한다. 이러한 사전실습은 여러 가지 측면에서 가치가 있다. 첫째, 유아교육기관의 환경, 유아의 놀이 및 발달 특성, 교육활동, 교사의 역할 수행 등을 관찰하여 유아교육기관에 대한 이해를 증진시킨다. 둘째, 부분 수업을 실제 수행해 보므로 효과적인 교수방법에 대해서 알게 되고, 이론을 현장에 접목하여 실천적인 지식을 획득한다. 셋째, 유아교육 현장에서 보조교사로서 활동을 하므로 교사의 역할을 이해하고, 유아교육기관에 도움을 준다. 넷째, 정규실습을 체계적으로 준비할 수 있어서 정규실습의 질을 향상시킨다.

(2) 정규실습

정규실습은 교사로서의 역할 경험뿐 아니라 교육과학기술부에서 발급하는 교사 자격증 취득을 위해서 반드시 이수해야 하는 과정으로 모든 유아교사 양성 대학에서는 4~6주의 정규실습을 실행하고 있다. 정규실습은 지도교수와 지도교사의 지도 하에 사전실습보다 체계적으로 이루어지는데, 대부분 관찰, 참여, 실제실습으로 진행된다. 관찰 기간 동안 교육실습생은 유아교육기관의 실내 · 외 환경 및 시설 · 설비, 유아의 놀이, 유아의 발달 및 개인적 특성, 교사의 수업 진행, 일과 운영, 학급 운영 등 물적 · 인적 요소를 모두 관찰한다. 참여 및 실제실습 기간에는 지도교사가 전체 교육과정을 진행하고, 교육실습생이 지도교사를 보조하거나 실제 놀이 지원, 활동, 생활지도 등을 일부 담당한다. 그리고 대부분 교육실습의 마지막 주에 교육실습생이 종일수업을 진행한다.

그런데, 우리나라에서 실시하고 있는 4~6주의 정규실습은 외국의 1학기 이상의 교육실습과 비교할 때 매우 짧은 기간이다. 따라서 교육실습생의 실천 능력을 증진시키기 위해서는 체계적인 사전실습 운영 및 정규실습 기간의 확장이 필요하다. 그러나 교육실습의 질이 교육실습생에게 미치는 긍정 · 부정적 효과를 고려할 때, 교육실습의 질적 향상이 우선되어야 한다.

(3) 사후실습

사후실습은 정규실습 이후에 이루어지는 교육실습으로 대부분 교육실습기관과 교육실습생의 의사에 따라서 자율적으로 진행된다. 사후실습은 교육실습기관과 교육실습생에게 일임되기 때문에 기간이나 방법 모두 교육실습생과 교육실습기관이 협의하여 진행한다. 사후실습을 통해서 교육실습생은 유아교육기관의 행사를 돕거나 보조교사로 수업에 참여하고, 환경 구성 및 교수자료를 제작하면서 유아교육 현장에 대한 이해를 심화시킬 수 있다. 또한 사후실습이 취업으로 연결되는 경우도 있다. 그러나 대부분의 사후실습은 대학의 지도 없이 개별적으로 진행되기 때문에 교육실습생이 교사로서의 역할을 경험하기보다는 유아교육기관에서 보조 인력으로 활용되는 경우가 많다. 따라서 대학에서는 사후실습을 학생에게만 일임할 것이 아니라 교육과정 속에서 계획하고 유아교육기관과 협동하여 보다 체계적으로 사후실습을 실행하고 활성화해야 한다.

2) 유아교육실습의 단계

정규실습의 경우, 교육실습생의 참여 정도에 따라서 관찰실습, 참여실습, 실제실습의 단계로 진행된다. 교육실습의 초기 단계에 교육실습생은 주로 관찰하는 시간을 갖는다. 이런 관찰을 통해서 교육실습기관에서 이루어지는 일과에 대해서 어느 정도 이해가 생기면 지도교사의 수업에 참여하고, 점차 교사로서의 역할을 실제 실행해 본다. 참여 단계에서도 관찰은 수반되며, 실제 단계에서도 관찰과 참여를 수행한다. 이처럼 점진적인 교육실습생의 참여는 교육실습기관에 대한 적응을 돕고 교육실습에 의한 충격을 감소시킬 수 있다.

(1) 관찰실습

유아교육실습을 시작하면서 교육실습생은 많은 시간을 관찰하는 데 소모한다. 관찰 기간 동안 교육실습생은 유아, 지도교사의 수업, 하루 일과, 환경 등을 관찰하고 분석하면서 유아들의 놀이 및 특성, 하루 일과의 운영을 이해하게 되고, 지도교사의 긍정적인 모델을 통해서 유아 지원 및 수업 운영에 대해서 학습할 수 있다. 교육실습생들은 관찰 기간 동안 일과 관찰일지나 저널 쓰기를 수행하는데, 이 과정에서 자신의 반응을 적고, 자신의 신념을 탐색하고, 교사로서 반성할 수 있다. 이처럼 관찰은 가치 있는 활동이고 관찰을 어떻게 활용하느냐에 따라서 교육실습의 질이 달라질 수 있다.

관찰 시간이 충분히 유익하기 위해서 교육실습생은 관찰하는 것과 보는 것은 같지 않다는 것을 깨달아야 한다. 관찰은 세부적인 것에 대한 관심, 일어난 일에 대한 분석과 평가, 기존 정보에 새로운 정보를 동화시키는 것을 포함한다. 관찰 시간을 최대로 유익하게 사용하기 위해서는 관찰하고 있는 것이 무엇인지, 관찰을 통해서 알게 된 것은 무엇인지를 파악해야 한다.

교육실습 첫날 교육실습생이 학급에 들어갔을 때, 지도교사는 학급에 대해서 느끼고 하루 일과를 배우게 하기 위해 며칠 동안 관찰을 하도록 제안할 것이다. 교육실습생은 관찰하는 동안 자신이 교사의 역할을 수행할 때를 예상하여 교사의 역할을 분석적으로 조사하고 인식해야 한다. 관찰할 때 지도교사로부터 일과 계획표를 얻으면 일과의 순서를 빨리 이해하고 예상하여 효과적으로 관찰할 수 있다.

교육실습생은 눈으로 볼 수 있는 모든 것에 대해서 관찰해야 한다. 우선 유치원의 건물 및 공간 배치, 놀이 영역 및 놀잇감, 시설·설비 등 물리적 환경에 대해서 관찰해야 한다. 둘째, 유아들의 놀이 및 개인 특성, 유아와 교사의 상호작용 및 지원 등 유아 지도 전반에 대해서 관찰해야 한다. 셋째, 수업 계획, 실행, 평가의 전반에 대해서도 관찰을 해야 한다. 그 외에도 유아 일상생활 지도, 일과 운영, 학급 규칙, 문서 관리 및 작성, 행사 등 학급 운영 및 실무에 대해서도 관찰해야 한다.

(2) 참여실습

참여실습은 교육실습생이 지도교사의 보조자로서 수업, 유아 지도, 일과 및 학급 운영 등에 참여하는 과정이다. 이 단계에서는 관찰뿐 아니라 지도교사의 지도 하에 다양한 업무에 참여하므로 교사 역할을 독립적으로 수행하는 실제실습을 준비할 수 있게 도와준다. 참여실습 단계에서 교육실습생은 교사로서의 부담은 없으나 교사로서의 역할을 직·간접적으로 경험해 볼 수 있다.

참여실습 단계에서 교육실습생의 참여는 이후의 실제실습의 기초가 되므로 모든 활동에 적극적으로 참여하도록 한다. 그러나 참여실습 단계는 교육실습생이 주도적으로 실행하는 단계가 아니므로 모든 것은 지도교사의 지도에 따르도록 한다.

(3) 실제실습

실제실습은 교육실습생이 관찰 및 참여실습의 경험에 기초하여 유아교사로서의 역할을 실제 실행해 보는 단계이다. 여전히 지도교사의 지도를 따르기는 하지만 유아의 놀이를 지원하고, 일상생활을 지도하고, 활동을 실행하고, 일과를 운영하고, 환경 구성 및 문서 관리 등을 하면서 교사로서의 역할을 맡아서 수행한다. 실제실습은 실습생이 부분적으로 수업을 맡아서 진행한 다음, 하루 일과 전체를 주도적으로 맡아서 운영하는 등 점진적으로 진행하는 것이 효과적이다. 이처럼 교육실습생이 교사 역할을 실행해 보지만, 완전히 주도권을 갖는 것이 아니므로 모든 사항은 지도교사와 협의해야 한다.

4. 유아교육실습의 내용

유아교육실습에서 교육실습생이 경험해야 하는 내용은 수업, 유아 이해 및 지도, 일과 및 학급 운영 등이다. 이는 가장 중요한 유아교사의 역할에 대한 것으로 교육실습 기간 동안 교육실습생이 관찰하고, 참여하고, 실행해 보아야 하는 교육실습의 내용이다. 이 책의 2부 유아교육실습의 실제에서는 교육실습의 내용을 구체적으로 제시하였다. 우선, 교육실습의 내용을 간단히 소개하면 다음과 같다.

1) 수업

수업은 교사가 유아에게 지식이나 기능을 가르치는 것뿐 아니라 학습을 촉진시키는 모든 활동이라고 정의할 수 있다(국립국어원, 2019). 유아들의 수업에서 학습 목표보다 학습 경험을 중시하게 되면서 놀이 중심의 수업이 강조되고 있다. 이에 교육실습생은 교육실습에서 유아의 놀이를 지원하고 활동을 실행하는 등 다양한 경험을 해 보아야 한다.

(1) 놀이

교육실습생은 유아의 놀이 양상, 요구와 흥미를 관찰해야 한다. 관찰을 기초로 유아의 놀이를 이해하고, 분석하여 적절하게 유아와 상호작용하고 놀이를 지원하는 방법을 배워야 한다. 예비교사가 대학에서 유아의 일반적인 놀이 및 발달 양상에 대해서 배웠지만, 교육실습에서 유아의 놀이 주제, 양상, 발달 등을 파악하여 적절히 지원하는 것은 쉬운 일이 아니다. 각기 다른 가정환경에서 자란 유아들의 요구와 흥미, 성향에 따라서 놀이의 양상도 다양하고, 유아의 사회, 정서, 인지, 언어, 신체 발달 정도에서도 개인차가 크기 때문이다. 따라서 교육실습생은 교육실습 기간 동안 유아들의 놀이 주제 및 양상, 발달 특성, 흥미와 요구 등을 지속적으로 관찰하고 이해해야 한다. 이러한 관찰 및 이해를 바탕으로 교육과정에 근거하여 유아와 상호작용하고, 유아들의 놀이를 지원 및 확장시켜야 한다. 교육실습에서 교육실습생이 경험해야 하는 유아의 놀이 이해 및 지원에 대한 내용을 제시하면 다음과 같다.

- 유아의 실내·외 자유놀이 양상(주제, 참여 유아, 시간, 공간 및 자료 활용 등) 관찰
- 교육과정에 기초한 놀이 분석
- 지원 및 확장 방법(공간 변화, 놀잇감 및 자료 제공 등) 계획
- 지원 및 확장 실시
- 유아의 반응 및 놀이 재관찰

(2) 활동

활동을 실행하는 것은 교육실습생이 실제 교사로서 활동을 계획하고, 실행해 보는 것을 의미한다. 교육실습생이 활동을 실제 실행할 때에는 다음과 같은 사항을 고려하는 것이 효과적이다. 첫째, 교사 주도적인 활동을 실행하기보다 유아들의 놀이를 관찰하고, 유아들의 놀이를 교육과정에 기초하여 분석하는 것이 필요하다. 둘째, 유아의 놀이를 지원하고, 확장시켜 줄 수 있는 가장 적절한 활동을 선정한다. 셋째, 지도교사와 협의 하에 활동을 계획한다. 넷째, 활동을 실행한 다음, 지도교사와의 협의회를 통해서 반성한다. 교육실습에서 교육실습생이 경험하는 활동에 대한 세부내용을 제시하면 다음과 같다.

- 유아 놀이 관찰
- 교육과정에 기초한 놀이 분석
- 유아 놀이를 지원 확장할 수 있는 활동 계획
- 지도교사와 사전 협의회
- 활동 실행
- 활동 평가 및 사후 협의회

2) 유아 이해 및 지도

교육실습에서 유아 지도는 교육실습생이 유아를 이해하고, 일상생활, 부정적 행동, 또래 관계나 갈등 등을 효과적으로 지도하는 방법을 배우는 것이다. 유아의 등·하원, 전이활동, 간식 및 식사, 또래 관계 및 갈등은 하루 일과 중 매일 이루어지는 부분이므로 교육실습 기간 동안 교육실습생도 매일 경험하게 되고, 교사가 된 이후에도 매일 지도해야 한다. 따라서 유아 지도는 교육실습의 중요한 부분이다. 교육실습 기간 동안 다루어질 수 있는 유아 지도 내용을 정리하면 다음과 같다.

- 유아 관찰 및 이해
- 일상생활(등 · 하원, 전이활동, 간식 및 식사, 청결 및 안전) 지도
- 부정적 행동 지도
- 또래관계 지도
- 갈등 지도

3) 일과 및 학급 운영

교육실습에서 일과 및 학급 운영은 하루 일과를 편성 · 운영하는 것과 학급환경 구성, 사무 및 행정 처리, 부모 상담 및 행사 등 유아교사가 원활히 학급을 운영하기 위해서 필요한 실무에 대한 것이다. 교육실습생이 유치원 현장을 방문했던 경험이 있다 하더라도 하루 일과 전체를 관찰하는 경험은 매우 부족하다. 그리고 학급 운영에 관련된 내용은 대학교육을 통해서 부분적으로 배울 수 있으나, 모든 내용을 다루기는 어렵다. 따라서 교육실습 기간 동안 교육실습생이 경험하는 일과 및 학급 운영의 경험은 중요하기 때문에 교육실습기관에서는 되도록 다양한 경험을 제공해야 한다. 유아교육기관에서 교육실습생이 경험할 수 있는 일과 및 학급 운영의 내용을 제시하면 다음과 같다.

- 일과 계획-실행-평가
- 환경 구성
- 사무 및 행정 처리
- 부모 상담
- 행사 진행

5. 유아교육실습의 제도

우리나라의 유아교육실습은 「유치원 및 초등 · 중등 · 특수학교 등의 교사자격 취득을 위한 세부기준」(교육부, 2019a)과 「교원자격검정실무편람」(교육부, 2019b)에 의해서 실행되고 있다. 교원자격검정실무편람에는 학점당 기준 시간, 교육실습 면제 또는 대체, 교육실습 시기, 학교현장실습 운영, 교육봉사활동의 운영, 시 · 도교육청 및 교육실습 대상학교와의 협력 등에 대해서 명시하고 있다. 교원자격검정실무편람에 의하면 교육실습은 학교현장실습 최소 2학점 이상, 교육봉사활동 2학점 이상, 총 4학점 이상을 이수해야 한다. 학교현장실습은 2주 또는 80시간 이상을 1학점으로 인정하고 있으며, 교육봉사활동은 30시간 이상을 1학점으로 인정하고 있다. 교육실습 중 학교현장실습의 실시 학년 및 시기 등은 대학에서 자율적으로 결정하고, 학교현장실습 지원(협력)학교는 양성기관의 장이 책임지고 선정해야 하나, 학생이 희망하는 경우 개별적으로 선정할 수 있도록 하고 있다. 유아교육실습 관련 규정 및 내용을 정리하면 다음 Ⅰ표 1-2Ⅰ와 같다.

Ⅰ표 1-2Ⅰ 유아교사 양성을 위한 교육실습 규정 및 내용

교육실습 관련 규정	내용
유치원 및 초등·중등·특수학교 등의 교사자격 취득을 위한 세부기준 (교육부, 2019a)	• 교육실습 : 4학점 이상(학교현장실습 2학점 이상, 교육봉사활동 2학점 이상 포함 가능)
교원자격검정실무편람 (교육부, 2019b)	• 학교현장실습을 전일제로 실시하는 경우, 1학점당 2주로 하며 학교현장실습 기간 중 공휴일 등이 포함될 수 있다. 단, 실습기간이 연속되지 않은 학교현장실습의 경우는 1학점당 80시간 이상을 기준으로 한다(고시 제6조 4항). • 교육봉사활동은 1학점당 30시간 이상을 기준으로 한다(고시 제6조 9항).

우리나라에서 교사자격증 획득을 위한 필수 사항으로 교육실습을 규정하고 있는 것처럼 다른 나라에서도 교육실습은 교사자격증 획득을 위한 필수조건이다. 미국의 경우, 교육실습 학점과 기간은 주에 따라 차이가 있어서 최소 3학점에서 50학점까지 다양하다. 아리조나 주(Arizona Department of Education, 2012)는 8학점의 교육실습을 요구한다. 델러웨어 주(State of Delaware, 2009)는 1년(91일 이상)의 교육실습을 요구한다. 미시간 주(State of Michigan, 2013)는 최소 12주(6학점)의 교육실습을 요구한다. 대부분은 8~16주 정도를 교육실습 기간(김은영, 1999, United States Department of Education, 2001)으로 운영하고 있어서 우리나라의 교육실습 기간보다 길다.

교육실습 기간에 대한 규정 이외에 유아교육실습 제도는 대학의 교육실습 운영 방향을 제공해 주는 기본적인 기준이 된다. 지나치게 세부적인 교육실습 제도나 규정은 대학의 자율성을 제한할 수 있으나 기본적인 방향을 제공하는 수준에서 정부의 교육실습 법규나 규정은 교육실습의 기본적인 질적 수준의 유지를 위해서 필요하다. 보다 바람직한 교육실습 제도의 방향을 제시하면 다음과 같다.

첫째, 국가 차원에서의 유아교사 양성 목적 및 기준이 마련되어야 한다. 각 대학의 유아교육실습은 유아교사 양성 목적에 기초하고, 대학의 유아교사 양성 목적은 정부의 유아교사 양성 목적에 기초하여 실행되어야 한다. 따라서 유아교육실습의 목적을 분명히 하기 위해서 국가 차원에서의 유아교사 양성 목적과 기준이 우선 마련되어야 한다.

둘째, 체계적인 교육실습을 위해서는 교육실습 기간에 대한 확장이 필요하다. 「유치원 및 초등 · 중등 · 특수학교 등의 교사자격 취득을 위한 세부기준」(교육부, 2019a)에 의해서 대부분의 대학들이 4~6주의 교육실습을 하고 있다. 다른 나라들의 경우 대부분 교육실습 기간이 12주 이상이고, 졸업 후에는 교육실습의 연속선으로 인턴십을 운영하는 경우가 많다. 우리나라의 교육실습 기간은 상대적으로 짧기 때문에 법에 명시되어 있는 교육실습 기간을 확장할 필요가 있다.

셋째, 교육실습기관 선정, 지도교사의 자격 및 보상 등 교육실습에 대한 정부의 세부적인 규정이 필요하다. 우리나라의 모든 유아교육기관은 질과 상관없이 교육실습기관으로의 역할을 수행해 왔다. 교육실습의 기본적인 질적 수준을 유지하기 위해서 바람직한 유아교육기관임을 증명할 수 있는 교육실습기관 선정 규정이 필요하고, 자질과 능력을 갖춘 지도교사를 선정하기 위한 자격 및 보상 등에 대한 규정이 필요하다(조운주, 2001).

제시한 것과 같이 국가 차원에서의 교육실습 규정은 어느 정도의 교육실습의 질을 유지시키는 데 필요하다. 그러나 보다 체계적인 유아교육실습을 운영하기 위해서는 각 대학마다 유아교육실습 운영 기준이 필요하다. 유아교사 양성 대학에서 필요한 유아교육실습의 운영 기준을 제시하면 | 표 1-3 | 과 같다(조운주, 손미령, 2005).

| 표 1-3 | 대학의 유아교육실습 운영 기준

구 분		교육실습 운영 기준
목표		• 정부 및 대학의 교사 양성 목표에 근거한 구체적이고 체계적인 유아교육실습 목표 설정
배정		• 교육실습기관 선발 기준 • 교육실습생 배정 기준
참여자 자격 및 역할	교육실습생	• 교육실습생 자격 기준 • 교육실습생 역할 기준
	지도교사	• 지도교사 자격 기준 • 지도교사 역할 기준
	지도교수	• 지도교수 역할 기준
기간 및 과정		• 교육실습 기간 및 학점 기준 • 교육실습생 교육 기준 • 지도교사 사전교육 기준 • 교육실습 과정 기준 • 세미나 실행 기준
평가		• 평가 대상 및 참여자 기준 • 평가 시기 및 방법 기준 • 평가 내용

활동 1-1 교육실습 목표 정하기

다음의 교육실습 목표 중 교육실습생 본인이 중요하게 생각하는 목표는 무엇인지 체크하고, 그 이유를 동료들과 토의해 본다.

교육실습 목표	선정 여부	선정 이유
유아교육철학 발전시키기		
유아교사로서의 교직관 형성하기		
유아교사직의 특성 이해하기		
유아교사의 역할 및 책임 이해하기		
유아교사로서의 신뢰감 발전시키기		
유아교육목표 인식하기		
유아교수방법 배우기		
유아교수자료 경험하기		
유아에 대한 이해 심화하기		
유아의 성장과 발전 촉진하기		
유아의 행동 지도하기		
학급환경 이해하기		
유아교육기관의 일과 운영 알기		
효율적으로 평가하기		
유아교육기관의 행정 및 사무 업무 알기		
유아, 교직원, 부모들과 관계 형성하기		
의사소통 기술 배우기		
창의적인 문제해결 기술 발달시키기		
유아교육에 대한 의욕 증진시키기		
유아교사로서의 자신의 장·단점 파악하기		
자신을 알고 수용하기		

활동 1-2 교육실습 목표 달성

다음은 교육실습생의 저널이다. 저널을 읽고, 교육실습생이 교육실습 과정을 통해서 어떠한 교육실습 목표를 달성했는지 **'활동 1-1'** 에서 해당 목표를 찾아본다.

교육실습생 저널	교육실습 목표 달성 사항
힘들어도 힘들다 하지 않고, 아이들이 알아주지 않는데도 최선의 모습을 보이는 교사들을 보면서 그래 바로 이거구나 하는 생각이 들었다. 뭐든지 그 입장이 되어 보지 않으면 모른다고 하더니 정말 그런 것 같다. 학교에서 배우기는 하지만 정작 교사가 되어 보지 않을 때는 그것을 몰랐는데 지금 교육실습을 하면서 교사의 역할에 대해서 많이 느끼게 된다.	
목련반 아이들은 만 4세로 아직 글을 읽는 것도 벅찬 아이들이라는 고정관념을 가지고 있었다. (중략) 하지만 아이들은 그동안 한 번도 해 보지 않았던 유목화활동을 그럭저럭 잘해 내었던 것이다. 난 이 아이들이 유목화 활동을 잘해 낼 수 있을까 의심하였다. 하지만 내 예상은 빗나갔다. 아이들은 자신의 생각을 잘 정리해서 친구 찾기를 했다. 아이들에 대한 고정관념은 자칫 잘못하면 아이들의 잠재된 능력을 그대로 잠재우게 되는 결과를 부를 수도 있다고 반성하면서 다시 새로운 눈으로 아이들을 보려고 애쓴다.	

2장 유아교육실습의 이론

성인학습자인 교육실습생 사례

사례 I

✠ 사건 배경

다른 친구들은 대부분 한 반에 한 명씩 교육실습을 나갔지만, 나와 친구는 같은 유치원 같은 학급에 교육실습을 나가게 되었다. 처음에는 교육실습을 같이 나가서 서로 의지하면서 편안한 마음을 가질 수 있었다. 그리고 지도교사께서도 너무나 친절하게 대해 주셨기 때문에 교육실습으로 인한 긴장은 쉽게 풀어질 수 있었다. 그러나 교육실습이 진행되면서 친구와 나를 비교하면서 경쟁심과 갈등이 생겼다.

✠ 사건 전개

교육실습이 중간 정도 지나면서 나와 친구 사이에는 지도교사께 서로 잘 보이려는 보이지 않는 경쟁이 생기기 시작했다. 지도교사께서는 수업에 대해서 항상 사후협의회를 하셨다. 지도교사께서는 두 명의 교육실습생 수업에 대해서 협의회를 따로 하는 것은 시간이 너무 많이 소모되고, 서로의 수업에 대해서 평가하는 것도 좋을 것 같다고 하셔서 나와 친구는 협의회에 함께 참여하였다. 어느 날 내가 '하고 싶은 놀이'에 대해서 유아들과 이야기를 나누었다. 유아들은 자신이 하고 싶은 놀이를 각자 이야기하느라 소란스러워졌다. 지도교사께서는 오후에 협의회를 하자고 하셨고 우리는 교실에 모여 앉았다. 내 친구는 협의회 시간에 나의 수업의 단점에 대해서 구체적으로 지적을 하였다. 나 스스로도 무엇이 잘못된 것인지를 잘 알고 있었지만, 친구가 내 수업에 대해서 비판하는 것은 매우 기분이 나빴다. 그래서 나는 그렇게 할 수밖에 없었던 상황에 대해서 자꾸 설명을 하게 되었다. 지도교사께서는 나의 수업의 좋은 점에 대해서 이야기를 해 주셨다. 협의회가 끝나고 친구는 내일 있을 자신의 수업 준비를 도와달라고 하였다. 나는 전혀 돕고 싶은 마음이 들지 않았다. 친구보다 부족한 나의 모습을 지도교사께 보이기 싫었고 지도교사께서 친구를 더 인정하게 될까봐 두려웠다.

사례 II

✠ 사건 배경

일주일의 참관수업이 끝나고 활동을 실행해야 하는데, 나는 유아들이 바깥놀이에서 관심을 보였던 바람개비를 직접 만들어 볼 수 있게 준비했다. 지도교사께서 자료도 찾아 주시고 격려해 주셔서 부담을 많이 줄일 수 있었다. 그리고 유아들과 이야기할 때 산만한 유아를 지도해 주시고 분위기를 유지할 수 있게 도와주셨다. 그 덕분에 소란스러워지는 일은 없었으나 교육실습생 스스로 진행할 수 있는 기회는 적었다.

✠ 사건 전개

미술 영역에 바람개비 재료, 사진 등을 제공해 주었다. 내가 유아들에게 준비물을 소개하자 유아들이 다소 어수선해졌다. 그때 지도교사께서 옆으로 오셔서 "얘들아 너희들 조용히 해야지."하고 말하였다 유아들은 나를 보는 것이 아니라 지도교사를 보고 있었다. 지도교사는 바깥놀이에 사용할 바람개비를 유아들이 다양한 자료를 이용하여 만들 수 있다고 설명해 주었다. 나는 유아들에게 다양한 자료를 소개해 주었다. 지도교사께서 다시 개입을 해서 "얘들아 어떻게 하면 바람개비가 더 잘 돌아갈까?"라고 물었다. 유아들의 시선은 나와 지도교사를 번갈아 가면서 왔다

갔다 했고, 나는 주의 사항을 알려 주어야 하는데 어찌할지를 몰랐다. 수업만큼은 나에게 맡기신 것이고, 나 또한 열심히 수업 준비를 해 왔기 때문에 이런 일들이 계속 발생해서 난감했다. 나를 배려해서 그렇게 하셨을 거라고 생각한다. 그리고 어떤 교육실습생은 지도교사께서 그렇게 도와주는 것을 고맙게 생각할 수도 있을 것 같다. 그러나 이후로도 이런 일은 여러 번 있었고, 나는 지도교사께서 나를 신뢰하지 못하는 것 같아서 섭섭한 마음이 많았다. 그렇다고 지도교사께 나의 이런 입장을 말하기도 어려워서 나 혼자만의 고민거리로 남게 되었다. 지도교사께 솔직하게 나의 생각을 말씀드리는 것이 더 현명한 행동인지 아직도 확신이 서지 않는다.

사례에 대해서 토의하기

- 지도교사와 교육실습생의 입장
- 문제해결 방법

1. 멘터링 이론

멘토링은 유아교육기관이 유아교사 양성을 위해서 보다 적극적으로 참여하는 것을 의미한다. 멘토링 프로그램은 교육 현장과 분리된 대학 중심의 교사교육의 문제를 해결하기 위한 것으로 대학에 기초한 교사교육에서 현장에 기초한 교사교육으로의 전환을 의미하는 것이다. 최근 외국의 경우, 직전교육, 교육실습, 입문교육, 현직교육에서는 대학과 유아교육기관의 협력에 의해서 예비교사, 교육실습생, 초임교사, 현직교사를 지원하는 멘토링 프로그램이 실행되고 있다.

멘토링 프로그램의 전제조건은 교사는 지속적으로 성장할 수 있고, 자신보다 우수한 동료교사로부터 효율적으로 배우고 발달할 수 있다는 것이다. 이는 능력 있는 우수한 교사가 다른 교사를 교육하고 지원하는 것을 의미한다. 보다 구체적으로 멘토링은 경험과 교수기술이 우수한 교사가 경험과 기술이 부족한 교사의 전문적, 개인적 발달을 촉진시키기 위해서 가르치고, 지원하고, 격려하고, 상담하는 과정이다. 멘토링의 기능은 교육실습에서 지도교사와 교육실습생의 관계 또는 입문교육에서 경력교사와 초임교사의 관계에서 이루어진다(Koster, Korthagan, & Wubbels, 1998). 멘토링은 기술이나 지식을 공유하는 것 그 이상으로 교육, 격려, 돌봄, 교수, 이해, 학습, 지도, 견해 제공, 보호, 공유, 유머 등을 포함한다. 특히 '이해'는 멘토링 관계에서 매우 중요한 요소이다(Scott, 1999).

멘토링의 일환으로 ·실행되는 교육실습은 대학의 지도교수와 유아교육 현장의 지도교사가 상호 협력하고 지원하여 체계적으로 교육실습생을 지도하는 것이다. 대학과 유아교육기관의 협력적인 유아교육실습을 운영하기 위해서 대학은 교육실습기관과 협의하여 교육실습 프로그램을 개발·구성한다. 대학은 교육실습생을 지원하는데 필요한 이론적인 틀을 유아교육기관에 제공하고, 현장의 지도교사와 교육실습생에게는 교육실습에 대한 교육을 실시한다. 대학은 교육실습 과정 중에 지도교사와 교육실습생과 지속적으로 협의하고 지원한다. 교육실습 종료 후에는 교육실습기관과 함께 교육실습 프로그램 및 참여자의 역할을 평가하고 분석하는 등 교육실습 전반에 대해서 평가한다. 한편 유아교육기관은 대학과의 체계적인 협의 하에 교육실습을 계획하고, 교육실습생의 지식을 확장시키고, 전문적인 기술을 발달시킬 수 있는 경험과 환경을 제공한다. 이처럼 멘토링에 기초한 교육실습에서 대학의 지도교수와 유아교육기관의 지도교사는 협력하고 상호 지원하므로 대학의 교과목과 현장 경험을 체계적으로 연결시켜서 보다 효과적인 교육실습을 가능하게 한다.

멘토링에 기초한 교사교육은 현장 중심의 교사교육을 강조하기 때문에 현장의 경력교사가 교사교육에 보다 많은 책임을 진다(Field, 1994a, 1994b). 멘터링에 기초한 교육실습에서도 유아교육기관의 경력교사는 멘토(mentor)로서 예비교사 및 교육실습생을 지원하는 교사교육자 역할을 수행한다.

이처럼 멘토링에서 지도교사의 역할과 자질은 중요하기 때문에 지도교사를 위한 교육과 지원은 교육실습 프로그램의 구성에서 강조된다. 지도교사 교육은 교육실습생 지도에 필요한 교육을 지도교사에게 제공하는 것이다. 지도교사 교육을 통해서 지도교사는 교육실습생을 지도하는 데 필요한 전문적인 기술과 협동적인 관계 형성 방법을 배운다(Gratch, 1998). 지도교사를 위한 교육은 가르치는 것에 대해서 배우는 것으로 자신의 경험에 대해 반성하게 하여 사고를 확장시키고, 실천적 기술을 발달시킨다. 뿐만 아니라 대인관계 기술을 발달시키는 등 지도교사의 개인적인 발전과 성장을 촉진시킨다(Maynard, & Furlong, 1994).

이상 제시한 것처럼 멘토링의 일환으로 교육실습을 실행하기 위해서는 대학과 교육실습기관의 협력이 우선되어야 한다. 이러한 협력에 근거하여 지도교수, 지도교사, 교육실습생의 상호 신뢰와 효율적인 의사소통을 통한 의견 조율이 필요하다.

2. 성인학습 이론

성인교육에 대한 논의가 활발해지면서 교사교육에서도 예비교사 및 현직교사를 성인학습자로 인식하게 되었고, 교육실습생에게도 성인학습자의 특성에 따른 교육이 필요하다고 생각하게 되었다. 학습이론가, 심리학자, 교육자들은 성인학습자에 대해서 더 잘 이해하려고 노력해 왔고, 이런 노력에 의해서 성인학습자는 아동의 발달 및 요구와 다른 특성을 갖는다는 것을 인식하게 되었다. 성인학습의 측면에서 교육실습생의 특성을 살펴보면 다음과 같다(차갑부, 1993; Glickman, Gordon, & Ross-Gordon, 2001; Holden, 1995; Knowles, 1980; Wadlington, 1995).

- 성인학습자인 교육실습생은 변화를 꺼리기 때문에 새로운 교육실습 상황에서 불안해한다.
- 성인학습자인 교육실습생은 실수하거나 남에게 뒤질까 봐 걱정한다.

- 성인학습자인 교육실습생은 독립적이고 자기 주도적이어서 새로운 것을 배우는 데 진지하고, 적극적이다.
- 성인학습자인 교육실습생은 목표를 달성했는지 평가하기를 원한다.
- 성인학습자인 교육실습생은 경험을 가지고 있기 때문에 자신의 경험에 근거할 때 더욱 비판적이고 효율적으로 학습한다.
- 성인학습자인 교육실습생의 발달은 자신의 역할과 밀접한 관계가 있기 때문에 미래보다는 현재 직접 적용할 수 있는 것을 선호한다.

이처럼 교육실습생은 성인의 특성을 갖기 때문에 교육실습생 스스로도 자신을 성인으로 인식하고 성인으로 행동해야 한다. 지도교사와 지도교수도 성인학습자의 특성을 이해함과 동시에 적절한 지도 및 지원 방법을 인식할 필요가 있다. 성인학습자인 교육실습생의 학습을 촉진하는 방법은 다음과 같다.

- 교육실습생은 새로운 상황에서 불안해하지만, 주변 사람들의 격려와 협동을 통해서 안정되고, 반성하고, 발전할 수 있으므로 지도교사의 격려와 협력이 필요하다.
- 교육실습생은 독립적이고, 자기 주도적이므로 강요보다는 스스로 계획하고 실행할 수 있게 하고, 존중, 협동, 관용, 자유롭게 표현하는 분위기에서 교육실습이 이루어져야 한다.
- 교육실습생은 목표를 달성했는지 평가를 원하므로 지도교사는 교육실습생과 함께 목표를 세우고 평가를 실시하고, 공유해야 한다.
- 토의, 역할놀이, 창의적인 문제해결, 연구 참여 등의 방법을 통해서 교육실습생 자신의 경험을 비판적으로 평가·공유하게 한다.
- 교육실습생은 사회적 역할에 의해 발달하므로 교사의 역할과 직접 관련된 것을 제공한다.

- 교육실습생은 지금 사용할 수 있는 것을 배우기 원하므로 교육실습생의 현재의 직접적인 요구에 기초해야 한다.

지도교사가 교육실습생을 성인학습자로 인식하고 지도한다고 하더라도 교육실습생 자신의 이해 및 노력이 없이는 효과적인 교육실습을 기대하기 어렵다. 따라서 교육실습생과 지도교사 상호 간의 노력이 필요하다. 성인학습자인 교육실습생과 성인지도자인 지도교사 상호 간의 노력 및 지원을 제시하면 다음 |표 2-1|과 같다.

|표 2-1| 교육실습생과 지도교사의 상호 노력 및 지원

교육실습생의 특성	교육실습생의 노력	지도교사의 지원
교육실습생은 경험해 보지 않은 교육실습에 대해서 불안해한다.	교육실습기관을 사전에 방문하여 환경을 익히고 지도교사와의 관계 형성에 노력한다.	교육실습의 초기에 불안감을 해소하도록 따뜻하게 지원해 준다.
교육실습생은 실수하거나 다른 교육실습생에게 뒤질까 봐 걱정한다.	동료 교육실습생과 협력하고 상호 지원한다.	교육실습생 간에 비교하지 않는다.
교육실습생은 자기 주도적이어서 학생으로 취급받기를 원하지 않는다.	스스로 할 수 있는 일을 계획하고 역할과 책임을 다한다.	자유롭게 수업을 계획하고 실행하며 표현할 수 있는 기회를 준다.
교육실습생은 새로운 것을 배우는 데 진지하고 적극적이다.	새로운 업무에 적극적으로 참여한다.	조금씩 새로운 것을 접할 수 있게 한다.
교육실습생은 유아교사로서의 역할을 배우려 하고, 목표가 달성됐는지 평가를 원한다.	유아교사로서 자신의 역할을 스스로 평가한다.	교육실습생의 역할 수행에 대해서 협의하고 평가하는 시간을 갖는다.
교육실습생은 자신의 가치와 견해가 존중되기를 원한다.	체계적으로 계획하고 지도교사와 의논한다.	문제가 발생하는 경우가 아니라면 교육실습생의 결정을 존중해 준다.

교육실습생의 특성	교육실습생의 노력	지도교사의 지원
교육실습생은 자신의 경험에 기초할 때 효과적으로 학습한다.	이전의 경험에 기초하여 적용할 수 있는 방안을 찾아본다.	교육실습생이 경험했던 것부터 적용할 수 있게 한다.
교육실습생은 유아교사의 역할과 관계된 일을 하면서 발달한다.	여러 가지 업무 중 교사의 역할에 최선을 다한다.	유아교사의 역할과 관련되는 업무를 되도록 제공한다.
교육실습생은 성인의 신체 특성을 가지고 있다.	휴식할 수 있는 시간을 갖는다.	교육실습생을 위한 공간을 마련해 주고 가끔 휴식 시간을 제공한다.

효율적인 교육실습을 위해서 지도교사는 교육실습생을 성인으로 존중하고, 협동하며, 자유롭게 표현할 수 있는 분위기를 제공한다. 교육실습생은 적극적인 의지를 가지고 참여한다. 교육실습생과 지도교사의 업무와 역할을 분명히 하고, 교육실습생의 직접적인 관심에 기초하여 교육실습을 계획하고 실행한다. 또한 협의회를 통해서 역할 수행, 창의적인 문제해결 등에 대해서 평가한다.

3. 교육실습생 발달 이론

그동안 우리는 유아나 어린이만 발달한다고 생각하였다. 그러나 유아나 어린이뿐 아니라 성인인 예비교사와 현직교사도 발달한다는 것을 이해해야 한다. 이러한 맥락에서 교육실습 기간 동안에 이루어지는 교육실습생의 발달에 대한 이해를 통해서 교육실습생에 대한 적절한 중재와 지원이 가능하다.

학자들은 교육실습 기간 동안 교육실습생의 관심사 및 발달에 대해서 언급하였다. 교육실습생의 관심사를 살펴보면, Wade(1997)는 교육실습생은 자신에 대한 관심으로 시작하여, 그다음에 교수에 대한 관심을 갖고, 마지막으로 유아의 학습과 행동에 관심을 갖는다고 하였다. Cohn과 Gellman(1988)은 교육실습생의 관심 단계를 초기 흥분과 변화의 어려움에 대처하고 자신의 입지에 관심을 갖는 1단계, 교수기술에 관심을 갖고 대안을 모색하는 2단계, 교수계획, 분석, 반성에 관심을 갖는 3단계로 제시하였다. 임승렬(1999)은 교육실습생의 관심 발달을 4단계로 제시하였다. 1단계는 교육실습 이전 단계이고, 2단계는 흥분, 불안, 생존 관심 단계, 3단계는 학급 운영, 교수기술 관심 단계, 4단계는 교수기술의 만족, 반성적 교수활동 평가 관심 단계이다.

교육실습생의 발달에 대해서 살펴보면, Piland와 Anglin(1993)은 교육실습생의 발달을 4단계로 제안하였다. 1단계는 교육실습에 대한 두려움과 불안을 갖는 단계이다. 2단계는 유아, 교사, 다른 교직원으로부터 신뢰감과 인정을 형성하는 사회화 단계이다. 3단계는 유아를 지원하고, 수업을 계획하고, 학급 운영에 책임지기를 원하는 자율성 단계이다. 자율성의 단계에서 교육실습생은 수업 내용을 스스로 계획·결정하기를 원하고, 일과 및 학급 운영에 대한 책임을 맡고 싶어 한다. 이 단계의 교육실습생은 자율적으로 되려는 동기를 가지고 있기 때문에 지도교사도 교육실습생이 자율성을 경험하도록 유아, 교육과정, 학급에 대한 어느 정도의 결정권을 주어야 한다. 교육실습생은 교육실습을 시작할 때 세운 목표와 기대를 달성하고 지도교사와 대학 교수의 긍정적인 평가를 받았을 때 자율성 단계에 도달한다. 4단계는 유아의 지지를 중시하는 확신의 단계이다. 확신 단계에는 교사로서의 자신의 능력에 대한 긍정적 평가와 미래에 교직에서 성공할 것이라는 믿음과 확신을 갖게 된다.

Schwebel 등(1996)의 학자들은 교육실습생의 발달 단계를 1단계 시작하기, 2단계 교직원 되기, 3단계 교사로서 독립하기, 4단계 교사처럼 느끼기로 제시하였다. 1단계는 교육실습생이 유아, 하루 일과, 교수자료, 교수기술 등에 대한 많은 정보를 얻기 위해서 노력하는 단계이다. 또한 이 단계의 교육실습생은 지도교사를 기쁘게 하기를 원하고, 한편 자신이 잘할 수 있을지 반문하기도 한다. 2단계에서 교육실습생은 학급

활동의 관찰과 참여를 통해서 학급과 교사 역할에 대해서 정확하게 이해하고 유아를 한 개인으로 보기 시작한다. 교육실습생은 학급을 새롭게 할 수 있는 아이디어를 생각한다. 교육실습생은 학급의 한 부분으로 자신을 인식하기 시작하고, 학급에서도 교육실습생을 학급의 구성원으로 인식한다. 교육실습생은 지도교사와의 상호작용을 통해서 지도교사는 따뜻하고, 존경스럽고, 화를 낼 수 있는 한 사람이라는 것을 인식한다. 3단계에서 교육실습생은 자신과 지도교사를 비교하고 자신이 부족하다는 것을 느낀다. 이 단계에서 교육실습생은 동료, 지도교수, 지도교사, 유아들의 피드백으로부터 배운다. 일부 교육실습생은 이런 상황에 낙담하고, 자신을 실패자로 생각하며 포기하기도 한다. 또한 지도교사나 대학에서 잘 준비해 주지 못한 것에 대해서 비난한다. 그러나 대부분의 교육실습생은 매우 어렵지만 잘해 왔고, 문제해결력을 사용하여 성공적으로 이겨 낼 것이라고 생각한다. 교육실습생은 4단계에서 유아와 하는 일에 안정되고, 교사로 변화되어 간다. 교육실습생은 종일 수업을 계획하고 수행하면서 자신의 스타일을 발전시키기 시작하고 교실에서 편안함을 느낀다. 교육실습생은 자신이 배워야 할 것이 많이 남아 있다는 것을 안다. 그러나 졸업하면 자신의 학급을 맡아서 교사 역할을 할 수 있을 것이라고 생각한다.

Caruso(2000)는 지도교사와 교육실습생의 역동성 및 역할에 관심을 가지고 교육실습생과 지도교사의 상호 의존적인 관계에 기초한 발달 단계를 제시하였다. 발달 단계별 특성을 구체적으로 살펴보면 다음 | 표 2-2 |, | 표 2-3 | 과 같다.

| 표 2-2 | 교육실습생과 지도교사의 발달 단계

단계	교육실습생	지도교사
1	• 기대와 걱정 교육실습생은 유아들과 지도교사를 만나고 수업하는 것에 대해서 흥분하는 한편, 유아들과 지도교사가 자신을 좋아할지 걱정한다.	• 기대와 걱정 지도교사는 교육실습생과 함께 하는 것에 대해서 기대하는 반면 실습생의 기대를 충족시켜 줄 수 있을지 걱정한다.
2	• 역할 명료와 역할 혼란 점차 유아에 대해서 알고, 교육과정에 익숙해지면서 자신의 역할을 인식한다. 그러나 학급의 복잡성, 익숙하지 않은 이름과 얼굴, 매일 새로운 일과에 압도당하고 어떤 일을 해야 할지 모른다.	• 역할 명료와 역할 혼란 점차 교육실습생에게 적당한 업무를 주게 된다. 그러나 교육실습생에게 얼마만큼의 책임을 주어야 하는지 확신이 없고 역할의 혼란을 느낄 수 있다.
3	• 자신감과 무력감 지도교사의 칭찬, 유아의 긍정적 반응에서 확신을 얻는다. 그러나 문제를 해결하지 못할 때 교육실습생은 무력감을 갖는다.	• 자신감과 무력감 교육실습생에게 교수 모델을 제공하는 데 자긍심을 갖지만, 평가받는다는 느낌을 갖기도 한다. 또한 교육실습생의 발전을 기대할 수 없을 때 낙담한다.
4	• 능력 인식과 능력 의심 성공적인 교육실습생은 유아들의 요구에 더 많은 관심을 갖고 자신의 교수를 비판적으로 분석하지만, 실패하는 교육실습생은 자신을 의심하고 유아나 지도교사를 비난한다.	• 해방감과 의심 교육실습생을 신뢰하는 경우, 교육실습생에게 학급을 책임지게 하고 해방감을 느낀다. 그러지 못한 경우, 스스로를 책망하고 교육실습생의 능력을 의심한다.
5	• 확신과 낙담 교육실습생이 성공적으로 역할을 수행하면 교직에 대한 확신을 갖게 되고, 그렇지 못한 경우 낙담한다.	• 협력과 고립 교육실습생의 성공적인 역할 수행에 지도교사는 교육실습생을 동료로 인식하고 협력하지만, 그렇지 못한 경우 고립감을 느낀다.
6	• 서운함과 안도 교육실습을 성공적으로 실행한 경우, 교육실습생은 교육실습이 끝나는 것에 대해서 서운해한다. 실패하는 경우, 교육실습이 끝나는 것에 대해서 안도한다.	• 서운함과 안도 교육실습을 성공적으로 실행한 경우, 지도교사는 교육실습이 끝나는 것에 대해서 서운해한다. 하지만 실패하는 경우, 교육실습이 끝나는 것에 대해서 안도한다.

| 표 2-3 | 교육실습생과 지도교사의 발달 단계 사례

단계	교육실습생	지도교사
1	• 기대와 걱정 오늘은 교육실습 첫날이다. 긴장 반 설렘 반으로 유치원의 문턱을 넘어섰다. 그런데 기대 이상으로 모든 선생님들이 반갑게 맞아 주셨다. 그래서 한결 긴장감이 누그러지는 것 같다.	• 기대와 걱정 교육실습 시기가 다가오면서 어떤 교육실습생이 나올지 기다려지지만, 수업의 모델을 보여 주어야 하는데 어떻게 하나 걱정도 많이 되고 무척 부담스러웠다. 나의 수업을 보고 그대로 따라 하지나 않을지 걱정이 된다.
2	• 역할 명료 지도교사가 하루 일과에서 내가 도울 일과 참여할 일들을 알려 주셔서 그때그때 나의 역할을 할 수 있게 되었다. • 역할 혼란 유아들이 놀이를 할 때 돕자니 유아들이 잘 알아서 하니까 도울 것이 없고, 가만히 앉아 있지도 못하겠고, 돌아다니자니 주의를 산만하게 하고 딱히 어찌해야 할지 모르겠다.	• 역할 명료 교육실습생과 주마다 할 일을 협의하면서 교육실습생의 능력의 정도를 파악할 수 있어서 이제 적당한 업무를 제공하는 것 같다. • 역할 혼란 교육실습생에게 어떤 일을 주었을 때 시간이 남아 그냥 앉아 있고, 어떤 경우에는 너무 시간이 오래 걸려 퇴근 시간을 맞추지 못했다. 또 모를 것 같아서 자세히 설명하면 의외로 잘 알고, 그냥 넘어가면 몰라서 실수를 했다. 어떻게 지도를 해야 하는지?
3	• 자신감 첫 수업이라 걱정을 많이 했는데 생각보다 유아들의 반응이 좋아서 다음 수업까지 자신감이 생겼다. • 무력감 수업 계획서를 내일까지 내야 해서 밤을 거의 새워서 계획안을 짰다. 누리과정에 맞춰서 교육 계획안을 짜려니 머릿속이 복잡하고 무엇을 어떻게 어디에서부터 짜야 하는지 막막했다.	• 자신감 교육실습생과 부분수업에 대한 협의회를 하였다. 의외로 교육실습생은 의기소침해 있었다. 처음에는 누구나 실수를 많이 하는 것이라고 격려를 해 주었더니 밝아졌다. 그리고 수업에 대해 부족한 점을 설명해 주었더니 열심히 들었다. 열심히 따르는 교육실습생을 보면서 최선을 다해 지도해야겠다는 의지가 생긴다. • 무력감 수업 전에 많이 협의를 했기 때문에 잘할 것으로 기대했으나 교육실습생은 생각 못했던 부분에서 실수를 했다. 너무 떨려서 그런지 목소리가 너무 작아 이야기 내용이 잘 들리지 않았다. 유아들과 상호작용이나 자료의 제작은 잘 되어서 그나마 다행이었다. 사후 협의회를 하면서 혹시 내가 수업 모델을 잘못 보여줘서 그런 것은 아닌가 생각하게 되었다.

단계	교육실습생	지도교사
4	• 능력 인식 처음 수업을 한 것인데 재미있었다. 유아들의 놀이를 어떻게 지원해야 하는지 걱정이었는데, 많은 유아들이 즐겁게 참여하였다. • 능력 의심 내 수업을 평가해 보자면 만족할 수 없는 수업이었다. 지도교사가 좀 나서서 도와주었으면 했는데, 왜 도와주지 않으시는지 원망스럽다.	• 해방 원장 선생님께 결재를 받으러 갈 때, 유아들을 혼자 두고 갔었는데, 교육실습생이 있어서 편안한 마음으로 갈 수 있었다. 교육실습생에게도 유아들과 지낼 수 있는 좋은 시간이 될 수 있을 것이다. • 의심 교육실습생이 수업을 계획하고 진행하는 과정에서 여러 번 내 생각과 맞지 않아서 하나하나 지시해야 하니 마음이 좋지 않았다. 수업을 실행하는 과정에서도 교육실습생에게 신뢰가 가지 않아서 자주 개입을 해야 하니 너무 피곤하다.
5	• 확신 이번 교육실습은 나에게 있어 아주 큰 전환점이 될 수 있을 것 같다. 무엇보다도 나에 대한 자신감이 생겨 어떤 일이든 도전해 볼 수 있을 것 같다. 그리고 교사라는 직업이 나한테 맞는 것 같다는 생각을 하였다. • 낙담 지도교사가 평가 시간에 나의 부족한 부분에 대해서 알려 주셔서 내 모자란 부분에 대해서 많은 것을 반성할 수 있었다. 그런데 동료 교육실습생은 잘 처리했다고 평가하였다. 왠지 우울해졌다. 같은 실습생임에도 불구하고 실력 차가 너무 큰 것 같고, 나 자신이 너무 부족하게 느껴졌다.	• 협력 오늘은 교육실습생이 연구수업을 하는 날이다. 동화활동을 공개수업으로 하기로 했다. 교육실습생을 지도한 나도 평가를 받는 것이어서 다소 걱정이 되었으나 평소의 모습을 보면 잘할 수 있을 것으로 기대했다. 수업 후 평가에서 원장, 다른 교사들 모두 칭찬을 해 주었다. 교육실습생과 우리 유치원에서 같이 일하게 되면 좋을 것 같다. • 고립 교육실습생이 연구수업을 하는 날이다. 예상했던 일이지만, 교육실습생 수업을 보면서 너무 실망스러웠다. 원장, 원감, 동료 교사들이 지도한 나를 똑같이 평가할까 걱정스럽다.

단계	교육실습생	지도교사
6	• 서운함 이곳에서의 생활이 학교보다 힘들긴 하지만 유아들이 너무너무 예쁘고 좋아 시간이 빨리 가는 것이 한편으로는 아쉽다. 이 아이들을 계속 보고 싶다는 생각이 많이 든다. • 안도 휴… 이번 주가 교육실습의 마지막 주다. 얼마 남지 않아서 다행이다. 너무 힘든 시간이었다. 하루하루 남은 시간을 헤아린다. 빨리 학교로 돌아가고 싶다.	• 서운함 벌써 교육실습이 끝나 가고 있다. 처음에 어떻게 지도할지 걱정스러웠으나 잘 진행된 것 같고, 교육실습생과도 정이 많이 들고 이제 서로 잘 알게 되었는데 학교로 간다니 서운하다. • 안도 잘 따라 주지 않는 교육실습생을 지도하면서 너무 지쳤다. 그리고 유아들의 생활습관도 엉망이 되어서 바로잡으려면 걱정이다. 그나마 실습 기간이 얼마 남지 않아서 다행이다.

이상 교육실습을 통한 교육실습생의 발달을 정리해 보면 긍정적으로 발전하는 교육실습생은 초기에 교육실습에 대해서 기대를 한다. 교육실습이 진행되면서 교육실습생의 역할을 인식하고, 교육활동에 자신감을 갖는다. 점차 유아교사로서의 역할을 인식하게 되면서 확신을 갖게 된다. 이런 교육실습생은 교육실습이 끝나게 되면 서운한 마음을 갖는다. 교육실습에서 발전하지 못하는 교육실습생은 초기에 교육실습에 대해서 걱정을 한다. 교육실습이 진행되면서 자신의 역할을 인식하지 못해서 혼란스러워한다. 그리고 유아교사로서의 자신의 능력에 대해서 실망하고 의심한다. 결국 자신이 무능하다고 생각하고 교육실습이 끝나는 것에 대해서 안도한다.

이처럼 교육실습생과 지도교사의 역동적인 발달 단계에서 교육실습생과 지도교사는 상호 이해를 통해서 함께 발전하거나 발전하지 못할 수 있다. 지도교사와 교육실습생의 상호 이해 및 발전을 위해서 ❙표 2-4❙에 제시한 것과 같은 서로의 노력이 필요하다.

| 표 2-4 | 지도교사와 교육실습생의 발달 단계에 따른 상호 노력

단계	지도교사	교육실습생	상호 노력
1	기대 : 걱정	기대 : 걱정	• 불안과 걱정은 교육실습생과 지도교사 간의 정보가 부족해서 생기므로 상호 정보 교환을 한다. • 교육실습생과 지도교사는 서로의 성격, 취미 등을 파악한다.
2	역할 명료 : 역할 혼란	역할 명료 : 역할 혼란	• 교육실습생은 대학에서 배운 것, 본인이 수행할 수 있는 것과 없는 것에 대한 정보를 지도교사에게 제공한다. • 지도교사는 교육실습생의 업무, 역할 등에 대해서 구체적으로 알려 준다.
3	자신감 : 무력감	자신감 : 무력감	• 교육실습생은 최선의 노력을 보이고, 지도교사의 능력을 인정한다. • 지도교사는 교육실습생의 능력에 맞는 책임을 제공하고 피드백과 지원을 제공한다.
4	해방 : 의심	능력 인식 : 능력 의심	• 교육실습생과 지도교사는 상호 신뢰감을 형성하기 위해서 개방적으로 상호작용을 한다. • 지도교사는 교육실습생 스스로 할 수 있는 기회를 제공하고 긍정적인 측면을 찾아서 칭찬을 많이 한다.
5	협력 : 고립	확신 : 낙담	• 능력 있는 교육실습생은 비구조적, 능력 없는 교육실습생은 구조적으로 지도한다.
6	서운함 : 안도	서운함 : 안도	• 교육실습생과 지도교사는 교육실습의 문제 원인이 무엇인지, 자신의 역할 수행에 대해서 반성한다.

활동 2-1 성인으로서의 교육실습생 특성 파악

새로운 것을 학습할 때 나는 어떤 특성을 나타내는지 아래 문항을 읽고 해당되는 것에 V표 한다. V표 한 문항이 몇 개인지 동료와 비교해 본다.

( ) 나는 변화를 꺼리기 때문에 새로운 일에 대해 불안감을 느낀다.

( ) 나는 새로운 일을 할 때 실수하거나 다른 사람에게 뒤질까 봐 걱정한다.

( ) 나는 어떤 일을 할 때 누군가에게 지도받기를 원하지 않는다.

( ) 나는 새로운 일을 배우는 것에 적극적이다.

( ) 나는 어떤 일을 할 때 목표를 세우고, 목표를 달성했는지 평가하기를 원한다.

( ) 나는 새로운 일을 할 때 가치와 견해가 존중되기를 원한다.

( ) 나는 새로운 일을 할 때 경험에 비추어 판단하는 경우가 많다.

( ) 나는 직접 적용할 수 있는 것을 배우기 원한다.

( ) 내가 새로운 것을 배우는 것은 교사의 역할 수행과 밀접한 관계가 있다.

( ) 내가 새로운 것을 배울 때 조명, 안락한 의자 등의 환경적인 배려도 중요하다.

나의 V 개수	동료의 V 개수	동료의 V 개수	동료의 V 개수	동료의 V 개수

해석 : V표가 많을수록 성인의 특성이 많다고 볼 수 있다.

3장 유아교육실습의 구성원

교육실습생의 태도 사례

✠ 사건 배경

교육실습생이 나오고 한 주가 지났다. 2~3일 교육실습생이 유아들에게 사용하는 언어나 상호작용을 관찰해 보았다. 유아들에게 관심이 많은 것 같지 않았다. 유아들하고 어떻게 말을 해야 하고 행동해야 하는지 낯설어하고 어색해하였다. 놀이나 활동을 할 때 완전하게 준비를 하지 못했다. 일과 후 사후 협의회를 가지고 있으나 쉽게 바뀌지 않는 것 같다.

✠ 사건 전개

지난 금요일에 교육실습생이 무단결근을 했다. 사전에 아무런 연락도 없었기 때문에 매우 당혹스러웠다. 나는 나름대로 편하게 대해 주려고 노력한 것 같은데 전화 연락도 없이 결근한 것이 불쾌하고 아쉬움이 남았다. 원장 선생님은 무단결근을 하는 교육실습생은 지금까지 보지 못했다고 하면서 역정을 내시며 대학으로 연락을 해 봐야겠다고 하셨다. 대학 쪽에서도 너무 놀라며 확인을 해 보겠다고 하였다. 그리고 나서 오후에서야 전화 연락이 왔다. 결근 이유를 물어보니 경제적으로 어려워서 교육실습 중에도 아르바이트를 해야 하는데 요즘 너무 힘들어서 몸살이 나서 못 왔다고 하였다. 이해가 가면서도 한편으로는 무책임한 것이 아닌가 하는 생각이

들었다. 하지만 그래도 이번 교육실습이 교육실습생에게 좋은 기회가 되었으면 하는 마음이었다. 오늘 아침 교육실습생이 출근을 했다. 나는 아침에는 별다른 이야기를 하지 않고 있다가 일과가 끝나고 유아들이 귀가한 후 교육실습생에게 말했다. "선생님, 물론 힘들고 어려운 것 다 이해해요. 하지만 이번 교육실습 기회를 놓쳐버리면 언제 다시 할 수 있을지 모르잖아요? 그러니까 이번 기회에 선생님이 하실 수 있는 한 노력해서 교육실습을 마무리할 수 있도록 해 보세요." 교육실습생은 "알겠습니다."라고 말했다. 내가 교육실습생에게 유아교사로서의 자신감과 적극성을 심어 줄 수 있을지 걱정이다.

사례에 대해서 토의하기

- 문제 원인
- 사람들의 입장
- 문제해결 방법

지도교사 지원 사례

사례 1

지도교사께서는 나를 자리로 안내해 주셨고 곧 유아들의 특징을 적은 종이를 내게 주셨다. "○○는 적응을 힘들어해요. ○○가 말할 때는 관심 있게 들어 주세요." 등등의 내용이 적혀 있었다. 순간 선생님께 놀랐다고 해야 할까? 선생님의 세심한 배려에 감사함을 느꼈다. 무엇을 어떻게 해야 할지 망설이고 헤매고 있는 나에게 길을 안내해 주시는 것 같았다. 선생님께서 주의점을 알려 주시고 일과표와 유아 이름표도 나누어 주셨다. 내가 이름표를 보고 아이들의 이름을 알려고 노력했으나 쉬운 일이 아니었다. 그때 선생님께서 사진을 한 장 꺼내시더니 사진에 유아마다 이름을 적어 나에게 주셨다. 얼굴과 이름이 연결이 안 될 테니 이것을 보라는 선생님의 배려에 나는 다시 한 번 놀라지 않을 수 없었다. 너무나 감사했다. 더욱 고마웠던 것은 선생님께서 그 사진을 완전히 나에게 주셨다는 것이다. 첫 교육실습에서 유아들의 사진을 간직할 수 있다는 기쁨에 나는 너무 좋았다.

사례 II

지도교사 선생님과 활동에 대한 협의회를 하게 되었다. 선생님은 우선 처음 수업치고는 잘했다고 칭찬을 해 주셨다. 그래서인지 의기소침했던 마음이 조금은 나아진 것 같다. 선생님은 눈치를 채셨는지 너무 자신 없어 하지 말라고 처음에는 누구나 실수를 많이 하는 것이고 그렇기 때문에 지금 배우러 오지 않았냐면서 나를 위로해 주고 칭찬해 주셨다. 그리고 나의 수업에 대해 부족한 점이나 선생님의 생각에 대해 자세하게 이야기해 주셨다. 여러 가지 선생님이 말씀해 주신 것 중에서 가장 귀가 솔깃하고 마음에 와닿은 부분은 아이들에게 발표권을 줄 때의 선생님의 자세였다. (중략) 보통 대학교에서는 다루지 않는 부분으로 그냥 지나갈 수 있는 부분이지만 참 중요한 것이라는 생각이 들었다.

사례 III

정말 너무한다. 일주일이 다 가고 새로운 한 주가 시작됐는데 난 쪼그리고 앉아 붙이고 자르고 환경 정리만 했다. 지도교사 선생님은 친절하시지만, 정말 너무도 바빠서 나를 신경 써 주실 여력이 없으시다. 나는 너무너무 힘들다. 수업은 하고 싶었지만 전혀 준비되지 않은 상태에서 갑자기 수업을 하라고 하신다. 계획안도 없이 말이다. 난 정말 어찌해야 할지를 모르겠다. 하루 종일 환경 구성하고 저녁에 집으로 가지고 가서 마쳐야 하는 일들이 가득이다. 난 정말로 지도교사의 수업 모델을 보고 싶고 직접 유아들과 상호작용도 하고 활동도 하고 싶다.

사례에 대해서 토의하기

- 지도교사가 교육실습생에게 제공한 지원
- 교육실습생이 필요로 하는 지원

1. 교육실습생

교육실습생과 지도교사는 교육실습에서 가장 중요한 구성원이다. 교육실습생은 교육실습을 통해서 관찰하고 참여하여 유아교사로서의 자질과 기술을 개발해야 한다. 교육실습 기간 동안 교육실습생이 유아교사로서의 기술을 향상시키고, 자신의 장점과 약점을 발견하기 위해서는 대학의 지도교수, 유아교육기관의 지도교사의 지원이 중요하다.

교육실습생을 지원하는 지도교수와 지도교사의 역할도 중요하지만, 교육실습생 스스로 자신의 위치를 인식하고 그에 따르는 역할을 수행하지 않는다면 효과적인 교육실습은 이루어질 수 없다. 따라서 교육실습생은 배우려는 자세를 가지고 적극적으로 지도교사의 수업을 관찰하고 도우며, 수업에 부분적으로 참여하여 보조교사의 역할을 수행해야 한다. 더 나아가 유아교사로서의 태도와 역할을 배우려고 노력해야 한다. 교육실습생에게 필요한 역할, 책임, 태도, 용모를 구체적으로 살펴보면 다음과 같다(교육인적자원부, 2001; Hopkins & Moore, 1993; Machado & Meyer-Botnarescue, 2001; Roe & Ross, 1998).

1) 교육실습생의 일반적인 역할

교육실습생은 일반적으로 관찰자, 보조교사, 교사의 역할을 수행한다. 각 역할에 대해서 구체적으로 살펴보면 다음과 같다.

① 관찰자의 역할

- 유아교육기관의 실내·외 환경 및 시설·설비를 관찰한다.
- 유아의 놀이, 흥미, 발달 및 개인 특성 등을 관찰한다.
- 지도교사의 놀이 지원 및 유아와의 상호작용, 활동, 일과 및 학급 운영 등을 관찰한다.
- 교육 프로그램 전반에 대해서 관찰한다.

2 보조교사의 역할

- 교수자료 및 교구 등의 자료 제작을 돕는다.
- 실내·외 환경의 정리, 청결, 구성을 돕는다.
- 유아 놀이 지원 및 상호작용을 돕는다.
- 유아의 건강, 안전, 영양 등 일상생활 지도를 돕는다.
- 활동의 진행을 돕는다.
- 기타 교사의 행정 업무를 돕는다.

3 교사의 역할

- 교육과정을 계획한다.
- 교수자료를 준비, 제작한다.
- 교육환경을 구성한다.
- 유아의 놀이를 지원하고 상호작용을 한다.
- 활동을 진행한다.
- 유아의 건강, 안전, 영양 등 일상생활을 관리하고 지도한다.
- 하루 일과를 운영한다.
- 행정 업무를 실행한다.
- 교사로서의 역할을 평가하고 연구한다.

2) 교육실습생의 하루 일과 중의 역할

교육실습생의 역할은 하루 일과의 흐름에 따라서 다른데, 주로 유아 등원 전, 등원, 실내놀이, 전이활동, 간식 및 식사, 대소집단활동, 실외놀이, 귀가 등의 흐름에 따라서 역할을 수행해야 한다. 하루 일과에 따른 교육실습생의 역할을 살펴보면 다음과 같다.

① 유아 등원 전

- 교실의 정리와 자료의 위치를 확인한다.
- 그날의 교육과정을 확인하고 필요한 자료를 파악한다.

② 등원

- 유아와 부모를 따뜻하게 맞이한다.
- 유아가 옷을 벗고 정리하는 것을 돕는다.
- 유아의 건강 상태와 투약 여부를 확인한다.
- 유아가 출석 표시하는 것을 돕는다.
- 유아가 놀이를 시작하도록 돕는다.

③ 실내놀이

- 유아들의 실내놀이 내용 및 주제, 참여 인원, 지속성 등을 관찰하고, 교육과정 내용에 기초하여 분석한다.
- 유아들의 놀이에 따른 공간 및 자료 등을 적절히 지원한다.
- 필요한 경우, 유아와 상호작용을 하지만, 놀이에 방해가 되지 않도록 주의한다.
- 놀이가 끝난 후에 필요한 경우, 유아가 놀잇감을 정리하도록 격려한다.
- 고립되거나 공격적인 유아가 없는지 관찰하고 지원한다.
- 또래 간의 갈등을 파악하여 해결하도록 지원한다.

④ 전이활동

- 유아가 화장실 가고, 손을 씻는 것을 지도한다.
- 유아가 할 수 있는 일은 스스로 하게 격려한다.
- 유아의 안전을 살핀다.

5 간식 및 식사

- 필요한 경우, 간식 및 식사 준비를 한다.
- 지도교사와 다른 테이블에서 유아들을 보살핀다.
- 유아들의 대화에 참여한다.
- 꼭 필요한 경우에만 유아를 도와준다.
- 유아가 음식을 골고루 다 먹을 수 있도록 격려한다.
- 식사 및 간식 시간에 좋은 모델을 보여 준다.
- 식사 후 유아들이 양치질 하도록 지도한다.

6 대소집단활동

- 지도교사가 대소집단활동 시, 유아 반응을 관찰하고 분석한다.
- 지도교사가 대소집단활동 시, 필요한 도움을 제공한다.
- 교사로서 대소집단활동을 계획하고 실행한다.

7 실외놀이

- 미세먼지, 날씨 등을 미리 파악한다.
- 날씨가 추울 때는 유아에게 외투를 입게 한다.
- 유아들의 실외놀이 내용 및 주제, 참여 인원, 지속성 등을 관찰하고, 교육과정 내용에 기초하여 분석한다.
- 유아들의 놀이에 따른 공간 및 자료 등을 적절히 지원한다.
- 필요한 경우, 유아와 상호작용을 하지만, 놀이에 방해되지 않도록 주의한다.
- 모든 실외 영역을 감독하고 유아들의 안전을 항상 살핀다.
- 동료 교육실습생과 대화하지 말고 유아에게 관심을 갖는다.
- 필요한 경우, 휴지나 수건을 가지고 나간다.
- 놀이가 끝난 후에 필요한 경우, 유아가 스스로 놀잇감을 정리하도록 격려한다.

⑧ 귀가

- 유아가 옷을 입고, 물건이나 유인물을 챙기는 것을 돕는다.
- 귀가 시, 유아 및 부모에게 인사를 한다.
- 유아의 안전한 귀가를 확인한다.

3) 교육실습생의 책임

교육실습생은 교육실습 기간 동안 본인의 임무에 대해서 책임을 다해야 한다. 교육실습생의 책임은 다음과 같다.

- 교육실습기관의 규칙, 정책, 교육과정, 운영 등을 인식하고 준수한다.
- 유치원의 모든 사람에게 윤리적이어야 한다.
- 교사로서의 태도를 유지하고, 교사로서 일하며, 교사로 성장한다.
- 유아와 긍정적인 관계를 형성하고, 유아들의 특성을 고려하여 지도한다.
- 교육 계획, 환경 구성, 교재 및 자료 준비, 수업 진행 등을 관찰하고 적극 참여한다.
- 교육실습일지를 정리·기록하고 지도교사의 지도·조언을 적는다.
- 교육실습기관, 원장, 지도교사, 부모, 유아 등의 문제 및 단점에 대해서 비밀을 유지한다.

4) 교육실습생의 태도

교육실습생의 역할 및 책임도 중요하나 교육실습생이 어떠한 태도와 자세로 교육실습에 임하는가도 매우 중요하다. 교육실습생에게 필요한 태도를 살펴보면 다음과 같다.

- 원장, 원감, 지도교사를 전문가로 인식하여 지도 및 평가를 수용하고, 비판하지 않는다.
- 모든 사람들과 원만한 관계를 형성하고, 밝고 친절한 태도를 갖는다.
- 가르치는 일에 열성을 갖고, 수업 계획 및 준비를 철저히 한다.
- 수업 및 학급에 대한 것은 지도교사와 의논한다.
- 자신의 수업을 스스로 평가하고, 협의회에 긍정적인 태도로 참여한다.
- 모든 유아들을 공평하게 대하며, 존중한다.
- 유아에게 모델이 되므로 모든 행동에 조심하고 좋은 태도를 보인다.
- 교사로서의 언어, 복장, 태도를 유지한다.
- 동료 교육실습생 간에는 선생님이라는 호칭과 존댓말을 사용하고, 유행어나 은어를 사용하지 않는다.
- 이름표를 항상 단다.
- 만약 몸이 아프거나 결근을 해야 한다면, 지도교사와 지도교수에게 출근 전에 전화를 한다. 특별한 사유로 결근을 할 경우에는 사전에 허락을 받는다.
- 휴대폰은 유치원 내에서는 꺼 두고 휴대하지 않는다.

5) 교육실습생의 용모

교육실습생은 교사로서 단정한 용모를 해야 한다. 교육실습생의 용모에 대해서 구체적으로 살펴보면 다음과 같다(교육인적자원부, 2001).

① 머리

- 머리를 자주 빗어 단정하게 한다.
- 너무 요란한 파마를 하지 않는다.
- 원색적인 염색이나 여러 가지 색의 염색은 피한다.
- 앞머리를 길게 하여 눈을 가리지 않도록 한다.

② 얼굴

- 입 냄새가 나지 않게 주의한다.
- 가능한 한 자연색을 선택하여 엷은 화장을 한다.
- 진한 향이 나는 화장품이나 향수는 사용하지 않는다.

③ 손·팔

- 손톱을 짧고 깨끗하게 관리한다.
- 원색의 매니큐어를 바르지 않는다.
- 손이나 팔에 너무 많은 장신구를 부착하지 않는다.

④ 몸

- 몸에서 나쁜 냄새가 나지 않도록 한다.
- 사치스러운 장신구를 부착하지 않는다.
- 가슴이 많이 파인 옷은 피한다.
- 무릎 위로 올라가는 짧은 치마는 피한다.
- 단정하고 깨끗한 옷을 입는다.
- 속이 훤히 비치는 옷은 피한다.
- 속옷을 잘 갖추어 입는다.
- 계절, 목적, 장소에 적절한 옷을 입는다.

⑤ 발·다리

- 발톱을 짧고 깨끗하게 관리한다.
- 맨발로 다니지 않도록 한다.
- 굽이 너무 높고 뾰족한 신발을 신지 않는다.
- 신발을 자주 닦아 청결을 유지한다.

교육실습생의 역할, 책임, 태도에 근거할 때 교육실습생은 예비교사이지만, 유아교사로서의 태도를 유지하고 교육실습기관의 기준을 준수해야 한다. 또한 모든 사람들과 원만한 관계를 형성하도록 노력해야 한다.

2. 지도교사

교육실습의 구성원 중에서 지도교사는 교육실습생과 마찬가지로 중요한 구성원이다. 지도교사는 교육실습생에게 교사로서의 태도 및 가치, 교사로서의 역할 수행을 지원해 주는 유아교육 현장의 교사이다(Cotton & Fischer, 1992; Koster, Korthagan, & Wubbels, 1998). 유아교육실습에서 가장 중요한 역할을 하는 지도교사는 현명함, 지도력, 바람직한 역할 모델, 교수 지식과 기술을 가진 멘토(mentor)를 의미한다. 멘토라는 말은 오디세이가 트로이 전쟁에 나갔을 때 오디세이의 아들을 지도한 멘토라는 이름의 사람이 전쟁 후 오디세이의 신임을 얻는다는 신화에서 유래한다(Albrecht, 1996). 멘토라는 용어의 유래에서 알 수 있듯이 멘토는 돌보아 주면서 성장과 발달을 도와주는 사람이다. 사전에서는 멘토를 '조언자', '안내자', '조력자', '확신자', '역할 모델', '철학자와 친구'로 정의하고 있다(Cross, 1995).

멘토의 역할을 하는 지도교사는 교육실습생과 매일 많은 시간을 같이 하면서 교사로서의 모델을 제공하고, 학습 기회를 제공하는 등 교육실습의 전 과정을 통해 주도적으로 지도한다. 이러한 가운데 지도교사는 교육실습생에게 교수방법, 가치관, 태도 등 전반적인 면에서 영향을 미치게 된다(임승렬, 1995; Copas, 1984; Hawkey, 1998). 따라서 지도교사의 역할과 자질은 교육실습의 성공을 좌우하는 중요한 요인이 된다(이매자, 1998; Wade, 1997).

1) 지도교사의 역할

교육실습의 질에 중요한 영향을 미치는 지도교사는 대학과 지속적으로 협의하여 교육실습생을 정서적, 전문적으로 지원하는 역할을 해야 한다(신현주, 1998; 이유미, 1996; 조인경, 1993; Grimmett & Ratzlaff, 1986). 지도교사는 교육실습생을 정서적으로 지원하기 위해서 낯선 상황에서 어려움에 직면한 교육실습생과 신뢰적이고 개방적인 관계를 형성하고, 교육실습생이 의지할 수 있도록 지원과 격려를 제공한다. 지도교사는 교육실습생을 전문적으로 지원하기 위해서 유아 지도, 학급 운영, 교수학습 방법, 기관 운영, 부모와의 상호작용 등에 대한 모델과 피드백을 제공한다. 또한 실천에 대한 반성을 격려하기 위해서 체계적인 피드백과 평가를 제공하는 등 교사로서의 역할 수행에 필요한 지도를 실행한다(Johnes, Reid, & Bevins, 1997; Wyatt, 1999). 이러한 지도교사의 역할을 정리해 보면 다음과 같다.

① 감정적 지원 역할

- 교육실습생의 장점을 인식하여 평가보다는 지지와 칭찬을 제공한다.
- 교육실습생을 항상 성인 협력자로 존중하여 함께 문제해결 방법을 찾는다.
- 교육실습생의 이야기를 항상 들어 주고 비밀을 유지한다.
- 교육실습생이 기관 밖의 여러 가지 활동에 참여할 수 있게 격려한다.
- 교육실습생의 스트레스를 해소할 수 있는 건설적인 방법을 제안한다.
- 교육실습생과 친밀하고 신뢰적인 관계를 형성한다.

② 전문적 지원 역할

- 교육실습생에게 유아들의 놀이를 지원 및 확장하고, 평가하는 방법을 알려 준다.
- 효과적인 교수전략을 알려 준다.
- 학급 운영 방법을 알려 준다.

- 어떻게 자료를 사용하는지 알려 준다.
- 교육실습생의 교수 향상을 위해서 협의회를 실시한다.
- 교육실습생이 반성할 수 있도록 지속적인 정보와 피드백을 제공한다.

이러한 지도교사의 역할을 교육실습 시기에 따라 살펴보면(Lowenhaupt & Stephanik, 1999), 교육실습 전에는 낯선 실습지에 대한 불안감을 가질 수 있는 교육실습생을 따뜻하게 맞이하는 것으로 시작한다. 교육실습 초기에는 교육실습 전체 과정, 기관의 운영 방침, 교직원 소개, 기관의 규칙, 시설·설비, 유아의 특성 등 전반적인 오리엔테이션을 통해서 편안한 마음으로 교육실습에 임할 수 있도록 도와준다. 교육실습 중기에는 유아와 놀이 지원 및 상호작용, 교수자료 준비, 교수활동 등 대학에서 경험해 보지 못한 여러 가지 일들을 수행하면서 어려움을 느끼는 교육실습생을 정서적으로 격려하고 지지해 준다. 동시에 수업에 필요한 자료와 정보를 주고, 바람직한 수업 모델을 제공하고, 협의회를 통해서 피드백을 제공하는 등 교수활동에 대해서 전문적으로 지원한다. 교육실습 후기에는 교육실습생에게 감사의 뜻을 표현하고 교육실습생의 진로에 도움을 준다.

2) 지도교사의 자질

지도교사의 역할을 효율적으로 실천하기 위해서는 자질을 갖추고 있어야 한다. 지도교사에게 필요한 인성적·전문적 자질을 살펴보면 다음과 같다.

① 인성적 자질

- 교직에 대한 열의와 다른 사람을 도우려는 의지를 가지고 있다.
- 교육실습생의 요청에 민감하게 반응하고, 격려한다.
- 격려나 도움을 줄 때는 권위적이지 않고 교육실습생의 의견을 수용한다.
- 융통성이 있다.

- 모든 경우에 교육실습생을 보호해 주는 입장을 취하고, 교육실습생의 비밀도 지켜 주려고 노력한다.

② 전문적 자질

- 유아교육과정, 교수학습 이론을 이해하고, 적용할 수 있다.
- 지도 및 평가 기술과 문제해결력이 있다.
- 다양한 발전적 교수방법을 수용한다.
- 계속적인 전문성 발달을 위해 끊임없이 노력한다.
- 교육실습생에게 항상 좋은 모델을 제공하려고 노력하고, 자신의 활동에 대해서 반성한다.
- 의사소통 기술이 능숙하여 교육실습생과 의사소통의 문제가 없다.

지도교사가 교육실습생의 전문성을 신장시키고 효율적인 지도를 제공하기 위해서는 우선 자신의 역할을 알고 있어야 하고, 적절한 자질을 갖추고 있어야 한다. 지도교사는 유아교육에 대한 지식을 자신의 교육철학에 적용하고, 효율적인 수업 지도 및 교수방법을 알아야 한다. 보다 효율적인 교육실습생 지도를 위해서 지도교사는 지도력과 능숙한 의사소통 기술도 필요하다. 동시에 자신의 역할을 비판적으로 평가하고, 자신의 개인적인 발전을 추구하려고 노력해야 한다.

3. 지도교수

지도교수는 교육실습의 전체 과정을 계획, 운영하고 교육실습 구성원들 모두를 관리하는 전반적인 책임을 수행한다. 지도교수는 교육실습 시기, 기간, 방법 등 운영 전반에 대해서 교육실습기관과 협의하여 계획한다. 또한 지도교사 및 교육실습생을 교육하고 지원하는 역할을 수행한다. 교육실습생과 지도교사를 지원하는 지도교수의 역할을 구체적으로 살펴보면 다음과 같다(박은혜, 이은화, 1998; 조상일, 1996; Gray, 1999; Knight, Wiseman, & Smith, 1992; Polachek, 1992).

① 교육실습생 지원 역할

- 교육실습생의 역할 및 자세, 교육실습 일정, 협의회, 평가 방법 등에 대해서 교육실습생을 오리엔테이션한다.
- 교육실습생의 업무와 책임을 안내하고, 교육실습이 시작될 때 교육실습생과 지도교사를 연결시킨다.
- 교육실습 중에는 교육실습생을 관찰하여 장점과 단점을 파악하고, 피드백과 모델을 제공하는 등 발전을 위한 지원을 제공한다.
- 교육실습생의 반성적 사고를 촉진시키기 위해서 저널 쓰기 및 세미나를 지도한다.
- 교육실습이 끝날 때 교육실습생의 점수, 통과 여부를 결정하는 등 평가활동을 한다. 평가는 지도교수 및 지도교사에 의해 수집된 자료에 근거한다.

② 지도교사 지원 역할

- 대학과 현장의 협력적인 교육실습을 위해서 지도교사와 밀접한 관계를 형성한다.
- 지도교사의 역할, 오리엔테이션 방법, 교육실습생의 특성, 교육과정, 수업 지도, 신뢰적인 관계 형성 및 의사소통 방법 등 교육실습 전반에 대해서 지도교사를 교육한다.
- 교육실습 중에도 지도교사를 지속적으로 지원하고 협의한다.
- 교육실습 종료 후에는 교육실습 지도 과정 중의 문제점을 파악하고, 지도교사를 평가한다.

활동 3-1 교육실습생 역할 개념도

① 교육실습생의 역할을 포스트잇에 각각 쓴다.
② 포스트잇에 쓴 것을 유사한 것끼리 분류해서 제목을 붙인다.
③ 이것을 웹으로 연결해서 아래 그림으로 옮긴다.
④ 자신의 개념도와 동료들의 개념도의 공통점과 차이점이 무엇인지 토의한다.

활동 3-2 교육실습생 용모

① 다음의 체크리스트를 활용하여 본인의 용모를 확인하고 문제점은 무엇인지 토의한다.

용모 체크리스트				
구분	문 항	아니오	보통	예
머리	머리를 자주 빗어 단정하게 한다.	1	2	3
	너무 요란한 파마를 하지 않는다.	1	2	3
	원색적인 염색이나 여러 가지 색의 염색은 피한다.	1	2	3
	앞머리를 길게 하여 눈을 가리지 않도록 한다.	1	2	3
얼굴	입 냄새가 나지 않게 주의한다.	1	2	3
	가능한 한 자연색을 선택하여 엷은 화장을 한다.	1	2	3
	진한 향이 나는 화장품이나 향수는 사용하지 않는다.	1	2	3
손·팔	손톱을 짧고 깨끗하게 관리한다.	1	2	3
	원색의 매니큐어를 바르지 않는다.	1	2	3
	손이나 팔에 너무 많은 장신구를 부착하지 않는다.	1	2	3
몸	몸에서 나쁜 냄새가 나지 않도록 한다.	1	2	3
	사치스러운 장신구를 부착하지 않는다.	1	2	3
	가슴이 많이 파인 옷은 피한다.	1	2	3
	무릎 위로 올라가는 짧은 치마는 피한다.	1	2	3
	단정하고 깨끗한 옷을 입는다.	1	2	3
	속이 훤히 비치는 옷은 피한다.	1	2	3
	속옷을 잘 갖추어 입는다.	1	2	3
	계절, 목적, 장소에 적절한 옷을 입는다.	1	2	3
발·다리	발톱을 짧고 깨끗하게 관리한다.	1	2	3
	맨발로 다니지 않도록 한다.	1	2	3
	굽이 너무 높고 뾰족한 신발을 신지 않는다.	1	2	3
	구두는 자주 닦아 청결을 유지한다.	1	2	3

출처 : 교육인적자원부(2001). 유치원 교사 교육 프로그램.

② 다음의 예를 보고 교육실습생의 용모가 유아를 교육하는 데 어떤 영향을 미치는지에 대해서 생각하고 토의한다.

구 분	이런 영향을 미칠 것 같다
긴 머리를 묶지 않고 활동을 하면…	
앞머리를 길게 하면…	
향수를 지나치게 사용하면…	
손톱을 기르면…	
돌출된 반지를 끼면…	
몸에 딱 붙는 옷을 입으면…	
너무 짧은 반바지나 치마를 입으면…	
지나치게 노출이 심한 옷을 입으면…	
속옷을 잘 갖추어 입지 않으면…	
뾰족하고 높은 굽의 신을 신으면…	

출처 : 교육인적자원부(2001). 유치원 교사 교육 프로그램.

4장 교육실습생의 특성

교육실습생 인성 사례

✠ 사건 배경

우리 반에 2명의 교육실습생을 동시에 받게 되었다. 김미수 교육실습생은 보기에도 어려 보이고 주관이 없어 보였다. 시키는 일은 열심히 하고 귀담아 들으려고 하는데, 스스로 하기보다는 수동적인 편이었다. 교육실습 초기 김미수 교육실습생은 유아가 부탁을 하면 순순히 들어주었다. 점차 유아들은 김미수 교육실습생에게 더 많은 도움을 청했고, 자신이 할 수 있는 일도 해 달라고 떼를 부리는 유아가 생겼다.

✠ 사건 전개

자유선택 시간에 김미수 교육실습생은 미술 영역에 있었다. 색종이로 공을 하나 접어서 한 유아에게 주었다. 그러자 다른 유아들도 "나도 접어 주세요." 하면서 달려들었다. 교육실습생은 하나하나 접어 주느라 정신이 없었다. 다른 영역에 있던 유아들도 미술 영역으로 가서 종이공을 교육실습생이 접어 줄 때까지 기다렸다. 그래서 유아들은 오늘 자유놀이를 충실히 하기 어려웠다. 우리 유치원은 초등학교 병설유치원이기 때문에 초등 아이들과 함께 우유 급식을 한다. 유아들은 종이 팩에 든 우유를 간식으로 먹는데, 그동안 우유 팩을 자신이 잘 못 여는 유아는 친구에게 부탁을 해서 서로 도와주고 친구도 못할 때에만 선생님의 도움을 받기로 했었다. 오늘 간식 시간에는 유아들이 스스로 해 보지도 않고 무조건 김미수 교육실습생에게 가서 우유 팩을 열어 달라고 떼를 썼다. 교육실습생은 여러 명의 유아의 것을 열어 주느라 정신이 없었다. 내가 교실로 들어가자 유아들은 자신의 자리로 돌아가 스스로 우유 팩을 열었다. 교육실습생도 달려드는 유아들 때문에 힘에 겨운 것 같았다. 나는 협의회 때 유아가 스스로 할 수 있는 일은 스스로 하게 하는 것이 어떠냐고 제안을 했다. 교육실습생은 "저도 그렇게 하는 것이 좋은 것은 아는데 제가 마음이 약해서 어쩔 수 없이 자꾸 도와주게 되네요."라고 하였다. 성격상 유아들의 모든 것을 받아 주는 교육실습생을 어떻게 지도하는 것이 좋을지 모르겠다.

사례에 대해서 토의하기

- 문제 원인
- 사람들의 입장
- 문제해결 방법

교육실습생의 갈등 사례

한번은 유아가 화장실을 가고 싶다고 해서 가라고 했더니 다른 유아들도 말도 없이 화장실에 가서 놀다 왔다. 나중에 지도교사가 오더니 그 유아들에게 뭐라고 하셨다. 왜 이 시간에 화장실을 가냐고. 유아들을 보낸 나는 민망하고 미안했다. 이런 작은 일들이 몇 번 있다 보니 "○○선생님께 다시 말씀드릴래?" 하고 유아에게 말하곤 했다. 그러다 보니 어느 순간 내가 교사가 맞기는 한가 하는 생각이 들었다. 무엇이든지 지도교사에게 말하고 해야 하고 내 말은 순식간에 무시당하는 거나 다름없으니 유아들이 날 무시하지 않을까? 그런데, 오늘은 ○○대학으로 인형극을 보러 갔다. 인형극을 보는 도중, 수진이가 와서 화장실에 가고 싶다고 말했다. 나는 수진이에게 담임 선생님께 물어보고 오라고 했다. 수진이는 너무 화장실이 급했는지 거의 울상이 되어 선생님께 가서 허락을 맡고 왔다. 나는 수진이 손을 붙잡고 화장실로 달려갔다. 무척이나 급했던 수진이는 실수할까 봐 두려웠는지 눈물을 뚝뚝 떨어뜨리며 화장실을 갔다. 유아의 개인적인 욕구를 바로 대처해 주지 못하고 교육실습생으로서 융통성을 발휘하지 못해 어린 수진이의 마음을 불안하고 힘들게 한 것이 정말 후회가 되었다.

사례에 대해서 토의하기

- 실습생의 특성과 입장
- 사람들의 입장
- 문제해결 방법

1. 교육실습생의 성격

모든 인간은 생물학적으로 공통적인 특징을 가지고 있지만, 동시에 각기 독특한 특징을 가지고 있기 때문에 동일한 방식으로 생각하고, 느끼고, 행동하는 사람은 없다(Kimble, Garmezy, & Zigler, 1987). 이처럼 한 개인이 다른 개인과 구별되고 그 사람을 가장 잘 나타내는 특성을 성격이라고 정의한다. 성격은 개인의 심리적 징후와 유사한 것으로 환경에 적응하여 나타내는 행동, 태도, 동기, 경향성, 인생관, 정서의 총체이다(이윤상, 1995).

성격을 정의한 여러 학자 중 Friedman과 Rosenman(1974)은 사람의 성격을 완벽한 성격과 여유가 있는 성격으로 분류하였다. 완벽한 성격의 사람은 투쟁의식, 경쟁심, 높은 성취욕, 시간에 대한 강박감을 가지고 있다. 이들은 복잡한 사고를 하고 인간관계에서 갈등을 가지기 쉽다. 이에 비해서 여유 있는 성격의 사람은 대인관계에 대한 급박함, 적대감, 경쟁심이 심하지 않아서 긴장감이 적고 느긋하다. 이러한 성격 구분에 의해서 교육실습생의 성격도 완벽한 교육실습생과 여유 있는 교육실습생으로 나누어 볼 수 있다. 성격 유형에 따른 교육실습생의 특성을 정리하면 다음 ❙표 4-1❙과 같다.

❙표 4-1❙ **교육실습생 성격 유형별 특성**

유 형	특 성
완벽형	• 강렬한 욕구, 야망, 경쟁심이 있다. • 열심히 일하고 끊임없이 새로운 일에 도전한다. • 정서적으로 불안하며 참을성이 없다. • 확신과 결단성이 있다. • 모든 일을 완벽하게 하려고 한다. • 지도교사의 인정을 받기 위해 노력한다. • 우월감이 있고 자기중심적이다. • 늘 쫓기는 생활을 한다. • 동료 교육실습생에게 경쟁심을 갖는다. • 항상 긴장된 모습을 보인다.
여유형	• 인내심이 많고 여유가 있으며 서두르지 않는다. • 완수하려는 의지가 부족하다. • 죄책감이 적다. • 사람들과 어울리는 것을 좋아한다. • 잘하려는 의지가 적다. • 타인의 반응에 과민하지 않다. • 앞으로의 계획에 심사숙고한다. • 정서적으로 편안하다. • 자주 휴식을 취하고 시간을 즐긴다. • 천천히 완전하게 일을 한다. • 여러 가지에 흥미를 보인다.

┃표 4-1┃에 나타난 것과 같이 교육실습생의 성격 특성은 교육실습에 영향을 준다. 교육실습생의 성격뿐 아니라 지도교사의 성격도 교육실습에 영향을 주어서 교육실습생과 지도교사가 어떠한 성격을 소유하고 있는가에 따라 서로에게 영향을 주고 교육실습의 양상이 달라진다. 교육실습생과 지도교사의 성격에 따른 교육실습의 양상을 정리하면 다음 ┃표 4-2┃와 같다.

┃표 4-2┃ **교육실습생과 지도교사의 성격에 따른 실습 양상**

구분		교육실습생 성격	
		완벽형	여유형
지도교사 성격	완벽형	• 교육실습생은 많은 것을 배우려고 한다. • 지도교사는 많은 것을 알려 주려고 한다. • 교육실습을 통해서 많은 것을 배운다. • 교육실습생과 지도교사 서로 어느 정도 만족한다.	• 교육실습생은 지도교사의 재촉 때문에 스트레스를 받을 수 있다. • 지도교사는 교육실습생의 느린 행동 때문에 스트레스를 받는다.
	여유형	• 교육실습생은 자율적으로 역할을 수행한다. • 지도교사는 교육실습생의 역할에 대해서 관여하지 않는다. • 교육실습생은 지도교사로부터 더 많은 지도를 원한다.	• 교육실습생, 지도교사 모두 스트레스를 받지 않는다. • 편안하게 교육실습에 임하나 교육실습 중 많은 것을 배우기 어렵다.

위에서 교육실습생과 지도교사의 성격 유형에 따른 교육실습의 양상을 살펴보았다. 이러한 교육실습생과 지도교사의 성격 특성을 이해하기 위해서 교육실습생 및 지도교사의 성격에 대한 사례를 제시하면 다음과 같다. 첫 번째 사례의 경우, 교육실습생은 완벽한 성격이지만 지도교사는 여유 있는 성격을 갖고 있다. 두 번째 사례의 경우, 교육실습생은 여유 있는 성격이고 지도교사는 완벽한 성격이다. 두 사례는 성격상 서로 상반된 모습을 보여 준다.

교육실습생 성격 사례

사례 I

교육실습생은 많이 낡은 출석판을 보고 새로 만들어야겠다는 생각을 했다. 출석판을 만들고 보니 지도교사와 먼저 의논을 하지 않았다는 생각이 들었다. 그래서 교육실습생은 지도교사에게 "선생님 유아들 출석판을 새로 만들어 주고 싶은데요?" 하고 말했다. 지도교사는 그렇게 하라고 했고, 교육실습생은 이미 만들기 시작한 출석판을 내면서 "사실은 벌써 만들고 있었어요."라고 했다. 지도교사는 별다른 반응이 없었다. 교육실습생은 처음으로 하는 수업이 매우 걱정이 되었다. 수업이 며칠 남았지만 계획안을 작성해서 지도교사에게 가지고 가서 검토해 달라고 하였다. 지도교사는 별다른 지적 없이 그대로 하라고 하였다. 교육실습생은 교수자료를 어떻게 제작해야 할지를 물어보았다. 지도교사는 "처음 하시는 수업이니 유치원에 있는 자료를 활용하는 것이 어떻겠어요?" 하고 말했다. 교육실습생은 그래도 새로운 것을 만들어서 하고 싶다고 했다. 지도교사는 그러고 싶으면 그렇게 하라고 했다. 교육실습생은 수업을 하는 날 아침 매우 피곤했다. 교수자료를 제작하느라 잠을 못 잤기 때문이었다. 수업을 진행하는데 유아들이 다소 소란스러웠다. 교육실습생은 자신의 수업에 대해서 매우 불만족했고 속상해했다.

사례 II

교육실습생은 자유놀이 시간에 유아들의 역할놀이 활동에 참여해서 유아들과 함께 즐겁게 놀이를 했다. 유아들 귀가 지도 후, 지도교사가 교무실에 가서 일을 하고 한참 후에 교실에 왔는데 교육실습생이 보이지 않았다. 지도교사는 "○○선생님?" 하고 교육실습생을 불렀다. 교육실습생은 쉬다가 일어난 것 같았다. 지도교사는 "선생님 내일 하실 활동 계획안 이제는 다 준비되셨지요? 제가 지난 주부터 말씀드렸잖아요?"라고 물었다. 교육실습생은 "아직 못했는데 내일 아침에 드릴게요."라고 지도교사에게 말했다. 교육실습생은 다음 날 활동 전에 계획안을 지도교사에게 주면서 "제가 새로운 교수자료는 제작하지 못했는데요. 자료실에 있는 자료로 준비했거든요."라고 했다. 지도교사는 "그렇게 하세요."라고 말은 했지만 교육실습생이 수업 준비를 미리미리 하지 않은 것 같아서 불만스럽고 걱정이 되었다. 활동을 할 때 교육실습생은 동화 내용을 잘 변성하지는 못했으나 유아들은 그런 대로 재미있어 했다. 지도교사는 좀 더 연습을 하고 자료도 새로 만들었으면 하는 아쉬움이 남았지만, 교육실습생은 유아들의 반응에 스스로 만족했다.

사례에 대해서 토의하기

- 교육실습생과 지도교사의 성격 차이
- 사람들의 입장
- 자신의 성격

교육실습생의 성격뿐 아니라 인성적인 특성도 교육실습에 영향을 준다. Taylor (Hopkin & Moore, 1993, 재인용)는 교육실습생의 인성 유형을 확신 부족형, 우정 추구형, 노력형의 세 가지로 제시하였다. 확신이 없고 단호하지 못한 교육실습생은 교수에 대한 열정이 부족하고 수동적인 경향을 나타낸다. 확신이 부족한 교육실습생은 학급의 운영과 학급 규칙의 지도에 일관성이 없다. 우정을 추구하는 교육실습생은 사람들이 자신을 좋아하기를 원한다. 우정을 추구하는 교육실습생은 유아를 이해하고 유아에게 친근하게 보이기를 원하기 때문에 유아처럼 이야기하고, 유아의 친구가 되려고 한다. 그러나 이러한 교육실습생들은 종종 유아에게 이용을 당한다. 또한 유아가 자신을 싫어하는 것을 원하지 않기 때문에 유아가 학급 규칙을 지키지 않아도 묵인해 주므로 학급 규칙에 문제를 일으킬 수 있다. 이로 인해 지도교사의 비판을 받기도 한다. 반면 노력형의 교육실습생은 스스로 시작하고, 창의적으로 수업을 만들며 적극적이다. 노력형의 교육실습생은 충고에 귀를 기울이고, 발전을 위한 제안을 수용하기 때문에 학급에서 효과적이다. 이러한 교육실습생은 솔선을 보여 주고, 필요한 발전에 긍정적이며 효과적으로 학급을 운영한다. 이상 살펴본 교육실습생의 인성을 정리하면 다음 | 표 4-3 | 과 같다.

| 표 4-3 | 교육실습생 인성 유형별 특성

유 형	특 성
확신 부족형	• 단호하지 못하다. • 교육에 대한 열정이 부족하고 수동적인 경향이 있다. • 학급 운영에 일관성이 없고 규율의 문제가 생긴다.
우정 추구형	• 사람들이 자신을 좋아하기 원한다. • 유아와 친해지기 원하기 때문에 유아처럼 이야기하고, 유아와 친구가 되려고 한다. • 유아가 싫어하는 것을 원하지 않기 때문에 학급 운영과 규율의 문제가 생긴다. • 유아에게 종종 이용된다. • 지도교사의 비판을 받기 쉽다.
노력형	• 스스로 일을 시작한다. • 창의적으로 수업 준비를 한다. • 충고에 귀를 기울이고, 향상을 위한 제안을 수용한다. • 솔선수범하고 발전하려고 노력한다. • 효과적으로 학급을 운영한다.

이상 제시한 것처럼 교육실습생은 각기 다른 인성을 가지고 있으나 대부분의 교육실습생은 확신이 부족하고 우정을 추구하는 인성을 가지고 있다.

교육실습생이 자신의 성격 및 인성을 이해하는 것은 본인의 장·단점을 파악하게 하고, 자신이 노력할 사항을 인식하게 한다. 지도교사가 교육실습생의 성격 특성에 초점을 맞추어 지도할 경우, 보다 효율적인 교육실습생 지도가 가능하다. 교육실습생의 성격뿐 아니라 지도교사의 성격도 상호 관계에 영향을 주기 때문에 교육실습생과 지도교사가 본인 및 상대방의 성격을 파악하는 것은 서로를 이해하고 효율적으로 교육실습을 진행하는 데 도움이 된다. 교육실습생의 성격 및 인성에 따른 교육실습생의 노력과 지도교사의 지도 방법을 살펴보면 | 표 4-4 | 와 같다.

| 표 4-4 | 교육실습생 성격 및 인성 유형에 따른 노력과 지도

유형		교육실습생 노력	지도교사 지도
성격	완벽형	• 전체적으로 지도교사와 의논하되, 구체적인 사항은 자율적으로 계획한다. • 사전에 허락을 받고, 스스로 할 수 있는 일은 찾아서 한다.	• 교육실습 과정을 자율적으로 계획하게 한다. • 스스로 문제를 해결하게 한다. • 휴식할 수 있는 별도의 시간을 제공한다. • 칭찬을 많이 한다.
	여유형	• 모든 일의 마감 시간을 지킨다. • 모든 일을 사전에 지도교사와 의논한다. • 항상 노력하는 모습을 보인다.	• 교육실습 과정을 교육실습생과 함께 구체적으로 계획한다. • 구체적인 교육실습 계획표를 제공한다. • 모든 일마다 마감 시간을 정한다.
인성	확신 부족형	• 구체적인 목표를 세운다. • 학급의 규칙을 파악하고 기억한다. • 시행해야 할 일과 마감 날짜를 적어 놓는다. • 확신이 서지 않는 일은 지도교사와 의논한다.	• 다른 교육실습생보다 더 많은 안내가 필요하다. • 세부적인 목표를 제공한다. • 제안은 협의회에서 유인물로 제공한다. • 실행할 일을 구체적으로 제공하고, 모든 업무에 마감 날짜를 정한다. • 업무 기록, 완료 일자, 결과에 대한 기록을 보유하고 지도교수와 공유한다. • 칭찬을 많이 한다.
	우정 추구형	• 유아들과 적절한 거리를 유지하도록 노력한다. • 유아들에게 도움을 줘야 하는 최소한의 기준을 정한다. • 확신이 서지 않는 경우 지도교사와 의논한다.	• 유아들과 적절한 관계를 형성하는 데 지원이 필요하다. • 학급 규칙과 우선해야 하는 일에 대해서 지도한다.
	노력형	• 다양하고 창의적인 방법을 생각한다. • 자신의 역할에 대해서 스스로 반성한다.	• 자율적으로 활동을 계획하고 수행할 수 있는 기회를 제공한다.

이상 살펴본 것처럼 교육실습생의 성격 및 인성은 교육실습에 영향을 주기 때문에 이에 대한 교육실습생 본인의 이해와 노력이 필요하다. 이외에 교육실습에 영향을

주는 교육실습생의 정의적인 특성 중 또 다른 측면은 효능감이다. 교사의 신념이 교수 실행과 밀접한 관계가 있다는 논의에 의해서 교사의 효능감이 강조되고 있다. 교사에게 있어서 효능감은 자아효능감과 교사효능감의 두 가지 측면에서 강조되고 있다. 자아효능감은 어떠한 수행에 대해서 요구되는 행위를 조직하고 실행해 나가는 자신의 능력에 대한 판단이다. 교사효능감은 교사로서의 자신의 수행 능력에 대한 믿음이다(이분려, 1998). 교육실습생의 경우도 자아효능감과 교사효능감이 교육실습생으로서의 역할 수행에 영향을 미칠 수 있다. 따라서 자신의 효능감을 분석하고 이해하려는 노력이 필요하다.

2. 교육실습생의 사고

교육실습생은 교육을 계획하고, 유아를 지도하고 수업을 진행하는 과정에서 자주 실수하고 어려움에 직면한다. 교육실습생은 문제가 발생하면 순간 심리적 갈등은 느끼나 당황하여 적절히 대처하지 못한다. 이는 문제 상황에서 반성을 하지 못하고 시간이 지난 후에야 자신의 행동에 대해서 걱정하거나 반성하므로 즉각적인 해결에 어려움을 갖기 때문이다. 이처럼 교육실습생은 문제의 원인과 해결 방법을 알지 못하기 때문에 문제를 적극 해결하려고 하기보다는 회피하거나 모면하려 하고 다른 사람의 판단이나 결정에 의존하려고 한다(조운주, 2004).

교육실습생이 문제해결력이나 판단력, 확신 및 융통성이 부족한 것은 개인적 경험 및 교수 이론이 부족하고, 통합적인 눈이 없어서 의사결정에 어려움을 갖기 때문이다. 또한 유아들의 특성을 충분히 인식하지 못해서 유아의 행동을 다루는 것이 어렵기 때문이다. 종합해 보면 이러한 문제점은 교육실습생의 낮은 사고 수준에서 비롯된다.

교육실습생의 사고 특성은 의사결정 과정, 사고의 다양성, 지식의 통합, 유아 행동의 조정 등에서도 나타난다(Colton & Sparks-Lamger, 1993; Reynold, 1992). 사고 수준이 낮은 교육실습생은 풍부한 도식이 부족하고 통합할 수 있는 역량이 부족하다. 또한 자신의 학교 경험, 기억, 초보적 지식에 근거하기 때문에 다양성이 부족하다(Nichol, 1993). 따라서 사고 수준이 낮은 교육실습생은 전체 교육과정, 교육내용에 대한 이해가 부족하고, 통합적으로 교육과정을 운영하지 못하며, 현재의 학습을 과거나 미래와 연결시키거나 새로운 학습을 제시하지 못한다(Westerman, 1991). 또한 유아의 특성 및 유아에게 적절한 교수법을 충분히 알지 못하여 계획에 의해서만 수업을 진행하고, 유아의 흥미를 반영하지 못한다. 사고 수준이 낮은 교육실습생은 유아의 행동을 다루는 데도 미숙하다. 유아의 위반 행동이 처음 발생했을 때는 무시하나 행동이 너무 과격해지면 비난하거나 벌을 주는 등 유아의 행동을 이해하거나 적절한 예방 조치를 취하지 못한다(Carter & Richardson, 1989). 수업 후에는 목표와 기준에 따라서 평가하여 자신의 실천에 대해서 반성은 하지만 초점이 잘 맞춰지지 않는다. 전체적으로 사고 수준이 낮은 교육실습생은 수업, 유아 지도, 문제 상황 해결에서 다양한 방법을 사용하지 못하고 융통성이 부족하다.

이에 비해 사고 수준이 높은 교육실습생은 의사결정을 할 때 풍부한 도식을 가지고 있어서 수업 계획, 수업 실행, 수업 평가에서 상호 관계성을 고려한다. 즉, 교육과정 지침에 따라 수업을 계획하면서 유아에게 알맞은 교재, 자료, 방법을 계획하고 유아의 경험과 반응에 따라 수업 계획을 수정한다. 수업 실행에서도 유아와 상호작용을 하고, 가치 있는 시간을 극대화하고 유아에게 옳고 적절한 규칙과 일과를 설정·유지한다. 유아의 행동을 조정하기 위해서 유아의 행동 단서를 인식하고, 유아의 동기를 유발시키고, 실천적 전략을 사용하여 여러 가지 문제를 해결한다. 또한 적절하게 환경을 구성하고, 적절한 내용을 제시하고, 유아의 요구에 따르는 수업을 실행한다. 수업 이후에는 자신의 행동과 유아 반응을 평가하고 반성한다.

일반적으로 대부분의 교육실습생의 사고 수준은 낮지만, 수준 높은 사고를 하는 교육실습생도 있다. 다음의 사례에서 교육실습생의 사고 수준을 파악할 수 있다.

교육실습생 사고 사례

✠ 사건 배경

교육실습 나가서 좋은 것보다는 힘들고 어려운 일이 더 많았다. 지도교사와 친하게 지내지 않아서 필요한 대화만 했다. 그리고 수업을 진행하면서 실수를 많이 했고, 환경 구성이나 교구 제작 등으로 많이 힘들었다.

✠ 사건 전개

유아들이 요즘 자동차에 관심이 많고 쌓기놀이에서도 자동차 관련 놀이를 많이 해서 자동차에 대한 새 노래 부르기 활동을 계획하였다. 나는 학교에서 배운 대로 우선 노래를 들려주고, 노래를 직접 불러 주고, 허밍으로 따라 하게 했지만 수업은 잘 진행되지 않았다. 아이들이 노래를 잘 따라 부르지 못했다. 나는 순간 당황했다. 내가 감기에 걸려서 목소리가 전혀 나오지 않는 상태에서 수업을 해서 그렇다고 나는 생각했다. 지도교사와 사후 협의회를 할 때 지도교사는 노래가 너무 어렵고 유아의 연령에 적절하지 않아서 따라 부르지 못한 것 같다고 하셨다. 나는 나름대로 준비도 많이 했고, 감기에 걸렸지만 열심히 했는데 유아들은 내가 준비한 자료를 가지고 떠들고 집중도 안 했다. 물론 내가 준비한 것까지 수업을 다 했지만 계속해서 소란스럽기만 했다. 잘 따라 주지 않은 아이들이 너무 원망스럽다. 왜 학교에서 배운 대로 수업을 진행하는데도 유아들은 별로 흥미를 보이지 않고 딴짓만 하는지 알 수가 없다. 교육실습을 하면서 가장 난감했던 것은 아이들을 집중시키는 것이다. 손인형을 미리 만들어 놓기는 했는데, 어떻게 하다 보니까 그것을 한 번도 사용하지 못하고 집에만 처박혀 있었다.

사례에 대해서 토의하기

- 교육실습생의 사고 수준
- 교육실습생에게 필요한 노력

사례에 나타난 것처럼 대부분의 교육실습생은 낮은 사고의 특성을 나타낼 것이다. 교육실습생은 자신의 사고 및 인지 특성을 이해하여 발전하도록 노력해야 한다. 또한 지도교사는 교육실습생을 적절히 지도하기 위해서는 교육실습생의 사고 수준을 고려하여 지도해야 한다. 교육실습생의 사고 수준에 따른 특성과 이에 따른 지도 방법을 제시하면 다음 | 표 4-5 | 와 같다.

| 표 4-5 | 교육실습생의 사고 특성과 지도 방법

구 분	낮은 사고 수준	높은 사고 수준
책임감	• 상황이나 다른 사람을 원망한다.	• 책임을 수용하고 자신이 할 수 있는 일을 찾는다.
효능감	• 다른 사람의 평가나 판단으로 자신을 평가한다.	• 자기 스스로 평가한다.
교수계획	• 교육과정에 따라서 계획하나 유아의 요구를 충분히 수용하지 못한다.	• 유아가 아는 것을 교육과정에 수용한다.
교수방법	• 확실히 아는 교수방법만 사용한다.	• 각 유아에게 적합한 교수방법을 적용한다.
교수진행	• 유아의 흥미나 요구를 수용하지 못한다.	• 유아와 상호작용한다.
수업 평가	• 목표에 근거해서만 평가한다.	• 자신의 행동과 유아의 반응을 반성한다.
의사결정	• 다양성이 부족하다.	• 다양성이 풍부하다.
교사 발달	• 대학교육을 통해서 발달한다고 생각한다.	• 졸업 후에도 지속적으로 발달한다고 생각한다.
지도 방법	• 많은 칭찬을 제공한다. • 감정이입을 해 준다. • 많은 모델을 보여 준다. • 모든 일을 세부적이고 구체적으로 지도한다.	• 자율적인 결정 기회를 제공한다. • 문제점을 스스로 수정할 수 있게 한다. • 기본적인 사항만 지도한다.

교육실습생의 인지 특성은 사고의 높고 낮음에 대한 분석 이외에 영역에 따른 인지 능력을 분석할 수 있다. 사람의 인지 능력을 다양한 영역으로 분석한 Gardner는 개인의 각기 다른 인지 능력을 언어, 논리 수학, 공간, 신체, 음악, 대인관계, 내성 지능의 7가지로 분류하였다. 교육실습생의 인지 능력도 7가지 영역 중 특정 영역이 높거나 낮을 수 있는데 이런 인지 능력은 교육실습생의 인지적 특성으로 영향을 미칠 수 있다. 교육실습생의 인지 능력을 분석하기 위해서는 Gardner의 이론에 기초하여 개발된 Lazear(박은혜, 2017, 재인용)의 다중인지 능력 검사 도구를 활용할 수 있다. 이러한 도구를 통해서 교육실습생은 본인의 인지 특성을 분석할 수 있으며, 분석 결과를 기초로 하여 자신의 부족한 인지 능력을 향상시키려는 노력이 필요하다.

3. 교육실습생의 정서

교육실습생은 낯선 교육실습기관에서 그동안 경험해 보지 못했던 생소한 역할을 수행해야 하기 때문에 정서적인 불안감을 보인다. 이러한 교육실습생의 불안감은 교육실습 전체 과정을 통해서 나타나지만, 시기와 상황에 따라서 다양하게 변화한다. 교육실습생은 교육실습을 시작하면서 긴장과 설렘의 두 가지 상반된 정서를 가질 뿐 아니라 교육실습을 진행하는 과정에서도 걱정과 안심, 실망과 자신감 등과 같은 양면적이고 다양한 정서를 나타낸다. 교육실습생의 이러한 정서는 유아나 지도교사 등 주변 사람의 반응에 따라서 쉽게 변화한다(조운주, 2004).

교육실습생의 정서가 양면적이고, 쉽게 변하고, 타인 지향적인 특성을 나타내는 이유는 교육실습생은 낯선 교육실습기관에서 불안감을 갖고 교사, 부모, 유아에게 수용되기를 원하기 때문이다(Brand, 1990). 즉, 교육실습생은 다른 사람의 반응에 의해서 자신의 수용 여부를 판단하기 때문에 다른 사람의 반응을 살피려고 하고, 그 반응에 따라 정서 반응도 바뀐다. 교육실습생의 정서 상태를 반영한 교육실습 첫날 사례를 보면 다음과 같다.

교육실습생 첫날 사례

첫날이라 서두른다고 했는데, 조금 늦고 말았다. 왜 이렇게 잘해 보려고 하면 더 실수가 많은지. 긴장 반 설렘 반으로 유치원의 문턱을 넘어섰다. 그런데 기대 이상으로 모든 선생님들이 반갑게 맞아 주셔서 한결 긴장감이 누그러지는 것 같다. 그래도 여전히 첫날 하루를 잘 보낼 수 있을지 정말 걱정이 되었다. 다른 유치원도 아침 조회를 하는지 모르지만, 내가 교육실습 나간 유치원에서는 월요일 아침마다 조회를 한다고 했다. 유아들 중에서 원하는 유아가 나와서 국기에 대한 경례를 하고, 원장 선생님 말씀이 있었다. "오늘은 교육실습 선생님들이 우리 유치원 친구들을 보러 오셨어요. 한 달 동안 여러분들 많이 예뻐해 주시고 많이 가르쳐 주실 거니까 선생님 말씀 잘 들어요. 그러면 우리 교육실습 선생님과 인사 나누는 시간을 갖기로 해요."

유아들 앞이라 떨리지 않을 거라고 생각했는데, 막상 유아들 앞에서 말을 하려니까 무슨 말을 해야 할지 막막했다. 그래서 얼굴은 빨개지고 인사말도 무슨 말을 했는지 모르겠다. 나는 만 5세 아이들이 있는 2층 초록반에서 지내게 되었다. 선생님과 아이들이 수업하는 모습을 보면서 나도 저렇게 능숙하게 아이들을 가르칠 수 있을지 걱정이 앞섰다. 유아들이 내가 수업할 때 시끄럽게 떠들지는 않을지… 당황해서 우물쭈물대지는 않을지… 왜 벌써부터 그런 걱정을 하고 있는지는 모르겠지만, 자꾸 그런 생각이 든다.

교육실습의 첫 하루가 내가 무엇을 했는지도 모르게 빨리 흘러가 버렸다. 교수님께서 시키지 않는 일이라도 먼저 찾아서 하라고 하신 말씀이 생각난다. 그런데 무엇을 해야 할지를 몰라서 우물쭈물댔던 내 모습을 생각하니 너무나 한심하고 아쉬운 생각이 든다. 오늘 하루 어설프기만 했던 나를 따뜻하게 대해 준 선생님께 너무 고맙다. 내일부터는 스스로 할 수 있는 일을 찾아서 해야겠다. 그리고 아이들과 빨리 친해져야겠다. 오늘은 아이들 이름을 외우려고 유아의 특징을 살펴보았다. 그러면서 유치원에서 아이들의 이름을 하루 종일 중얼거리며 다녔다. 다 외운 것 같은데, 막상 그 아이를 보면서 이름을 부르려 하면 생각이 날 듯 말 듯하다. 내일은 아이들이 등원하면 반갑게 이름을 불러 줄 생각이다. 잘 될 수 있을지는 모르겠다. 오늘 하루 큰 일은 없었으나 교육실습생으로서 충분한 역할을 하지 못한 것 같아서 아쉬움이 많이 남는다.

사례에 대해서 토의하기

- 교육실습생의 정서 특징
- 교육실습생의 정서 원인
- 문제해결 방법

교육실습생의 정서적인 불안은 교육실습생이 학생이면서 교사의 역할을 해야 하는 모호한 위치 때문에 발생하기도 한다. 대학의 교수는 교육실습생을 학생으로 보고, 지도교사는 교육실습생을 동료 또는 학생으로 볼 것이다. 그러나 유아는 교육실습생을 교사로 인식할 것이다. 이처럼 사람에 따라서 교육실습생을 각기 다르게 인식하기 때문에 교육실습생은 자신의 역할에 대해서 혼란스럽고 갈등을 갖게 된다.

학생의 신분으로 지도교사의 지도 하에 교사의 역할을 수행하는 교육실습생은 학생 선생님이라는 모호한 역할을 수행해야 한다. 더욱이 교육실습생은 교육실습기관을 일시적으로 거쳐 가는 손님이기 때문에 주체성을 갖기 어렵다. 따라서 교육실습생은 독립적인 결정권을 갖지 못하고 모든 사항에서 지도교사의 눈치를 보는 등 역할 갈등을 경험한다.

지도교사나 유아에게 교사로 인정을 받지 못하는 경우, 교육실습생은 더 많은 역할의 혼란을 경험할 수 있다. 이런 경우 교육실습생은 자신의 역할 혼란을 극복하기 위하여 지도교사를 모방하거나 지도교사에게 무조건 순종하기 쉽다(Hawkey, 1998). 이와 같이 눈치를 보고 순종하는 행동은 교육실습생의 자율성을 제한하여, 교사로서의 독립적인 판단과 실행의 기회를 박탈하고 정서적인 불안감을 갖게 하는 요인이 되기도 한다.

대부분의 교육실습생은 정서적 불안과 역할 갈등을 경험하는데, 이러한 정서 불안과 역할 갈등은 교육실습에 부정적인 영향을 미치게 된다. 교육실습생이 정서 불안과 역할 갈등과 같은 총체적인 불확실성을 극복하고 성장하기 위해서는 지도교사, 원장, 지도교수 등 주변 사람들의 지원이 필요하다.

4. 교육실습생의 스트레스

교육실습생은 낯선 장소에서, 모호한 역할을 수행하기 때문에 정서적으로 매우 불안하고 힘겨운 시간을 보낸다. 이로 인하여 교육실습생은 교육실습 기간 동안 많은 스트레스에 노출된다.

스트레스는 사람이 상황을 통제하고 극복하는 데 어려움이 있을 때 생긴다. 사람들은 스트레스를 흔히 긴장, 불안, 신경쇠약, 좌절, 압박, 걱정이라고 생각한다. 즉, 스트레스는 자기에게 부과된 요구 수준과 자신의 능력 간에 어떤 불균형 감각을 지각할 때 일어나는 생리적 · 심리적 반응을 의미한다(장현갑, 강성군, 1996). 그러나 모든 스트레스가 다 유해한 것은 아니다. 스트레스는 부정적인 면이 있으나 긍정적인 자극을 줄 수 있고, 사람들로 하여금 어떤 과업을 열심히 해서 성취하게 한다. 즉, 어느 정도의 스트레스는 돌발 에너지를 제공하고 아드레날린을 얻게 하므로 바람직하다.

따라서 교육실습생의 경우도 스트레스의 부정적인 요인을 적절히 해소하는 것이 필요하다. 스트레스의 원인을 정확히 인식하고 보다 적절히 대처한다면 교육실습을 잘 실행할 수 있다.

1) 교육실습생의 스트레스 원인

교육실습생의 경우 유아 놀이 지원, 일상생활 지도, 활동 및 일과 운영, 평가 등의 많은 업무 때문에 스트레스를 받는다. 이러한 새로운 역할에 대한 스트레스 이외에 교육실습기관의 조직문화로 인한 스트레스도 많다. 교육실습기관이 교육실습생의 철학과 일치되지 않는 경우, 자신의 철학과 실제의 괴리감 때문에 스트레스를 받는다. 교육실습기관의 여러 사람들과의 관계도 스트레스 요인으로 작용한다. 교육실습생의 스트레스 원인을 구체적으로 살펴보면 다음과 같다.

- 시간 부족 및 과다한 업무

대부분의 교육실습생은 밤늦게까지 또는 주말까지 일을 한다. 실제적으로 자유시간이 없고 과외의 업무가 너무 많은 경우 교육실습생은 스트레스를 받는다.

- 수업 계획 및 실행

유아교육실습에서 가장 중요한 부분이 수업을 실행해 보는 것이다. 그러나 교육실습생이 유아들의 놀이를 관찰하여 교수자료를 준비하고 수업을 계획해도 유아들의 흥미와 상황에 맞춰서 놀이를 적절히 지원하고, 융통성 있게 수업을 실행하는 것은 어려운 일이기 때문에 스트레스를 받는다.

- 자료 부족 및 환경의 문제

교육실습생은 사용할 기자재 및 자료가 낙후되거나, 사용을 제한받을 때 스트레스를 받는다. 또한 학급의 유아 수가 너무 많은 경우, 또는 건물 및 시설 등 물리적 환경에 문제가 있을 때 스트레스를 받는다.

● 인간관계

교육실습생은 지도교사와 성격이 맞지 않거나, 지도교사가 교육실습생을 지도하는 데 흥미가 없거나, 너무 많은 것을 기대할 때, 또는 비판적일 때 스트레스를 받는다. 지도교사뿐 아니라 원장, 다른 교사와의 관계 때문에, 그리고 동료 교육실습생과의 경쟁 및 갈등 때문에 스트레스를 받는다. 유아와의 관계에서도 어려움을 겪을 수 있다.

● 평가

평가는 그 자체로 스트레스를 유발시킨다. 특히 지도교사가 교육실습생의 노력을 생각하지 않거나, 성공적이지 못한 수업에 대해서 평가를 할 때 교육실습생은 스트레스를 받는다. 교육실습에 대한 종합 평가는 교육실습 학점과 연결되기 때문에 교육실습생은 교육실습 평가에 대해서 걱정한다.

그러나 교육실습생만 스트레스를 받는 것은 아니고, 교육실습생을 지도하는 교사도 교육실습 과정에서 스트레스를 경험한다. 지도교사에게 교육실습생 지도는 과외의 업무가 된다. 지도교사는 교육실습생에게 좋은 모델을 보여 주어야 한다는 중압감을 갖는다. 또한 교육실습생과 좋은 관계를 맺지 못할 경우, 더 많은 스트레스를 경험한다. 지도교사의 스트레스 원인을 살펴보면 다음과 같다.

● 과외의 업무

교육실습생을 지도하는 것은 교사로서의 역할 이외에 과외의 업무이므로 지도교사에게 스트레스 요인이 된다.

● 모델 제공

지도교사는 교육실습생에게 놀이 지원, 일상생활 지도, 활동 실행, 일과 및 학급 운영 등 유아교사로서의 바람직한 모델을 제공해야 하기 때문에 스트레스를 받는다.

● 인간관계

교육실습생과 성격이 맞지 않거나, 교육실습생의 열성이 부족하고 교육실습생으로서 바람직하지 못한 태도를 가질 때 지도교사는 스트레스를 받는다.

● 평가

지도교사는 자신이 교육실습생을 잘 지도했는지, 그리고 교육실습생이 유아교사 또는 지도교사로서 자신을 어떻게 평가할 것인지에 대해서 스트레스를 받는다.

교육실습생은 자신의 스트레스뿐 아니라 지도교사의 스트레스를 이해함으로써 보다 효과적으로 교육실습에 대처할 수 있다. 교육실습생 및 지도교사의 스트레스를 이해하기 위한 사례는 다음과 같다.

교육실습생과 지도교사의 스트레스 사례

사례 Ⅰ : 교육실습생 스트레스

✠ 사건 배경

나는 다른 대학을 다니다가 적성에 맞지 않는 것 같아서 유아교육과에 들어와서 다른 친구들보다 나이가 3살 많았다. 그런데, 내가 교육실습을 나갔던 유치원은 4학급 유치원인데, 나의 지도교사는 경력 3년차 교사로 나이는 나와 동갑인 26살이었다. 다른 교사들 중에는 나보다 나이 어린 교사도 있었다.

✠ 사건 전개

처음 인사를 드리러 유치원에 갔을 때 경력 3년차인 이정자(주임교사) 선생님은 "선생님 나이가 어떻게 되세요?" 하고 물었다. "26살입니다." 하자 "어머 나이가 많으시군요?" 하는 것이었다. "네, 저는 다른 대학을 다니다 유아교육을 다시 공부하기 위해서 특별 전형으로 입학해서 그렇습니다."라고 말씀드렸다. 그랬더니 "나이가 좀 더 어렸으면 편하게 일을 시킬 수 있었을 텐데." 하고 말씀을 하셨다. 나는 교육실습생이 앞에 있는데도 이런 말을 하다니. 내가 없는 곳에서 해도 되지 않나 하는 생각이 들었다.

유치원이 새로 지은 건물이라서 유리창에 썬팅이 되지 않은 상태였다. 지도교사가 썬팅을 해 달라고 해서 내가 하였다. 교사회의 시간에 원장 선생님께서 썬팅을 잘했다고 칭찬을 하셨다. 그 후로 옆 반의 선생님(경력 2년차)은 이유는 알 수 없지만 미술과 관련된 다른 모든 일을 내게 시키셨다. 그래서 나는 유치원 환경판 정리, 청소, 교구 제작에만 매달릴 수밖에 없었다. 한 달 동안 교육실습을 하면서 수업 준비를 위해서 수업에 대한 계획이나 자료를 찾아보는 시간은 너무나 부족했고, 실습일지나 저널을 쓸 수 있는 시간조차 너무 부족했다. 그러다 보니 정작 수업을 계획하고 진행할 때에는 월간 유아에서 제공하는 내용과 똑같은 계획을 짜고 기계처럼 베끼기 식의 수업을 할 수밖에 없었다. 이런 베끼기 식의 수업을 하면서 나 자신이 한심하고 무기력해지곤 했다. 교육실습이 힘들 것이라는 것은 예상했지만 너무 많은 업무를 해내야 하다 보니 몸에 무리가 왔고 피로회복제와 감기약을 교육실습 기간 동안 자주 복용해야 했다. 한 달 동안 교육실습을 하면서 유치원 선생님의 일은 왜 이렇게 많은가 하는 생각을 하였다. 유치원 행사, 문서 작성, 환경 정리, 유아 지도 등 사소한 것부터 일일이 다 해야 되고, 게다가 유아들이 24명씩이나 되니 어떻게 교사 혼자 힘으로 이 많은 일들을 해낼 수 있을까? 내가 왜 유아교육을 공부하기 위해서 학교에 다시 입학했는지 의문이 생긴다. '교육실습생이 오면 그동안 못했던 일들을 시켜야지.' 라는 생각을 하는 교사들을 한편으로 이해할 수 있다. 현실적인 교사의 여건을 이해하면서도 교육실습의 가장 중요한 목적은 유아를 지원하고, 교육을 실행하는 것이라고 볼 때, 환경 구성, 교구 제작, 청소 등의 일만으로 일관된 교육실습은 바뀌어야 하는 것이 아닐까 생각한다.

사례 II : 지도교사 스트레스

✠ 사건 배경

교육실습 지도 시기가 다가오면서 나름대로 열심히 지도해야지 하는 다짐을 했었다. 첫 일주일 동안은 수업 참관을 시켰다. 수업의 모델을 보여 주어야 하는데 못하면 어떻게 하나 하는 걱정도 많이 되고 무척 부담스러웠다. 그런데 교육실습생은 내가 하고 있는 수업이 완벽하지 못한데도 평가를 하지 못했다. 나의 수업을 보고 그대로 따라 하지나 않을지 걱정이 되었다. 그리고 교육실습생에게 어떤 일을 주었을 때 시간이 남아 그냥 앉아 있고, 어떤 경우에는 너무 시간이 오래 걸려 퇴근 시간을 맞추지 못했다. 또 모를 것 같아서 자세히 설명하면 의외로 잘 알고, 잘 알 것 같아 넘어가면 몰라서 실수를 했다.

✜ 사건 전개

오늘은 교육실습생이 연구수업을 하는 날이다. 동화활동을 공개수업으로 하기로 했다. 교육실습생도 많이 떨리겠지만 교육실습생을 지도한 나도 원장, 원감, 다른 반 선생님, 교수님 앞에서 교육실습생이 실수하지 않을까 떨리고 걱정이 되었다. 그래도 수업 전에 많이 협의를 했기 때문에 잘해 줄 것으로 기대했다. 막상 교육실습생은 수업을 하면서 생각 못했던 부분에서 실수를 했다. 교육실습생은 너무 떨려서 그런지 목소리가 너무 작아 이야기 내용이 잘 들리지 않았다. 유아들과 상호작용이나 자료의 제작은 잘 되어서 그나마 다행이었다. 그래도 좀 더 잘했으면 하는 욕심이 생겼다. 수업에 대한 협의회를 하면서 혹시 내가 교육실습생에게 수업 모델을 잘못 보여 줘서 그런 것은 아닌가 하는 생각이 들었다. 교육실습생을 지도하면서 항상 느끼는 것은 내가 과연 좋은 모델을 보여 주고 있는가 하는 것이다. 그리고 좀 더 많은 협의회와 피드백을 제공해 주었어야 하는 것은 아닌가 하는 후회를 하게 된다. 특히 교육실습생이 연구수업을 해서 원장, 원감, 다른 동료교사가 수업을 볼 때면 교육실습생뿐 아니라 교육실습생을 지도한 나도 똑같이 평가를 받는다는 생각을 하게 되고 더 나아가 내 수업을 그대로 평가받는 것 같은 생각을 갖게 된다. 교육실습생을 지도할 때마다 최선을 다하려고 노력하지만 부족한 지도를 하고 있다는 고민이 반복된다.

사례에 대해서 토의하기

- 문제 원인
- 사람들의 입장
- 문제해결 방법

2) 교육실습생의 스트레스 극복

스트레스 해소를 위해서는 교육실습생 스스로의 노력과 함께 지도교사의 도움이 필요하다. 스트레스가 과도하면 호흡과 맥박이 빨라지고, 근육이 긴장되고, 구역질이 나는 등 신체·정서적 반응을 일으킬 수 있다. 스트레스를 해결하기 위해서는 우선 자신의 스트레스 정도를 진단하는 것이 필요하다. 스트레스를 과도하게 받고 있다면, 스트레스를 인식하여 행동에 영향을 줄 수 있는 상황을 정리하고, 관련 요인들의 우선순위를 매긴다. 그런 후 스트레스를 감소시키고 해결할 수 있는 최고의 방법을 선택해야 한다(Fritz, Brown, Lunde, & Banset, 1999). 교육실습생과 지도교사가 스트레스를 극복할 수 있는 일반적인 방법 네 가지를 제시하면 다음과 같다(Roe & Ross, 1998).

① 긍정적인 태도 갖기

- 자신의 장점과 약점 인식하기

자신의 장점을 개발하고, 자신의 한계를 인식한다.

- 철저히 준비하기

수업 준비를 철저히 한다.

- 긍정적으로 생각하기

부정적인 생각은 자신감을 감소시키므로 모든 일을 긍정적으로 생각한다.

- 걱정하지 않기

걱정하는 일들은 대부분 일어나지 않는다. 할 수 없는 일은 하지 말고, 할 수 있는 일 중심으로 한다.

② 문제 다루기

- 문제 인식하기

문제가 진정 나의 문제인지를 생각한다. 만약 그렇지 않다면, 그 일에 책임이 있는 사람에게 넘긴다.

- 해결 방법 찾기

만약 나의 문제라면, 그것을 해결할 수 있는 여러 가지 방법을 생각한다.

- 도움 요청하기

만약 해결 방법을 알지 못하면, 도움을 요청하고 자신이 할 수 있는 최고의 방법으로 그 문제를 해결한다.

- 우선 순서와 마감일 정하기

일의 순서와 목록을 만들고, 마감 날짜를 결정한다. 계획대로 실행하고, 각각의 일이 끝날 때 끝났음을 표시하여 성취를 확인한다.

- 걱정하지 않기

업무가 너무 많은 경우, 업무를 나누어 한 부분씩 한다. 처음에 가장 어려운 부분을 하고, 가장 즐거운 부분은 나중에 한다.

- 유머 감각 갖기

자신의 실수에 대해서 웃을 수 있는 유머를 갖는다.

- 자신의 능력 인정하기

책임을 다할 수 없다고 느낄 때, 할 수 없다는 것을 상대에게 말한다.

③ 관계 형성하기

- 친구 만나기

교육실습의 문제를 털어놓을 수 있는 친구를 만나서 어려움을 공유한다. 이는 다른 관점으로 사물을 보게 하고 새로운 접근을 시도하게 한다.

● 좋은 관계 형성하기

만약 성격상의 갈등이나 견해 차이가 있다면 대화하는 것이 최상의 방법이다.

④ 행동 취하기

● 운동이나 게임하기

걷기, 스트레칭, 헬스 등의 운동이 신체적으로는 피곤할 수 있어도 즐거움을 주고 피로를 풀어 준다. 그러나 매우 경쟁적인 게임은 피하는 것이 좋다.

● 휴식 및 숙면 취하기

휴식과 충분히 잠을 자는 것은 긴장을 풀기 위해서 중요하다. 잠자리에 들 때 내일 일을 걱정하거나 교육실습에서 있었던 일을 생각하지 않는다.

● 다른 활동하기

자유 시간에 취미나 정신적 휴식활동을 하는 것이 좋다.

교육실습생 및 지도교사가 스트레스를 해소하기 위해서는 스스로 자신의 스트레스 원인과 정도를 인식해야 하고, 스트레스를 해소하기 위해서 긍정적인 사고와 다양한 노력을 해야 한다. 교육실습생의 개인적인 노력에는 한계가 있으므로 지도교사의 이해와 지원이 필요하다. 교육실습생도 지도교사의 스트레스를 이해하는 등 상호 이해와 지원이 필요하다. 교육실습생 및 지도교사의 스트레스 원인에 따른 조절 전략을 제시하면 다음 |표 4-6|, |표 4-7|과 같다.

| 표 4-6 | 교육실습생의 스트레스 원인별 조절 전략

<table>
<tr><th colspan="2">스트레스 원인</th><th>스트레스 조절 전략</th></tr>
<tr><td colspan="2">시간 부족
및
과다한 업무</td><td>• 모든 업무를 기록한다.
• 반드시 해야 할 업무와 아닌 업무를 분류한다.
• 업무의 우선순위를 매긴다.
• 업무의 마감 날짜를 정한다.
• 수행한 업무는 표시를 한다.
• 책임을 다 완수할 수 없을 때, 지도교사에게 솔직하게 의논한다.</td></tr>
<tr><td colspan="2">수업 계획
및
실행</td><td>• 자신이 할 수 있는 범위에서 계획을 세운다.
• 수업 계획서를 구체적으로 작성한다.
• 지도교사와 수업에 대해서 협의한다.
• 유아들의 놀이와 흥미에 기초하여 수업을 계획하고 실행한다.
• 유아들의 다양한 반응을 예상한다.
• 동료 교육실습생들과 의논한다.</td></tr>
<tr><td colspan="2">자료 부족
및
환경의 문제</td><td>• 기관에 있는 자료 중 활용 가능한 자료를 파악한다.
• 자료가 부족할 경우, 유아들의 가정에 있는 자료를 활용할 수 있다.
• 자료를 제작할 경우, 쉽고 효율적인 방법으로 제작한다.</td></tr>
<tr><td rowspan="4">인간관계</td><td>지도교사와의
관계</td><td>• 선입견을 갖지 않고 개방적인 자세를 갖는다.
• 모든 일은 일차적으로 지도교사와 의논한다.
• 대화를 위해서 노력하고 대화 시간을 많이 갖는다.</td></tr>
<tr><td>원장 및
다른 교사와의 관계</td><td>• 직접 관계하기보다 지도교사를 통해서 관계를 형성한다.
• 어려움이 생기면 지도교사와 의논한다.</td></tr>
<tr><td>동료
교육실습생과의
관계</td><td>• 가장 자신 있고 서로 도울 수 있는 점에 대해서 논의한다.
• 어려운 점을 서로 의논하고 돕는다.
• 교육실습생이 협동해서 할 수 있는 일을 찾아보고 제안한다.</td></tr>
<tr><td>유아와의 관계</td><td>• 지도교사와 의논한다.
• 유아들과 대화할 수 있는 시간을 갖는다.
• 다양한 문제해결 방안을 생각하고 적용해 본다.</td></tr>
<tr><td colspan="2">평가</td><td>• 지도교사의 평가를 긍정적으로 수용한다.
• 자기 스스로 반성하고 평가하도록 노력한다.</td></tr>
</table>

| 표 4-7 | 지도교사의 스트레스 원인별 조절 전략

스트레스 원인	스트레스 조절 전략
시간 부족 및 과다 수업	• 모든 업무를 기록한다. • 반드시 해야 할 업무와 아닌 업무를 분류한다. • 업무의 우선순위를 매긴다. • 업무의 마감 날짜를 정한다. • 수행한 업무는 표시를 한다. • 지도교사의 역할을 긍정적으로 수용한다. • 책임을 다 완수할 수 없을 것 같을 때, 원장, 원감, 교육실습생에게 솔직하게 말하고 의논한다.
모델 제공	• 교육실습생에게 본인의 장·단점에 대해서 말한다. • 교육실습생에게 자신의 수업을 분석하게 한다. • 바람직한 모델이 될 수 있는 다른 교사의 수업을 관찰할 수 있는 기회를 제공한다.
인간관계	• 선입견을 갖지 않고 개방적인 자세를 갖는다. • 본인이 지도하는 교육실습생과 다른 교육실습생을 비교하지 않는다. • 대화를 위해서 노력하고 대화 시간을 많이 갖는다.
평가	• 교육실습생의 평가를 긍정적으로 수용한다. • 교육실습생의 교육실습 전·후의 발전을 통해서 자신을 평가한다. • 모든 교육실습생을 잘 지도할 수 없다는 것을 수용한다.

활동 4-1 교육실습생 성격 분석

다음의 성격 진단 문항을 읽고 해당하는 곳에 V표 하고, 자신의 성격의 장·단점을 살펴본다.

( ) 힘들게 일하고 나서 긴장을 풀지 못한다.

( ) 경쟁을 좋아하고, 이기는 것을 중요하게 생각한다.

( ) 성급하다.

( ) 동시에 두 가지 일을 시도한다.

( ) 기다리는 것을 싫어하고 안절부절못하거나 참을성이 없다.

( ) 음식을 너무 빨리 먹는다.

( ) 스스로 마감 시간을 정해 놓는다.

( ) 문의 고리가 열리지 않을 때, 비이성적으로 화를 낸다.

( ) 시간 관념이 매우 강하다.

( ) 신중하게 취미와 여가활동을 정한다.

( ) 좀 더 성취하기 위해서 밤늦게까지 일한다.

( ) 때때로 대화 도중에 토론을 떠나 다른 것을 생각하거나 다른 단어들을 늘어놓는다.

( ) 항상 바쁘다.

( ) 별도의 에너지가 충전되어 있는 것처럼 보인다.

( ) 사고를 일으킬 경향이 있어 보인다.

( ) 성취하기를 희망하나 그 일을 즐기기 위해서 시간을 보내지는 않는다.

( ) 거의 모든 과목(일)에 강한 관심을 가지고 있다.

( ) 활동이 제한적이다.

( ) 이야기를 빠르게 한다.

( ) 제스처를 사용하고 말을 할 때 억양이 강하다.

( ) 상당한 인정을 받기를 갈망한다.

( ) 일을 할 때 성공해야 한다는 압박감을 갖는다.

( ) 리더가 되고자 한다.

( ) 논쟁과 토론을 즐기는 것처럼 보인다.

( ) 다른 사람이 느린 것을 참지 못한다.

( ) 조용히 앉아 있지 못한다.

( ) 자주 싸운다.

( ) 다른 사람보다 우월해야 하고, 우월해 보이는 것이 매우 중요하다.

( ) 경쟁자가 들어오는 경우 더욱 일에 노력하는 것처럼 보인다.

( ) 학교(업무)나 경쟁적인 운동에 힘을 쏟는다.

( ) 아프더라도 끊임없이 숙제(업무)에 대하여 물어본다.

( ) 모든 일이 계획적이다.

( ) 시간을 쓸데없이 소비하는 것을 싫어한다.

( ) 학업(업무) 외의 일에 관심과 취미가 적다.

( ) 자주 적의적인 행동을 한다.

체크 개수	유형	장 점	단 점
15개 이상	완벽형	• 모든 일을 체계적으로 추진한다. • 지속적으로 자신의 발전을 추구한다. • 소속 기관 및 사회의 발전에 공헌한다.	• 스트레스를 많이 받는다. • 인간관계에서 갈등이 많다. • 질병에 걸릴 확률이 높다.
15개 미만	여유형	• 스트레스를 적게 받는다. • 인간관계에서 갈등이 적다. • 질병에 걸릴 확률이 낮다.	• 업무의 추진력이 부족하다. • 개인의 발전에 관심이 적다. • 소속 기관 및 사회의 발전에 기여하는 바가 적다.

출처 : Kuczen, B. (1997). 아동의 스트레스. 강영자, 박성옥, 양명숙 편역. 서울: 양서원. (원저 출판 : 1987)

활동 4-2 교육실습생의 스트레스 진단

아래 문항에서 자신에게 해당되는 것에 V표 한다. 자신의 스트레스 정도를 진단한다. 1/3(12문항) 이상 체크했다면 스트레스의 원인을 찾고 해결하도록 한다.

스트레스 진단 문항
(　　) 두통이 있고 머리가 무겁다.
(　　) 감기에 자주 걸린다.
(　　) 숨이 차다.
(　　) 몸이 떨리고 경직이 일어난다.
(　　) 자주 변비와 설사가 있다.
(　　) 가슴앓이와 구토가 있고 식욕이 없다.
(　　) 불면증의 기미가 있다.
(　　) 몸이 나른하고 쉽게 피로해진다.
(　　) 눈이 쉽게 피로해진다.
(　　) 초조하다.
(　　) 흥분하여 화를 잘 낸다.
(　　) 집중력이 저하되고 끈기가 없다.
(　　) 조그마한 일에도 놀란다.
(　　) 가만히 앉아 있지 못하고 이리저리 돌아다닌다.
(　　) 건망증과 혼란을 일으키기 쉽다.
(　　) 논리 정연하게 얘기를 하거나 글을 쓸 수가 없다.
(　　) 무엇인가 부딪히거나 걸려 넘어지기 쉽다.
(　　) 기분이 자주 변한다.
(　　) 복장과 머리 형태를 자주 바꾸거나 전혀 바꾸지 않는다.
(　　) 마치 무엇인가에 이끌린 것처럼 필요 이상으로 일에 몰두한다.
(　　) 성급하게 결단을 내리려고 한다.
(　　) 태도가 안정되지 못하다.
(　　) 사소한 일에 화를 낸다.
(　　) 말수가 없거나 별일도 아닌 것을 요란하게 떠들어댄다.
(　　) 일의 능률이 떨어진다.
(　　) 일의 실수가 늘어난다.
(　　) 개인적인 전화와 화장실 가는 횟수가 늘어난다.
(　　) 결근, 지각, 조퇴가 늘어난다.
(　　) 말수가 적고 생각에 잠긴다.
(　　) 아침까지 피곤이 남아 일을 할 만한 기력이 생기지 않는다.
(　　) 일 도중에 자주 쉬게 된다.
(　　) 우울하여 기분이 가라앉는다.
(　　) 사람과 만나서 얘기하는 것이 귀찮다.
(　　) 화상과 목상에 관심이 없다.
(　　) 혼자 공상에 잠기는 일이 자주 있다.
(　　) 사람에 대한 불신감에 항상 가책을 받는다.
(　　) 모든 일에 자신이 없고 인생이 귀찮게 생각된다.

출처 : 한국 스트레스 매니지먼트 연구소(1991). 스트레스 매니지먼트 워크북.

활동 4-3 교육실습생의 스트레스 예상

교육실습생으로서 자신의 스트레스를 예상해 보고 조절 전략을 토론한다.

<table>
<tr><th colspan="2">스트레스 원인</th><th>예상 스트레스</th><th>스트레스의 조절 전략</th></tr>
<tr><td colspan="2">시간 부족
및
과다한 업무</td><td></td><td></td></tr>
<tr><td colspan="2">수업 계획
및
실행</td><td></td><td></td></tr>
<tr><td colspan="2">자료 부족
및
환경의 문제</td><td></td><td></td></tr>
<tr><td rowspan="4">인간관계</td><td>지도교사와의
관계</td><td></td><td></td></tr>
<tr><td>원장 및
다른 교사와의 관계</td><td></td><td></td></tr>
<tr><td>동료
교육실습생과의
관계</td><td></td><td></td></tr>
<tr><td>유아와의 관계</td><td></td><td></td></tr>
<tr><td colspan="2">평가</td><td></td><td></td></tr>
<tr><td colspan="2">기타</td><td></td><td></td></tr>
</table>

인간관계 및 의사소통 5장

교육실습생과 지도교사 관계 사례

사례 Ⅰ : 교육실습생과 지도교사의 부정적 관계

✠ 사건 배경

교육실습생이 유치원으로 인사를 하러 왔을 때 찢어진 청바지를 입고, 속눈썹을 달고 왔다. 복장과 화장이 학생이라는 분위기를 주지 못해서 지도교사는 교육실습생에 대한 부정적인 선입견을 갖게 되었다. 지도교사는 교육실습생이 유치원에 와서 아이들과 함께 생활하는 것을 보았는데 아이들의 놀이를 지켜보기만 하고 적극적으로 참여하지 않았다. 교육실습일지를 작성하는 것도 예전의 교육실습생들과 비교하니 너무 간단해서 지도교사는 교육실습일지를 자세하게 쓸 것을 제안했지만 별로 반응이 없었다. 게다가 토요일에는 무단결근을 하였다. 지도교사는 점차 교육실습생에 대한 실망이 더해 갔다. 부분수업 계획안도 빠진 부분이 많은 것을 보면서 지도교사는 교육실습생이 앞으로 열심히 안 할 것이라고 생각하였다. 한편 교육실습생은 처음에는 지도교사가 잘해 주시는 것 같다고 생각했다. 그런데 지도교사가 수업 계획서에 실습교사라고 쓴 것을 교육실습생으로 고치라고 해서 자존심이 상했다. 그리고 점차 교구 만들 것만 요구하고 평가도 바쁘다고 해 주지 않아서 지도교사의 성격이 싫어졌다.

✤ 사건 전개

교육실습생이 수업을 하는 날이다. 교육실습생이 수업 준비를 못했다고 하는 소리를 듣자 지도교사는 교육실습생의 책임감 없음에 화가 나고 그동안의 지도에 회의를 느꼈다. 지도교사는 더 이상 이렇게 저렇게 하라고 지도하는 것이 꺼려졌다. 연구수업을 진행하는 날 지도교사는 교육실습생이 사전에 충분히 수업을 준비해서 진행하지 못하는 것이 아쉬웠다. 연구수업에 다른 반 선생님들도 들어와서 수업을 참관했다. 지도교사는 옆 반 선생님과 귓속말로 무엇인가를 말했고 종이에 무엇인가를 썼다. 교육실습생은 지도교사가 자기를 평가하고 있다고 생각했고, 비웃는 듯한 웃음과 표정을 짓고 있다는 생각이 들어서 기분이 나쁘고 자신감이 없어졌다. 수업 후 협의회 시간에 지도교사는 수업의 부족한 부분을 지적했으나 교육실습생은 자신의 수업에 만족하고 있었다. 교육실습생은 지도교사가 지적을 하자 '잘한 것도 있을 텐데….' 하는 생각을 하면서 잘한 것은 그냥 지나가고 못한 것만 지적하는 지도교사가 원망스러웠다. 다른 지도교사를 만났으면 칭찬도 들을 수 있었을지 모른다는 생각을 했다. 협의회가 끝나고 교육실습생이 교무실 앞을 지나가게 되었다. 교사들이 교육실습생에 대해서 이야기하고 있었다. 지도교사는 다른 교사들에게 "우리 반 교육실습생은 학교에서도 열심히 하지 않던 학생이라고 들었어. 나도 이제는 이렇게 하라 저렇게 하라고 말하기도 싫어."라고 말했다. 교육실습생은 자신의 지도교사가 자신을 흉보는 것을 듣게 되면서 지도교사에 대한 원망이 커져 갔다.

사례 II : 교육실습생과 지도교사의 긍정적 관계

✤ 사건 배경

지도교사는 경력은 많으나 교육실습생을 지도해 본 경험이 없기 때문에 교육실습 지도에 대해서 걱정을 많이 했다. 더욱이 내부 공사와 교육실습 기간 중에 행사가 많아서 걱정을 많이 하였다. 그런데 지도교사가 교육실습생을 만나 보니 차분하고 성실했고, 유아들의 요구도 들어주려고 노력하는 것 같아서 마음에 들었다. 한편 교육실습생은 다른 교육실습생들이 2~3명씩 같은 기관으로 가는 것과 달리 1학급 병설이라서 혼자서 교육실습을 해야 한다는 부담감을 가지고 교육실습을 나왔다. 그런데 지도교사가 따뜻하고 편안하게 대해 주셔서 교육실습생은 교육실습에 대한 자신감을 가질 수 있었다.

✠ 사건 전개

지도교사가 교육실습생에게 환경 구성을 부탁했다. 교육실습생은 유아들이 요즘 전통놀이에 대해 관심이 많은 것을 고려해서 전통놀이 모습을 제공하였다. 지도교사가 보기에 교육실습생은 미술에 소질이 있는지 완벽하다는 생각이 들었다. 2주째에 교육실습생은 전통놀이 관련 동화를 들려주는 활동을 했다. 지도교사가 보기에 동화 자료도 너무 잘 만든 것 같았다. 물론 유아들이 말을 잘 듣지 않아서 교육실습생이 속상했을 것 같았다. 지도교사는 교육실습생의 수업을 보면서 자신의 습관과 상호작용 방법을 간접적으로 평가해 볼 수 있었고, 사전 협의회를 충실하게 못해 준 것이 미안했다. 협의회를 할 시간이 없어서 귀가할 때 지도교사는 교육실습생과 차를 같이 타고 가면서 수업에 대한 협의회를 했다. 지도교사는 참관, 부분수업, 연결, 연구수업까지 성실하게 실행하고 유아를 잘 돌봐 준 교육실습생에게 칭찬을 해 주고 싶었다. 지도교사는 교육실습생을 지도하면서 자신의 수업을 반성할 수 있었고, 교육실습생에게서 새로운 것도 배울 수 있어서 즐거운 교육실습 지도였다. 처음 교육실습생을 받을 때와는 달리 다시 교육실습생을 받고 싶은 용기까지 생겼다. 교육실습생은 교육실습을 하면서 자신을 학생으로가 아니라 선생님으로 대우해 준 지도교사가 너무 고마웠다. 지도교사가 유아와 상호작용하고 수업하는 것을 관찰하면서 많은 것을 배울 수 있었다. 그리고 협의회를 꼭꼭 해 주셨고, 칭찬과 피드백을 아끼지 않으셔서 무엇을 고쳐야 할지를 잘 알 수 있었다. 교육실습생은 교육실습 기간을 더 오래 하면 좋겠다는 생각을 했다. 교육실습이 끝나자 유아들은 섭섭해서 울었고, 지도교사와 교육실습생도 정이 많이 들어 섭섭했다.

사례에 대해서 토의하기

- 두 사례의 차이점
- 사람들의 입장
- 문제해결 방법

1. 인간관계

교육실습 과정에서는 다양한 인간관계를 경험하게 되는데 관계가 신뢰적일 때 효과적이다. 신뢰적인 인간관계란 사람의 정직, 능력, 성격에 대한 확실한 믿음이다. 신뢰하는 풍토에서는 상호 간에 사건이나 이야기를 공유하고, 지도자는 아랫사람에게 민감하고 아랫사람은 지도자에게 충성을 보인다. 그리고 다른 사람을 수용하고 참여시키며 다른 사람의 생각을 가치 있게 생각하고 효과적인 의사소통이 가능하다(강문희, 이광자, 박경, 1999; 양창삼, 1997; Fritz, Brown, Lunde, & Banset, 1999).

교육실습에서 지도교사, 유아, 동료 교육실습생, 대학교수 등은 교육실습생을 긍정적 또는 부정적으로 지원해 주는 중요한 인적 요인이다. 교육실습생 주변 사람들과의 긍정적인 관계 및 지원은 여러 가지 갈등을 극복할 수 있는 힘이 되어 주지만, 부정적 관계는 갈등을 유발하는 요인이 되기도 한다(조운주, 2004). 따라서 교육실습생은 지도교사, 유아, 부모 등 다양한 사람과 긍정적인 관계를 형성하기 위한 방법을 알아야 한다.

1) 교육실습생과 지도교사의 관계

교육실습생과 지도교사의 관계는 교육실습에서 가장 중요한 인간관계이다. 지도교사와 교육실습생은 짧은 기간이지만 교육실습 기간 동안 매일 함께 일해야 하며 집중적으로 상호 의존적인 관계를 갖기 때문이다. 그러므로 교육실습생은 교육실습 과정에서 지도교사와 좋은 관계를 형성하려는 노력이 필요하고, 지도교사는 교육실습생에게 정서적·전문적인 지원과 배려를 제공하려는 노력이 필요하다(Eltiste, 1989).

교육실습생은 지도교사와 긍정적인 관계를 형성하기 위해서 학급에 대한 최종적인 책임이 지도교사에게 있다는 것을 기억해야 한다. 그리고 학급에서 진행하는 모든 일에 흥미를 갖고 지도교사가 도움을 요청할 때 적극적인 의지를 보여야 한다. 주어진 일을 최소한으로 하기보다 헌신적인 모습을 보이는 것이 필요하다. 교육실습생의 외모와 태도도 지도교사와의 관계 형성에 영향을 줄 수 있다. 교육실습생이 적절히 옷을 입고, 바르게 말한다면 지도교사는 교육실습생을 편안하게 느낄 것이다. 교육실습생은 실제 가르치는 임무를 받았을 때는 조심스럽게 계획하고, 책임감을 보여주어야 한다. 교육실습생은 지도교사가 대학에서 배운 것과 다른 방법으로 일할 때에 지도교사를 비판하지 말고 이유를 물어보는 것이 좋다. 만약 지도교사의 방법이 바람직하지 않다고 생각되면 지도교사에게 다른 방법을 제안해 볼 수 있다. 대부분의 지도교사는 기대를 갖고 허락할 것이다. 지도교사가 교육실습생을 평가할 때에는 발전을 위해서 수용한다. 지도교사는 자신의 제안을 따르려는 교육실습생을 더 긍정적으로 느낀다.

지도교사는 교육실습생이 도움을 원할 때 적극적으로 도움을 제공해야 한다. 교육실습생이 잘한 일에 대해서는 칭찬을 하여 자신의 장점을 인식하게 한다. 교육실습생에게 다양한 경험을 제공하고, 교육실습생의 의견을 비판하지 말아야 한다. 교육실습생은 부적절한 평가를 받았을 때 대부분 실망을 하므로 지도교사는 교육실습생을 조심스럽게 평가해야 한다. 일부 열정적이지 못한 교육실습생에 대해서 지도교사는 원인을 파악하고 학급의 한 구성원임을 느낄 수 있게 하는 것이 좋다. 간혹 유아들이 지도교사보다 교육실습생을 더 좋아할 수 있는데, 이런 경우 교육실습생과 경쟁하지 않는다.

지도교사는 교육실습생과의 밀접한 관계에서 정서적·전문적 지원을 제공하는데 교육실습의 초기에 불안해하는 교육실습생을 안내하여 교육실습의 방향을 알려 주고, 정보를 제공한다. 지도교사는 교육실습이 진행되면서 수업 모델을 제공하여 교육실습생 스스로 수업의 문제점을 확인하게 한다. 더불어 협의회를 통해서 교수방법의 개선점을 인식하게 하고, 대학에서 배우지 않은 새로운 교수방법을 이해하게 한다. 친절하고 개방적인 지도교사가 제공하는 정서적·전문적 지원은 교육실습생의 문제해결 및 발달을 촉진시킨다. 이러한 지원을 제공하는 지도교사에 대해서 교육실습생은 진심으로 감사와 존경을 드러낸다(Ballantyne, Hansford, & Packer, 1995; Eltiste, 1989; Murray-Harrvey, 2002).

그러나 지도교사가 제공하는 지원의 양과 질은 각기 달라서 모든 교육실습생이 지도교사로부터 긍정적인 지원을 받는 것은 아니다. 일부 교육실습생은 지도교사로부터 정서적·전문적 지원을 받지 못한다. 교육실습생에게 무관심한 지도교사는 교육실습생의 문제와 요구를 인식하지 못한다. 또는 교육실습생을 보조 인력으로 인식하는 지도교사는 교육실습생에게 교사로서의 역할을 배울 수 있는 기회를 제공하지 못한다. 융통성 없는 수업 방법을 제안하고, 부적절한 정보를 제공하는 지도교사는 교육실습생을 부정적인 방향으로 유도한다. 또한 지도교사의 부적절한 수업 개입은 수업의 흐름을 방해하기도 한다(조운주, 2004). 지도교사의 부적절한 지원 및 교육실습생과의 부조화는 교육실습생과 지도교사와의 갈등을 유발한다. 과도한 지도교사와 교육실습생의 갈등은 학습 기회와 동기를 감소시켜 교육실습생의 발달에 도움이 되지 못한다. 따라서 교육실습생의 요구에 따른 지원의 균형이 필요하다. 주도적인 교육실습생의 경우, 지도교사의 지원을 원하지 않을 수 있기 때문에 지도교사는 교육실습생이 자율성을 경험하도록 어느 부분은 자율성을 주는 것이 필요하다(Hawkey, 1998; Moses, 1995; Wade, 1997).

교육실습생과 지도교사의 신뢰적인 관계는 일방적인 것이 아니므로 교육실습생과 지도교사 상호의 노력이 필요하다. 이상 제시한 내용을 기초로 교육실습생과 지도교사가 관계 형성을 위해 서로 노력해야 할 사항을 정리하면 |표 5-1|과 같다.

| 표 5-1 | 교육실습생과 지도교사의 관계 형성을 위한 노력

교육실습생의 노력	지도교사의 노력
• 자신의 한계를 인정하고, 지도교사의 비판을 긍정적으로 수용한다. • 모든 일에 책임을 다하고 능동적인 자세를 갖는다. • 협조적이고 긍정적인 태도를 갖는다. • 지도교사의 입장에서 생각한다. • 자부심을 갖고, 현재에 머무르지 말고 발전적으로 노력한다. • 의사소통 방법을 배운다. • 유아교육기관, 지도교사 등의 문제 및 단점에 대해서 비밀을 지킨다.	• 마음을 열고 교육실습생의 고민을 들어 준다. • 솔직함은 권위를 훼손하기보다 좋은 관계를 형성하므로, 지도교사는 실수를 솔직하게 시인한다. • 교육실습생을 존중한다. • 교육실습생의 입장에서 이해한다. • 작은 친절에도 교육실습생은 고마워하므로 친절하고 따뜻하게 대한다. • 편견이나 선입견을 가지고 판단하지 않는다. • 다른 교육실습생과 비교하지 않는다. • 교육실습생의 문제나 단점에 대해서 비밀을 지킨다.

2) 교육실습생과 유아의 관계

효율적인 교육실습을 위해서 교육실습생은 유아와 긍정적이고 발전적인 관계를 형성하는 것이 중요하다. 유아는 교육실습 기간 동안 교육실습생을 안내하고, 적응을 도와준다. 유아의 격려뿐 아니라 유아의 긍정적인 반응은 교육실습생에게 만족을 제공한다. 유아의 반응을 통한 교육실습생의 만족은 교육실습의 고통과 갈등을 정화시켜 주고, 유아에 대한 애정, 고마움을 느끼게 한다. 그러나 교육실습생에게 도전하는 유아는 교육실습생에게 갈등을 유발시킨다. 이러한 유아와의 상호관계는 교육실습생이 자기중심성에서 벗어나게 하는 기회를 제공하기도 한다(Brand, 1990).

일부 교육실습생은 유아와 친구가 되는 것이 유아에게 인기 있는 최고의 방법이라고 생각하기 때문에 유아와 친구가 되기를 원한다. 그러나 교육실습생과 유아와의 관계는 가족이나 친구처럼 개인적이거나 감정적인 관계가 아니므로 가장 적절한 관계는 학습에서 도움을 제공하는 정도라는 것을 인식해야 한다. 교육실습생은 유아에게 인기 있는 것보다 권위를 가진 교사로 존경받는 것이 더 중요하다는 점을 이해하고 교사로서 유아로부터 존중받는 것을 배워야 한다(Hopkins & Moore, 1993).

교육실습생이 유아에게 솔직할 때, 긍정적인 관계를 형성할 수 있으며 유아를 가르치는 것이 더 쉬워진다. 그러므로 교육실습생은 유아와의 관계에서 정직함이 최고의 전략이라는 것을 배워야 한다. 교육실습생은 모든 유아를 가치 있는 존재로 평등하게 대하는 것도 배워야 한다. 뿐만 아니라 교육실습생이 정규교사는 아니라 해도 유아는 안내를 원할 수 있기 때문에 유아의 개인적인 문제와 요청을 다룰 수 있어야 한다. 모든 유아와의 긍정적인 관계 형성을 위한 구체적 전략을 살펴보면 다음과 같다.

- 모든 유아에게 공정하게 대하기

학급의 모든 유아에게 관심을 갖고, 유아에게 고정관념을 갖지 않으며 모든 상황에서 공평하게 대해야 한다.

- 정직하게 대하고 믿어 주기

유아에게 모르는 사실이나 상황에 대해서 솔직히 인정하고 정직하게 대하는 것이 좋다. 또한 신뢰감을 형성하기 위해서는 유아를 믿어 주는 것도 필요하다.

- 유아와의 약속을 신중하게 하기

유아와 쉽게 약속을 했다가 지키지 못하는 경우, 거짓말쟁이로 몰리게 되고 신뢰감을 상실할 수 있으므로 약속은 신중하게 한다.

- 유아가 따르지 않을 때 먼저 관심 갖기

유아가 따르지 않는다고 실망할 필요는 없다. 관심을 갖고 격려하면 유아와 쉽게 관계를 형성할 수 있다. 그러나 유아와 친해지기 위해서 지나치게 모든 요구를 들어주는 것은 부적절하다.

- 엉뚱한 유아의 질문에 당황하지 말기

유아는 교육실습생이 모르는 것을 질문할 수 있다. 모르면서 아는 것처럼 이야기하는 것은 신뢰감을 상실하게 하므로 솔직히 모른다고 인정하고 알아보자고 한다. 정확한 답이 없는 질문의 경우, 유아에게 "너는 어떻게 생각하니?"라고 역으로 질문하여 그 유아의 수준을 파악해서 반응한다.

● 유아와 어느 정도의 거리 유지하기

교육실습생에게 관심이 없는 유아도 교육실습생의 마음을 아프게 하지만, 지나치게 집착하는 경우도 다른 유아와의 놀이나 관계에 지장을 주므로 문제가 있다. 따라서 처음에 유아와의 관계를 형성할 때 유아의 요구를 모두 들어주기보다는 어느 정도의 거리를 유지하는 것이 좋다.

교육실습생과 유아와의 관계 형성에 대한 사례를 제시하면 다음과 같다. 다음의 사례를 통해서 유아와의 관계에서 교육실습생의 태도 및 기술의 중요성을 생각할 수 있다.

교육실습생과 유아와의 관계 사례

✤ 사건 배경

내가 배정된 반은 만 5세 반으로 거의 3년 동안 재원을 한 유아들이 대부분이며 유아 수는 23명이었다. 처음 다른 아이들과 친해지기 전에 미정이는 나를 잘 따랐다. 늘 나를 졸졸 따라다니며 인형 옷을 그려 달라고 했다. 못 그리는 나의 그림을 보며 감탄하는 미정이가 너무 사랑스러웠다. 그래서 다른 아이들에 비해서 같이 있는 시간이 많았다. 그러나 시간이 지나면서 담임교사의 눈치를 살필 정도로 미정이는 내 곁에만 있으려고 해서 억지로 자리를 피하기도 했다.

✤ 사건 전개

하루는 바깥놀이를 하러 가기 위해서 지도교사가 아이들에게 줄을 서라고 했다. 미정이는 자기 짝하고 손을 잡지 않고 뒤로 와서 내 손을 잡으려고 하였다. 그러자 줄은 엉망이 되었고, 다른 아이들도 덩달아 내 손을 잡으려고 하면서 서로 뒷자리에 있으려고 하고 줄을 서지 않으려고 하였다. 나는 그동안 미정이의 이런 행동을 고쳐 보기 위해서 선생님은 할 일이 있으니 먼저 가라고 하거나 화장실에 몰래 숨기도 하고, 다른 아이의 손을 잡고 내려가기도 하였다. 그런데 오늘은 여러 명이 경쟁적으로 이런 행동을 보이니 어찌할지를 몰랐다. 급기야 지도교사가 와서는 아이들에게 빨리 줄 설 것을 강요하고 나를 맨 앞으로 보내고 지도교사가 뒤에서 아이들을 통솔하였다. 나를 지나치게 따르는 미정이를 보면서 점차 사랑스런 마음보다는 고집이나 집착이라고 느껴졌다. 그리고 내가 미정이를 피한 것이 아이에게 상처가 되지 않았을까 걱정이 된다. 그렇다고 미정이 요구대로 들어주었다면 미정이는 더욱 나하고만 있으려고 했을 것 같다. 내가 교사가 돼서 이런 유아를 다시 지도해야 한다면 어떻게 지도하는 것이 효과적인지 생각해 보아야겠다.

사례에 대해서 토의하기

- 문제의 원인
- 사람들의 입장
- 문제해결 방법

3) 교육실습생과 부모의 관계

교육실습생은 유아의 부모와 많은 접촉을 하지는 않으나 가끔 마주치거나 지도교사와 부모의 상호작용을 관찰하는 기회를 갖게 된다. 이런 상황은 부모와의 관계를 배울 수 있는 좋은 기회가 될 수 있다. 지도교사가 없는 상황에서 부모와 만나게 되면 교육실습생은 매우 당황한다. 일부 부모는 교육실습생의 역할을 잘 모르기 때문에 교육실습생에게 유아나 수업에 대해서 질문을 하는 경우도 있다. 그러나 유치원에서 교사와 부모의 관계는 매우 예민하고 중요한 부분이고, 모든 학급의 법적인 책임은 지도교사에게 있기 때문에 부모와 관련된 모든 사항은 지도교사와 의논해야 한다. 교육실습생이 부모와의 관계에서 주의해야 할 사항은 다음과 같다.

- 부모에게 항상 인사를 잘하고 친절하게 대한다.
- 유아의 부모를 기억한다.
- 부모에 대한 선입관을 갖지 않는다.
- 유아 및 교육에 대한 부모의 모든 질문에 대해서는 직접 대답하지 말고, 지도교사에게 알린다.

일상생활에서 지도교사와 부모의 관계를 관찰하는 것뿐 아니라 교사와 부모의 협의회는 교육실습생이 부모 상담 방법을 배울 수 있는 좋은 기회이다. 교사와 부모의 협의회는 대부분 학기에 1~2회 정도 간헐적으로 이루어지는데 부모에게 유아의 성장을 알려 주고, 부모의 궁금증을 해소시켜 주기 위한 것이다. 한편 교사는 유아의 발달 문제나 행동 문제에 관한 정보를 모을 수 있는 기회이다. 부모와의 협의회는 교육실습생에게 중요한 경험이므로 부모가 허락한다면 지도교사는 교육실습생에게 부모와의 협의회에 참관할 수 있는 기회를 제공하도록 한다. 교육실습생은 지도교사가 실행하는 부모 상담을 관찰하므로 부모 상담 방법을 학습할 수 있다. 지도교사의 부모 상담 시, 다음 |표 5-2|의 부모 상담 과정을 활용하여 관찰할 수 있다.

|표 5-2| 부모 상담 과정

단 계	내 용
상담 준비	• 유아에 대한 자료를 정리한다. • 상담할 내용을 적는다. • 부모에게 보여 줄 자료를 준비한다. • 상담 장소와 시간을 정한다. • 상담 장소를 정돈한다.

단 계	내 용
상담 실행	• 인사를 나누고 부모를 따뜻하게 맞이한다. • 부모 상담의 취지를 설명한다. • 비밀을 보장한다는 것을 알려 주어 부모와의 신뢰감을 형성한다. • 유아의 문제에 대해서 이야기하기 전에 좋은 점에 대해서 먼저 말한다. • 부모와 교사가 함께 역점을 두고 지도할 사항에 대해서 논의한다. • 직접적인 충고보다는 해결책 중에서 부모가 의사결정을 하게 한다. • 언급된 사항, 필요한 사항을 기록하고 교사에게 부탁하고 싶은 말을 할 기회를 주고 상담을 끝낸다.
상담 정리	• 부모 귀가 후, 중요한 사항은 간단히 기록해 둔다.

교육실습생의 경우 부모와 직접적인 관계를 형성하지 않으므로 부모와 갈등을 유발하는 일은 거의 드물다. 그러나 경우에 따라서 부모와 갈등이 유발되기도 한다. 다음의 사례는 교육실습생이 부모와의 관계에서 겪는 어려움을 보여 준다. 사례를 통해서 부모와의 관계에서 생길 수 있는 갈등을 이해하고 갈등 상황을 예측할 수 있다.

교육실습생과 부모 관계 사례

✤ 사건 배경

교육실습 유치원에서 나는 만 3세 반에 배치되었다. 우리 반 은정이는 친구들에게 배려가 부족했고, 그 유아의 엄마는 교사에게 요구하는 것이 많았다.

✤ 사건 전개

교육실습을 나간 월요일 첫날 담임교사가 나를 유아들에게 소개해 주었다. 나는 첫날이라 긴장을 하고 지도교사의 수업을 참관하고 있었다. 점심을 먹은 후 유아들은 바깥놀이를 하고 있었다. 지도교사는 유아들을 좀 봐 달라고 하셨다. 유아들이 바깥놀이하는 것을 보고 있었는데, 은정이가 내게 오더니 "선생님 이거 풀어 주세요. 너무 답답해요"라고 했다. 나는 유아가 뭘 원하는지 몰라 자세히 보니 목에 목걸이가 있었다. 금속성 목걸이는 땀에 젖어 목에 붙어 있었는데 답답하겠구나 하는 생각이 들었다. 그래도 나는 비싼 것같이 보여서 "목걸이 엄마가 사준 거니? 그럼 잃어버려서 엄마한테 혼나면 어떻게 해. 풀지 말고 놀면 어떨까?"라고 말했다. 하지만 은정이는 "싫어요. 더워요. 엄마한테 안 혼나요. 여기 넣으면 돼요."라며 짜증 섞인 목소리로 재촉을 했다. 은정이가 가리키는 주머니를 보니 깊어 보여서 괜찮을 것 같았다. 그래서 목걸이를 풀어 주었다. 은정이가 정글짐으로 가는 것을 보면서 '내가 가지고 있을 걸 그랬나.' 하는 생각을 하면서 머리가 복잡했다.

하루 일과가 끝나고 귀가 지도를 위해서 지도교사와 나는 유아들을 나누어 데려다 주었다. 교사실에 들어오니 선생님은 아직 오시지 않았다. 잠시 후 담임 선생님을 찾는 전화가 왔다. 무척 급하고 화난 목소리였다. 나는 당황해하며 잠시 후에 오실 거라고 알려 주었다. 지도교사가 얼마 후에 오셨고 다시 전화가 왔다. 전화 도중 담임 선생님은 날 불렀다. "선생님께서 은정이 목걸이 풀어 주셨어요?" "네, 바깥놀이할 때 하도 졸라서요." "은정이가 목걸이를 잃어버렸다고 하네요." "제가 주머니에 넣어 줬는데요. 주머니에 있을 거예요." 담임 선생님은 다시 은정이 엄마와 통화를 하셨고, "아이 말만 듣고 말씀하시지 마세요."라며 언성을 다소 높이셨다. 지도교사는 직접 전화를 받아서 설명하라고 하셨다. 은정이 엄마는 "그 목걸이가 얼마나 비싼 건데 풀어 줬어요. 14K로 선물 받은 거예요."라고 화를 내고 끊었다. 억울했지만 고개만 숙이고 있다가 찾아보겠다며 밖으로 나왔다. 10분을 찾은 후에 목걸이를 찾을 수 있었다. 담임 선생님께서는 은정이 어머니께 목걸이를 찾았다고 다시 전화를 드렸다. 은정이 어머니가 고맙다는 소리도 없이 전화를 끊었다고 지도교사는 더 분개하셨다. 나 때문에 지도교사 기분을 상하게 한 것 같아서 미안한 마음이 들었다. 그러나 교육실습생으로서 내가 어떻게 처신했어야 하는 것인지 아직도 모르겠다.

사례에 대해서 토의하기

- 문제의 원인
- 사람들의 입장
- 문제해결 방법

4) 교육실습생의 동료 및 지도교수와의 관계

대학 생활을 함께하고 교육실습을 같이 나온 동료 교육실습생은 중요한 지원자이다. 긴장된 교육실습 과정에서 교육실습생은 친구들과 어려움을 함께 공유하고 공감대를 형성하며, 협동하여 문제를 해결하고 서로 배우고 의지하는 존재이다(Hawkey, 1998; Glatthorn, 1987). 그러나 경우에 따라서 교육실습생은 경쟁 때문에 내적 갈등을 갖기도 한다(Glickman, Gordon, & Ross-Gordon, 2001; Holden, 1995). 교육실습생 간의 심하지 않은 경쟁은 개인적 발전을 촉진시킬 수 있으나 과다한 경쟁은 바람직하지 않기 때문에 교육실습생 스스로 동료를 협동적인 지원자로 생각하는 노력이 필요하다.

한편, 지도교수는 교육실습 기간 동안 교육실습생에게 직접적인 지원을 제공할 수 있는 기회는 많지 않으나 사전교육을 통해서 심리적인 지원을 제공한다. 대부분의 경우 지도교수는 교육실습생이 교사 역할, 교수방법 등을 형성할 수 있는 이론적 기초를 지원하고, 평가 준거 및 반성의 기초를 제시하므로 교육실습의 맥락에서 교육실습생으로 하여금 주관성을 갖게 한다.

그 외에 교육실습 과정에서 원장이나 다른 교직원도 교육실습생을 발전시키고 안내하는 데 책임이 있다. 따라서 원장은 기관의 운영 및 교육, 인간관계 등에서 보다 바람직한 풍토를 마련하고, 교육실습생에게 정서적 · 전문적인 지원과 배려를 제공하려는 노력이 필요하다(Eltiste, 1989).

2. 의사소통

의사소통이란 사람들 사이에 자신의 감정, 태도, 신념, 생각, 사실 등 정보를 전달하고 동시에 타인의 정보를 받아들이는 과정이다. 교육실습에서도 참여자 간의 의사소통이 중요하기 때문에 교육실습생은 의사소통이 왜 중요한지, 의사소통은 무엇의 영향을 받는지, 효과적인 의사소통 기술은 어떠한 것인지를 아는 것이 필요하다.

1) 의사소통의 중요성

효율적인 의사소통은 정보 전달 및 이해 과정을 통해서 의사결정을 하고 상호 공통된 의미를 수립하는 등 상호 행동에 영향을 미친다. 경우에 따라서 의사소통은 임무, 권한, 책임을 명확히 통제하기도 한다. 또한 인간관계에서 상호 간의 공감대가 형성되고 팀워크가 높아져서 동기가 부여되고 정서적인 만족감을 느끼게 한다. 이러한 팀워크와 만족감은 사기를 증진시켜 일에 몰입하게 하고 업무 능률을 향상시킨다(권연옥, 1997; Ellenson, 1990).

교육실습에서도 참여자 간의 의사소통은 중요하다. 교육실습 기간 동안 교육실습생은 의사소통을 통해서 원장, 지도교사, 유아 등 다양한 사람들로부터 정보를 제공받아 개인의 지식을 획득하고, 환경에 대한 정보를 습득하여 현장을 이해한다. 이러한 이해를 기초로 교육실습생은 기존의 태도를 강화시키거나 새로운 태도를 형성하여 교사로서 발전하고 변화한다. 또한 교육실습생은 의사소통으로 지도교사, 유아, 다른 사람들과의 긍정적 관계를 형성하고, 정서적 만족감을 갖게 된다. 지도교사는 의사소통을 통해서 교육실습생을 교육하고, 즐거움을 나누고, 합의하는 등 교육실습 과정을 진행한다. 이처럼 교육실습의 모든 영역, 모든 관계에서 의사소통은 기본 조건으로 매우 중요하기 때문에 교육실습의 성공 여부에 영향을 미친다.

의사소통을 할 때 교육실습생과 지도교사는 언어적, 비언어적인 모두 방법을 동원

하여 서로 간에 영향을 주고 서로를 이해해 나간다. 따라서 언어는 의사소통의 기본 수단이고, 언어 이외에 얼굴 표정, 침묵, 몸짓, 접촉 등도 비언어적인 의사소통 수단으로 사용된다. 연구(Hopkins & Moore, 1993)에 의하면 비언어적 의사소통이 의사소통의 80% 이상을 차지한다고 한다. 따라서 교육실습생과 지도교사는 언어적 의사소통뿐 아니라 비언어적 의사소통의 중요성을 인식하고 이해하는 것이 필요하다. 비언어적 의사소통인 동작의 의미를 제시하면 다음 |표 5-3|과 같다(Fritz, Brown, Lunde, & Banset, 1999, 재인용).

|표 5-3| 비언어적 동작의 의미

비언어적 동작	의미
똑바로 걷는 것	신뢰감
다리를 꼬고 앉아 있는 것	지루함
팔을 꼬고 있는 것	방어적
주머니에 손을 넣는 것	낙담
볼에 손을 대는 것	생각
코를 만지고 비비는 것	의심, 거짓
눈을 비비는 것	의심과 불신
뒷짐 지는 것	분노, 좌절
손에 머리를 놓는 것	지루함
손을 비비는 것	기대
손가락을 두드리는 것	인내심 없음
아래를 보거나 고개를 돌리는 것	불신
손톱을 두드리는 것	불안, 예민함

2) 의사소통의 영향 요인

의사소통은 여러 가지 요인에 의해서 영향을 받는다. 무엇보다도 말하는 사람과 듣는 사람의 태도는 의사소통에 영향을 미친다. 태도뿐 아니라 말하는 사람과 듣는 사람의 지식 수준에 따라서도 의사소통은 달라지기 때문에 지식 수준의 차이가 크지 않을 때 효과적인 의사소통이 이루어진다. 태도가 좋고 지식 수준이 비슷하다고 하더라도 의사소통 기술이 부족하다면 원활한 의사소통이 이루어지기 어렵다. 태도, 지식, 기술과 같은 개인적인 요소 이외에 조직의 풍토나 분위기, 그리고 환경적인 요인도 의사소통에 영향을 줄 수 있다.

교육실습 과정에서도 이러한 요인들이 교육실습생과 지도교사, 원장, 유아 등과의 의사소통에 영향을 줄 수 있다. 따라서 효율적인 의사소통을 위해서 교육실습생과 지도교사는 대화 시에 긍정적인 태도를 갖도록 노력해야 하고, 서로 이해할 수 있는 용어를 사용해야 한다. 편안한 분위기에서 보다 조용하고 방해받지 않는 공간에서 대화하는 것이 효과적이다. 이상 의사소통에 영향을 주는 요인을 그림으로 제시하면 | 그림 5-1 | 과 같고, 의사소통에 영향을 주는 5가지 요인을 보다 세부적으로 제시하면 | 표 5-4 | 와 같다.

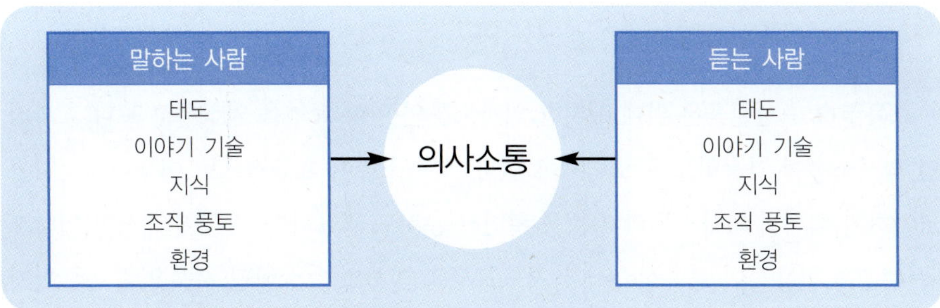

| 그림 5-1 | 의사소통의 영향 요인

| 표 5-4 | 의사소통의 영향 요인 및 내용

영향 요인	내용
태도	• 이야기할 때 부드러운 시선과 상냥한 표정을 한다. • 대화 내용을 기억한다. • 들을 때는 말을 최소한으로 줄인다. • 끄덕임, 음성, 질문 등 듣고 있다는 것을 확인시킨다. • 몸짓, 눈맞춤, 음성 등은 언어적 표현과 일치시킨다. • 대화의 내용을 비밀로 지킨다.
기술	• 대화를 유도할 수 있는 다양한 질문을 한다. • 대화 중 적절한 칭찬을 한다. • 한번에 너무 많은 정보를 제공하지 않는다. • 스스로 문제를 해결할 수 있는 기회를 제공한다. • 평가적이지 않은 방법으로 정보를 제공한다.
지식	• 상호 공감대를 가질 수 있는 대화를 한다. • 대화 내용을 이해한다. • 대화에 흥미를 갖는다.
조직 풍토	• 대화가 평등하게 이루어진다. • 의견을 수용한다. • 발언권을 제공한다. • 개별적인 의사소통이 이루어진다.
물리적 환경	• 주변 환경이 조용한 곳에서 대화를 한다. • 조명, 채광, 환기, 좌석 등이 쾌적한 곳에서 대화를 한다.

교육실습 구성원들은 위에 제시한 의사소통의 영향 요인을 인식하고 보다 효과적인 의사소통이 가능하도록 노력해야 한다. 의사소통이 효율적으로 이루어지는지를 파악하기 위해서 의사소통의 수준을 확인하는 것도 필요하다. 다음에 제시한 의사소통 수준을 활용하여 교육실습생과 지도교사의 의사소통이 어떤 수준으로 이루어지는지 분석해 볼 수 있다(Fritz, Brown, Lunde, & Banset, 1999).

- 1수준 : 피상적인 의사소통

  "안녕"처럼 한두 마디 이상의 반응만 하는 의사소통으로 실제 공유가 없다.

- 2수준 : 사실 보고

  사람이나 사물에 대한 정보 교환 수준으로 제한된다.

  단지 보고하는 수준으로 서로의 생각은 공유하지 못한다.

- 3수준 : 개인적 생각과 판단

  개인적인 정보에 대해서 의사소통을 한다.

  아이디어나 판단을 공유한다.

- 4수준 : 개인적 느낌과 감정

  생각과 판단을 넘어서 감정을 공유한다.

- 5수준 : 최고의 의사소통

  개방적으로 정직하게 의사소통을 하는 경우이다.

  완전히 자기 자신을 드러낸다.

교육실습 과정에서 가장 많은 의사소통이 이루어지는 것은 교육실습생과 지도교사이다. 교육실습생과 지도교사의 의사소통 사례를 제시하면 다음과 같다.

교육실습생과 지도교사의 의사소통 사례

✠ 사건 배경

우리 유치원은 점심시간이 되면 식당 아주머니가 배식 카트를 교실 문 앞에 놓아 주신다. 그러면 나는 식판에 담아서 유아들에게 나누어 준다. 점심시간에 유아를 일일이 챙겨 주면서 교사도 밥을 먹어야 하니까 너무 정신이 없고, 식사량도 무척 적을 수밖에 없다. 더욱이 지도교사는 유아 중 밥을 늦게 먹는 선희를 지도해 달라고 부탁했다.

✠ 사건 전개

만 3세인 선희는 밥을 받아서 자리에 앉으면 거의 먹을 생각은 안 하고 멍하게 있다. 교사가 뭐라고 하면 그제서야 한 숟가락 입에 넣고 씹지도 않고 가만히 있다. 오늘은 선희를 옆에 앉혀 놓고 한 숟갈씩 떠먹였다. 선희가 인상을 쓰고 안 먹으려고 해서 "한 숟가락만 더 먹자."고 하면서 한 숟가락을 먹인 후 정리하게 시켰다. 이 상황을 보고 지도교사는 유아들을 귀가시킨 후 교육실습생을 교실로 조용히 불렀다.

지도교사 : (미소를 지으며) 그동안 행사 준비며 여러 가지로 무척 바쁘셨죠? 선생님이 잘해 주셔서 믿고 맡겼습니다. 너무 고마웠어요.

교육실습생 : 아니에요, 당연히 해야 할 일인 걸요. (쑥스러워하며)

지도교사 : 오늘 점심시간에 보니까 선희가 밥을 잘 먹지 않는 것 같던데 힘드셨죠?

교육실습생 : 네. (고개를 끄덕이며) 나중에는 선희가 토하려고 해서 억지로 먹이는 것보다는 나을 것 같아서 정리시켰어요.

지도교사 : 그러셨군요. (고개를 끄덕인다)
유아들 식사 지도가 생각보다 어려워요. 저도 억지로 먹이는 것은 좋아하지 않아요. 그런데 의외로 선희는 잘 토하지는 않는 것 같아요.

교육실습생 : 네. (고개를 끄덕끄덕하며)

지도교사 : 선희는 집에서 자기가 좋아하는 것만 먹었었는데 유치원에 와서 채소랑

김치 같은 것을 먹으려니까 먹기 싫어서 그래요. 집에서도 편식이 심하거든요.

교육실습생 : 네, 그렇군요. 저는 잘 몰랐어요.

지도교사 : 선생님이 잘못하신 것보다 제가 아이들에 대해서 미리 말씀드려야 하는데 그러지 못해서 그런 거죠. 앞으로 선희를 어떻게 지도해 보고 싶으세요?

교육실습생 : 글쎄요… 몸에 좋다는 것을 알려 주는 것은 어떨까요?

지도교사 : 그것도 좋네요. 그런데 아직 어려서 어떨지…. 제 생각에는 선희에게 밥을 먹이실 때 이야기를 해 주시면 어떨까요?

교육실습생 : 이야기요? (지도교사의 눈을 쳐다보며)

지도교사 : 네. 선생님이랑 재미있게 이야기하면 자기도 모르게 싫어하는 김치, 콩나물도 먹을 수 있거든요. 선희가 좋아하는 주제로 해서 많이 이야기해 주세요. 말하다 보면 배고프잖아요. 그러면 다 먹을 수 있을 거예요.

교육실습생 : 아! 그러면 되겠어요.

지도교사 : 집에서 아이를 너무 예뻐하다 보니까 먹기 싫어하는 것은 아예 먹여 보지도 않아서 그래요. 유치원에서 먹어 보고 입맛을 익혀서 초등학교 올라가야 좋거든요. 나중에 취업하시면 이런 아이들 많이 보실 거예요.

교육실습생 : 정말 그런 것 같네요. 제가 미처 몰랐는데 가르쳐 주셔서 감사합니다.

지도교사 : (미소 지으며) 저도 선생님이 열심히 해 주셔서 감사해요.

사례에 대해서 토의하기

- 의사소통 태도
- 의사소통 수준

3) 의사소통 기술

의사소통은 일방적인 과정이 아니라 상호 양방적인 과정으로, 의사소통이 잘 이루어지기 위해서는 정확하게 말하고 들으려는 노력과 기술이 필요하다. 보다 원활한 의사소통을 위해서는 상대방의 입장에서 생각하는 감정이입이 중요한데, 감정이입이 잘 되려면 상대방에 대한 선입견이나 편견이 없어야 한다(강문희 외, 1999). 이외에 다른 사람의 가치, 신념, 판단 등을 배려하려는 노력과 더불어 상대방에게 반응을 보이고 적극적으로 경청하는 자세가 요구된다.

교육실습 과정에서는 교육실습생과 지도교사는 기본적인 의사소통 기술을 서로 알고 있어야 한다. 대화 시 효과적인 피드백은 의사소통을 더욱 잘 이루어지게 하기 때문에 피드백 방법을 아는 것도 필요하다. 또한 자신의 감정을 드러내야 하는 경우, 나-메시지를 보내거나 부정적이지 않은 방법으로 상대에게 비판을 제공하는 것이 좋다. 효율적인 의사소통 기술을 제시하면 다음과 같다(김계현, 1995; 박병진 역, 1987; 설기문, 1997; Albrecht, 1996).

① 기본적인 의사소통

- 말하고, 들은 것을 기억하고 관심을 집중시킨다.
- 자신의 말은 최소한으로 줄이고, 끄덕임, 음성 반응, 관련 질문 등과 같이 듣고 있음을 확신시키고, 공감을 보이는 등 적극적인 경청을 한다.
- 개방적인 다양한 질문을 사용하여 대화를 유도한다.
- 상호 칭찬을 한다. 칭찬은 세부적일 때 효과적이다.
- 정보를 제공할 때에는 많지 않은 정보를 평가적이지 않은 방법으로 제공한다.
- 서로의 대화에 대해서는 비밀을 지킨다.
- 적절한 몸짓, 눈맞춤, 음성 효과, 신체 접촉 등 비언어적 의사소통을 사용한다.

② 피드백 제공

- 성격이 아닌 행동에 대해서 말한다.
- 개인 감정이 아닌 사실에 대해서 말한다.
- 충고보다는 대안을 제시한다.

- 강요하지 않는다.
- 상대방의 피드백을 수용한다.
- 신뢰하면 할수록 피드백을 주고받기 쉬워진다.

③ 나-메시지

- 나-메시지 사용 시기
  - 도저히 행동을 용납할 수 없을 때 사용한다.
  - 불쾌감을 일으킬 때 사용한다.
  - 욕구가 좌절되고 방해를 받을 때 사용한다.
- 나-메시지 사용 방법
  - 감정의 원인을 설명한다.
  - 다른 사람에게 미치는 영향을 설명한다.
  - 감정을 밝힌다.
  - 여러 번 사용하지 않는다.

④ 비판

- 비판은 꼭 은밀하게 한다.
- 비판하기 전에 반드시 칭찬한다.
- 사람이 아니라 행위를 비판한다.
- 상대방의 잘못을 지적할 경우, 수정 방법을 가르쳐 준다.
- 협력을 명령하지 않는다.
- 비판은 한 번만 한다.
- 비판은 우호적으로 끝낸다.

활동 5-1 의사소통 역할극

다음 사례를 읽고 역할극 순서에 따라서 지도교사와 교육실습생이 대화하는 역할극을 한다.

사 례	간식 시간 후, 담임교사는 게임 준비를 하러 율동실로 내려가면서 교육실습생에게 유아들을 데리고 율동실로 오라고 부탁했다. 교육실습생은 이리저리 다니면서 간식 뒷정리를 하고 유아들을 줄 세우고 있었다. 그때 쌓기 영역 쪽에서 몇 명의 유아들이 말다툼을 하였다. 교육실습생은 유아들이 있는 문 쪽으로 가면서 그러지 말라고 하였다. 잠시 조용해지더니 곧 유아들이 큰 소리로 싸우기 시작했다. 서로에게 욕을 했고 신체적인 공격이 일어나기 시작했다. 교육실습생은 싸우는 아이들을 잠시 쳐다보면서 "얘들아 싸우지 마."라고 말한 후, 문 앞에서 다른 유아들이 줄 서기를 기다리고 있었다. 그때 담임교사가 교실로 들어와 유아들이 싸우는 곳으로 가서 싸움을 중재했다. 유아들 귀가 후 지도교사와 교육실습생은 이 상황에 대해서 대화를 하게 되었다.
역할극 진행 순서	• 문제 상황을 분석한다. • 교육실습생과 지도교사의 배역을 정한다. • 연기를 실시한다. • 역할을 바꾸어 연기를 실시한다. • 역할을 맡은 사람의 느낌, 역할을 본 사람들의 생각에 대해 토의 및 평가를 실시한다.

활동 5-2 교육실습생의 의사소통 능력

자신의 의사소통 경험을 상기하고 다음 문항에 V표 한 다음, 자신의 의사소통 능력을 분석하고 노력할 사항을 계획한다.

구 분	의사소통 능력	그렇다
태도	시선과 표정이 긴장되어 있다.	
	대화 내용을 기억하지 못한다.	
	일방적으로 대화를 이끌어 나간다.	
	끄덕임, 음성, 질문 등의 반응이 부족하다.	
	언어적 표현과 몸짓, 눈맞춤, 음성 등이 일치되지 않는다.	
	대화의 내용을 비밀로 지키지 못한다.	
기술	대화를 유도할 수 있는 다양한 질문을 하지 못한다.	
	적절한 칭찬을 제공하지 못한다.	
	너무 많은 정보를 제공한다.	
	문제해결의 기회를 제공하지 않는다.	
	평가를 하게 된다.	
지식	대화에 공감대가 형성되지 않는다.	
	대화의 내용을 이해할 수 없다.	
	대화의 주제에 흥미가 없다.	
노력할 사항		

출처 : 교육인적자원부(2001). 유치원교사 교육 프로그램.

6장 교육실습생의 전문성 발달

교육실습생 저널 사례

✤ 교육실습생 저널 기록(유아 갈등)

오늘은 유아들의 갈등이 많은 날이었다. 유아들의 갈등을 중재하는 것은 매일 일어나는 일이지만 참 힘들다. 점심을 먹고 막 올라와 유아들을 지도하고 있는데 뒤에서 형준이가 "나 안 했다고!" 하는 소리가 들려왔다. 진서는 주먹을 쥐고 있었고 서로 노려보고 있었다. 나는 형준이와 진서를 불렀다. 서로의 이야기를 충분히 듣고 중재를 해 주려고 했는데 흥분한 형준이가 막 소리를 지르며 자신의 이야기만 했다. 그에 반해 진서는 입을 꾹 다문 채 형준이만 노려보고 있었다. 나는 형준이에게 어떻게 된 일인지 물어보았다. 형준이는 "나는 욕 안 했는데 진서가 욕을 했대요."라고 말하며 분해했다. 그러자 진서는 "너도 했잖아."라며 울먹였다. 형준이는 "안 했어 바보야!"라고 하며 진서를 밀었다. 나는 형준이를 저지했다. 그리고 우선 형준이의 흥분을 가라앉혀야겠다는 생각에서 형준이를 다독거렸다. 그런데 진서가 눈물을 흘리는 것이었다. 나는 당황스러웠다. 나는 진서를 달래면서 무슨 일인지를 물어보았으나 진서는 말하지 않고 울기만 했다. 나는 진서에게 "형준이는 욕을 하지 않았다고 하는데 진서가 잘못 들은 거 아닐까?"라고 말했다. 그리고 나는 형준이에게 "진서가 말을 못 알아들은 것 같은데 그럴 때에는 친구에게 화내지 말고 말로 했어야지."라며 이해시키려고 하였다. 그러자 형준이도 수긍하는 눈치였다. 그래서 나는 "형준아, 친구에게 바보라고 말하면 친구 기분이 어떨까?"라고 물어보았다. 형준이는 "기분이 나빠요."라고 대답했다. 나는 속으로 이제 해결되는구나라고 생각한 후 "그럼 형준이가 어떻게 해야 하지?"라고 물었더니 형준이는 아무 말도 하지 않았다. 나는 좀 기다리다 답답해서 "그럴 때는 친구에게 미안하다고 사과하는 거야."라고 말했다. 그런데 형준이는 "싫어요."라며 거부했다. 나는 형준이의 태도 때문에 더욱 난감하고 교사로서 체면이 서지 않는 것 같았다. 그러는 중에 지도교사가 오셨다. 그리고 그 일을 중재하셨다. 지도교사는 형준이와 진서를 서로 사과하고 화해하게 지도하셨다. 아이들의 갈등을 지도하는 것은 시간이 너무 많이 소모되는 것 같다. 그리고 대부분의 아이들은 다음에는 안 그러겠다고 하지만 다음에 또 그런 행동을 하는 것 같다. 내가 적절히 지도를 못해서 그런가 하는 후회도 든다. 학교에서 배울 때에는 스스로 해결할 수 있게 하라고 하지만, 스스로 해결하는 유아가 드문 것 같다. 그리고 대부분 갈등의 원인은 일부 공격적이거나 이기적인 아이들 때문인 것 같다. 이런 아이들은 지도하기가 정말 어려운 것 같다. 내가 이 아이들에게 하는 중재가 과연 맞는 방법인지 확신이 없다. 지도교사는 좀 더 수월하게 해결하시는데…. 어쨌든 좀 더 참을성을 가지고 아이들의 이야기를 들어 주어야 했던 것 같다. 다음에 이런 일이 생기면 유아의 말을 듣고 이해시키도록 노력해야겠다.

✜ 지도교사 피드백

오늘 조금 당황하셨지요? 선생님의 중재에도 사과를 하지 않으려고 해서 난감하셨을 겁니다. 제가 형준이와 진서를 불러 이야기를 해 보았더니 미처 몰랐던 일이 있었더군요. 형준이가 욕을 하지 않았는데 진서가 욕을 했다고 하자 형준이가 화가 나서 진서 얼굴을 때렸대요. 진서가 계속 울기만 해서 "진서 왜 우니? 형준이가 바보라고 해서 그러니?" 했더니 계속 고개만 젓고 대답을 안 하더군요. 진서가 계속 얼굴을 잡고 우는 것이 이상해서 "울기만 하면 선생님이 진서가 왜 속상한지 모르잖아. 형준이가 때렸니?" 하니까 진서가 형준이가 자기 얼굴을 때렸다고 했어요. 형준이는 자기가 진서를 때린 것을 선생님이 모른다고 생각하니 사과하기 싫었나 봐요. 제가 형준이를 다시 불러서 "형준이 많이 화가 났구나. 네 말을 믿지 않아서 그랬지? 선생님은 솔직한 사람을 사랑하는데 형준이가 진서 얼굴 때렸니?" 하고 물어보자 그렇다고 했어요. 형준이에게 때리는 것보다 좋은 방법이 무엇인지 물어보니 잘 알고 있더군요. 서로 충돌이 있을 때 자신의 잘못을 확실히 알게 해 줘야 사과하려는 마음이 생기는 것 같아요. 유아들도 자존심이 있어서 쉽게 잘못을 인정하지 않거든요. 우선 감정이입을 해 주는 것이 중요한 것 같아요. 다음번에 이런 일이 생기면 유아의 마음을 먼저 이해해 주는 방법을 활용해 보세요. 그리고 너무 낙담하지 마세요. 갈등하는 가운데 아이들은 성장도 하거든요.

사례에 대해서 토의하기

- 저널에 나타난 교육실습생의 반성
- 피드백에 나타난 지도교사의 지원

1. 교육실습생 저널

유아교육에서 교사의 전문직화(professionalization)가 커다란 이슈가 되면서 많은 학자들은 유아교사의 전문성 확립을 위한 조건에 대해서 논의하였고 유아교사의 전문성 확립을 위해서 교사의 반성적 사고가 중요하다는 데 동의하였다(박은혜, 1996). 이러한 반성적 사고의 가치 때문에 현직교육뿐 아니라 직전교육에서도 예비교사의 반성적 사고를 강조하고 있다. 교육실습생의 반성은 자기 분석, 지도교사와의 협의회, 유아들의 피드백, 다른 교사의 관찰, 저널 쓰기 등 다양한 교육실습 경험을 통해서 발생할 수 있다. 이것들 중 교육실습생의 반성을 촉진할 수 있는 효과적인 방법은 저널 쓰기이다.

1) 교육실습생 저널의 개념

저널 쓰기는 유아교사가 자신의 실천 행위에 대해 개인적인 관점을 가지고 기록하는 다양한 형태의 글쓰기를 의미한다. 저널 쓰기는 자신의 개인적인 생각을 적는다는 점에서 일기와 비슷하지만, 일기가 전적으로 개인의 사생활에 관한 것이라면 저널은 개인적인 차원이 아닌 전문성을 지닌 교사로서의 의견을 기록하는 것이다. 저널은 교사가 자신의 교수·학습활동을 분석하고 미래에 발생할 문제에 대한 해결책을 고안하며 자신과 대화를 나누는 수단이다(박은혜, 1999).

저널 쓰기는 교사에게 교사로서의 역할을 수행하는 의도 및 목적, 역할 수행 과정, 역할 수행의 결과에 대해서 생각하고 반성하게 한다. 저널 쓰기는 자신의 생각에 기초하여 기록하는 것이기 때문에 그동안 배웠던 이론, 상황, 다른 사람의 의견 등을 수동적으로 수용하지 않고, 교사 자신의 주관을 가지고 검토하고 비판적으로 받아들이게 한다. 이런 과정에서 교사는 자신의 교육 계획, 역할 수행 과정, 결과 등 교육의 전체를 보다 객관적으로 분석하고 평가할 수 있다.

교육실습생은 실습 과정에서 경험한 유아 놀이 지원, 일상생활 지도, 활동 실행, 학급 운영 등에 대한 개인적인 생각, 분석, 반성 등을 저널로 쓸 수 있다. 처음 저널을 쓰기 시작할 때, 교육실습생은 어색하다고 느끼고 주로 일어났던 일들을 나열한다. 그러나 계속해서 저널을 쓰게 되면서 질문하고, 탐색하고, 초점을 찾기 시작한다. 저널 쓰기는 교육실습생 개인에게 도움이 될 뿐 아니라 지도교사나 지도교수가 교육실습생의 요구와 관심을 이해하는 데 활용될 수 있다. 따라서 교육실습생은 자신의 경험에 대한 저널을 쓰려고 노력해야 한다. 한편 지도교사와 지도교수는 교육실습생의 성장, 관심, 질문, 느낌, 요구를 이해하기 위해서 교육실습생의 저널을 읽고 피드백을 제공해야 한다.

2) 교육실습생 저널의 가치

저널 쓰기는 예비교사에게 교사로서의 역할을 수행하는 의도 및 목적, 역할 수행 과정, 역할 수행의 결과에 대해서 생각하고 반성하게 한다(박은혜, 2002). 즉, 교육실습생은 저널 쓰기를 통해서 자신의 생각을 명확히 하고, 교수와 학습에 대해서 반성할 수 있고 반성의 가치를 배울 수 있다(Pultorak, 1993). 저널 쓰기의 가치를 구체적으로 살펴보면 다음과 같다(최일선, 조운주, 2010; Stout, 1989).

- 저널 쓰기는 수업, 유아 지도, 학급 운영 등 교육실습생이 경험했던 내용을 회상하고 정리하여 기록하면서 다시 한 번 생각해 보고 반성하게 한다.
- 저널 쓰기는 실행에 대해서 반성하는 과정에서 비판적 사고를 하고, 보다 발전적인 다양한 문제해결 방법을 모색하게 한다.
- 저널 쓰기는 반성 및 문제해결 과정을 통해서 교수기술을 습득하고, 전문적인 지식을 확장·심화시켜 준다.
- 저널 쓰기를 통한 지도교사와의 상호작용은 정서적인 공감대를 형성하게 하고, 지식을 교환·확장시켜 준다.

3) 교육실습생 저널의 작성 방법

저널 쓰기는 격일 저널, 격주 저널, 학급 방문 저널, 반성적 면담 저널 등 다양한 방식으로 쓸 수 있다(Pultorak, 1993). 교육실습생이 저널을 쓸 때 특별한 형식이나 주제 없이 자연스럽게 쓰게 할 수 있고, 저널 형식 및 주제를 정해 줄 수도 있다. 형식이나 주제가 없는 것은 개념 수준이 높은 사람에게 적절하다. 형식을 정해 주는 경우에 경험 기술, 경험에 대한 의미와 분석, 취해야 할 행동과 행동의 결과를 쓰도록 구조적인 제안을 줄 수 있다. 주제를 정해 주는 경우에는 교육실습생의 교육실습에 대한 개인적

견해, 학급에 대한 느낌, 학급의 문제 등 관찰한 것이나 느낌을 주제로 쓸 수 있다. 또는 교육실습생의 교수기술에 대한 인식, 교육을 향상시킬 수 있는 방법, 잘 되는 것과 그렇지 않은 것, 어려운 시간 등 교수 능력과 관련된 것을 주제로 쓸 수 있다. 그 외에도 지도교사, 원장, 원감, 다른 교직원과의 관계에 대한 것도 저널의 주제가 될 수 있다. 특정 유아와의 관계, 유아가 문제를 극복하는 방법, 특수한 유아의 요구, 유아의 흥미 등 유아에 대한 것도 저널 주제로 적절하다. 박은혜(1999)가 제시한 교육실습생에게 적절한 저널 주제는 다음과 같다.

- 학급에 대한 첫인상, 자신이 수행하고 있는 역할, 자신의 어려움 등 교육실습생으로 처음 나가 학급 구성원 중 한 사람이 되기 위해서 본인이 했던 노력
- 교육실습기관의 역사와 규칙과 철학, 학급의 교재, 교사의 언어 사용과 의사소통 능력, 학급에서의 상호작용, 학급에서 가장 크게 다루어지는 문제, 학급에서 교사가 가장 강조하는 행동 등 학급문화 이해를 위한 노력
- 유아의 사회·경제적 배경, 소외되는 유아 등 학급 상황과 관련된 이슈
- 교사와 교수, 학습자와 학습에 대한 이해를 돕기 위한 교사의 여러 가지 역할
- 자신을 교사로 생각하는 것, 교사로서의 준비 등 교사로의 전이

저널 쓰기를 통해 보다 많은 것을 얻기 위해서는 수업 계획이나 하루 일과의 내용에 대해서 쓰는 것이 아니라 사건이나 문제, 또는 자신에게 관련된 것을 써야 하고, 좌절과 기쁨에 대한 느낌을 표현해야 한다. 원인을 깊게 생각하고 자신이 해야 할 일이 무엇인지를 생각해야 한다(Roe & Ross, 1998). 교육실습생이 저널을 쓸 때, 효과적으로 쓸 수 있는 방법을 제시하면 다음과 같다(Acheson & Gall, 2003).

- 매일 발생하는 문제나 딜레마를 기록하고, 문제나 딜레마를 해결하기 위한 시도와 효과를 기록한다.

- 특정 교수전략과 교육과정에 초점을 두고 교수방법이나 새로운 교육과정의 실행 경험 등을 기록한다.
- 저널의 내용과 상관없이 교육에 영향을 주는 유치원, 지역사회, 유아의 가정 등 관련된 맥락적 요인들을 서술한다.
- 교육실습생의 행동을 이해할 수 있도록 교육실습생의 신념, 느낌, 통찰력, 교육철학을 기록한다.
- 교육실습생의 저널 기록의 여백에는 지도교사나 교수가 논평을 쓸 수 있다. 지도교사나 교수는 논의하기 원하는 것, 협의회에서 이야기하기 원하는 것을 쓸 수 있다.

4) 교육실습생 저널에 대한 피드백

지도교사가 교육실습생이 쓴 저널에 피드백을 제공하는 것은 여러 가지 측면에서 긍정적인 효과가 있다. 우선, 교육실습생의 갈등이나 문제점을 인식할 수 있고, 지도교사와 교육실습생이 경험을 공유하고 공감대를 형성할 수 있다. 그리고 지도교사의 피드백은 교육실습생에게 문제를 바라보는 다양한 시각을 갖게 한다. 지도교사가 저널에 피드백을 제공할 때에는 교육실습생의 현재 사고 수준에서 시작하여 점진적으로 그 수준을 높여서 반응해 주는 것이 좋다. 교육실습생의 저널에 따라서 지도교사가 제공할 수 있는 피드백의 유형 및 내용, 피드백의 예는 다음 ❙표 6-1❙, ❙표 6-2❙와 같다.

| 표 6-1 | 저널에 대한 피드백 유형 및 내용

교육실습생 저널 내용	지도교사 피드백	
	유 형	내 용
자신이나 다른 사람의 감정을 나타낸다.	감정 수용	교육실습생의 감정을 수용하고 감정이입을 한다.
새로운 교수전략의 사용에 대해서 걱정 또는 확신을 나타낸다.	칭찬 및 격려	교육실습생을 격려하고 칭찬한다.
교수학습 방법에 대해서 고민 또는 반성한다.	연구 촉진	확산적 사고가 가능한 질문을 제공한다.
발생한 문제를 해결하는 데 어려움을 나타낸다.	정보 제공	문제해결을 위한 정보를 제공한다.
문제에 대해서 책임을 수용 또는 회피한다.	문제 수용	책임을 수용하는 경우, 감정적 지원을 제공한다. 책임을 수용하지 못하는 경우 '나-메시지'를 보낸다.

| 표 6-2 | 저널에 대한 피드백의 예

교육실습생 저널	지도교사 피드백
나는 동극 지도를 해 본 적이 없다. 내가 그것을 이해하는지, 그리고 바르게 지도할 수 있는지 걱정스럽다. 이런 상황에서 동극활동을 하는 것이 적절할까?	경험해 보지 않은 활동을 실행해 보는 것은 두려운 일이지요? 저도 처음에는 그랬습니다. (감정 수용) 그러나 선생님께서 동화 들려주는 활동을 잘하시는 것을 보았습니다. (칭찬) 동화 내용을 유아들이 잘 이해하고 기억하면 동극 지도는 쉽게 될 수 있습니다. (정보 제공) 어떻게 하면 유아들이 동화 내용을 쉽게 기억할 수 있을까요? (연구 촉진) 선생님이 동극 활동을 하기로 결정했을 때 내게 알려 주세요. 구체적인 방법을 함께 논의해 보아요. (정보 제공)

2. 교육실습생 포트폴리오

포트폴리오는 개인의 지식, 기술, 전문성의 발달과 성장에 대한 기록물을 자신의 감각을 반영하여 수집하고 구성한 모음이다. 주로 예술가들이 재능을 증명하기 위해서 포트폴리오를 사용해 왔으나 최근에는 여러 방면에서 이용되고 있다. 교직 분야에서도 예비교사 포트폴리오, 교육실습생 포트폴리오, 현직교사 포트폴리오 등 다양하게 활용되고 있다. 교육실습생 포트폴리오를 실습일지 대신 활용할 수 있다.

1) 교육실습생 포트폴리오의 개념

교사의 경우에 자신이 수행한 작업을 모아서 교사 포트폴리오를 구성한다. 이러한 교사 포트폴리오는 결과물이나 기억할 만한 것을 모아 둔 단순한 파일이 아니라 교수기술과 지식, 전문적 성장과 실천에 대한 선별적이면서도 지속적인 증거를 제공하는 것이다. 더불어 교사의 반성을 증가시키고, 체계적으로 평가하기 위한 수단이다. 즉, 교사 포트폴리오는 개성과 자율성을 반영한 전문적인 성장과 능력에 대한 조직적인 기록이라 할 수 있다(Barton & Collins, 1993; Mokhtari, Yellin, Bull, & Montgomery, 1996).

교육실습생의 경우, 전문 서적이나 사람과의 상호작용을 통해서 유익하고 다양한 경험을 하고 새로운 아이디어를 적용할 뿐 아니라 반성하고 수용한다. 이러한 교육실습생의 노력, 성취, 발전에 대한 다양한 증거를 제시하고, 교육실습생의 반성에 대한 기록을 제공하는 것이 교육실습생 포트폴리오이다. 따라서 포트폴리오는 실제적인 상황과 경험을 통해서 교육실습생의 지식, 기술, 태도 등의 성장을 보여 주며 자율적이고 효율적인 수행에 기초한 대안적인 평가 수단으로 활용된다(Georgi & Crowe, 1998; Hoper, 1999).

교육실습에 있어 수행에 기초한 대안적 평가가 필요한 이유는 대학의 교육실습생 평가가 지도교사의 보고서에만 의존하는 현실적인 문제점에서 찾을 수 있다

(Diamantes, 1996). 교육실습 지도에 있어 대학교수는 교육실습기관을 간헐적으로 방문하기 때문에 교육실습 과정을 파악하고, 모니터하고, 평가하는 데에는 한계가 있다. 이러한 한계를 극복하기 위해서 교육실습생 평가에 있어 하나의 테스트나 관찰 도구보다는 통합적인 평가 시스템이 사용되어야 한다. 즉, 교육실습생의 발전을 평가할 때에는 교육실습 기간 동안 교육실습생이 교수내용 및 방법을 이해했는지, 가르치는 것의 복잡성과 맥락을 이해했는지, 상호작용 방법 등을 모두 배웠는지 총체적으로 평가하는 시스템이 수반되어야 한다. 이러한 총체적인 평가 방법으로 교육실습생 포트폴리오를 활용할 수 있다.

2) 교육실습생 포트폴리오의 가치

교육실습생이 포트폴리오를 경험하는 것은 다양한 가치가 있다. 여러 학자들(Costantino & DeLorenzo, 2002; Doolittle, 1994; Stone, 1998; Sunstein & Potts, 1998)이 제안한 포트폴리오의 가치를 정리해 보면 첫째, 포트폴리오는 수업의 효율성과 학습 결과를 평가하게 하므로 교육실습생에게 자신의 지식, 기술, 학급 실천에 대한 비판적 사고와 반성을 증진시킨다. 둘째, 포트폴리오는 다양한 교수 레퍼토리의 발달, 생산적인 학급환경 구성, 수업과 유아에 대한 통찰력 증진 등 이론과 실천을 통합하게 한다. 셋째, 포트폴리오는 경험을 통해서 배운 지식, 성향, 기술에 대한 평가 자료를 교육실습생이 스스로 만드는 것으로 주인의식과 권한을 갖게 한다. 넷째, 교육실습생은 친구와 포트폴리오를 공유하고 토론하는 과정에서 아이디어를 탐색하고 협동적인 논의에 참여하여 공식적인 피드백을 받을 수 있는 기회를 가짐으로 상호 협력을 촉진시킨다. 다섯째, 포트폴리오는 교수기술과 교육실습 과정에 대한 구체적인 기록을 제공하므로 취업 시 교육실습생의 능력에 대한 실제적인 참고자료가 된다. 여섯째, 포트폴리오는 전통적 평가에서 제시하지 못하는 깊이 있고 다양한 증거를 제공하기 때문에 총체적이면서 신뢰성 있는 평가가 가능하다. 이외에도 포트폴리오는 개인적인 만족감과 기쁨을 제공한다.

포트폴리오의 가치가 부각되면서 전문적 포트폴리오가 교사의 실천과 향상에 어떠한 영향을 미치는지에 대한 탐색이 계속적으로 이루어지고 있다. 특히 1990년 이후부터 미국의 교사교육 프로그램은 교육실습생의 교직 이해와 실천적 반성을 증진키고, 신뢰적인 평가를 제공하기 위해서 포트폴리오를 사용하고 연구해 왔다. 포트폴리오를 사용하는 대학의 숫자가 증가하면서 포트폴리오는 프로그램 목표를 위해서 그리고 예비교사의 성장을 입증하기 위해서 교사교육 프로그램의 일환으로 통합되었다(Wolf & Dietz, 1998). 더욱이 포트폴리오는 교육실습생의 평가뿐 아니라 초임교사 자격, 교사 자격의 갱신, 교직원의 발달에 대한 대안적인 평가로 사용되고 있으며, 여러 주에서는 이를 법으로 규정하고 있다(Adams, 1996; Davies & Willis, 2001).

3) 교육실습생 포트폴리오의 구성

교육실습생 포트폴리오가 보다 전문성을 갖기 위해서는 포트폴리오의 목적을 명확히 정의해야 하고, 시간에 따라서 지속적인 성장과 변화를 나타내야 한다. 또한 자신과 자신의 교수 능력에 대한 신뢰적인 설명과 다양한 정보 등 총체적인 견해를 제공해야 한다. 포트폴리오는 교육실습생 자신의 반성을 통해서 역동적인 평가를 실행할 수 있어야 한다(Campbell, Cignetti, Melenyzer, Nettles, & Wyman, 1997; Hurst, Wilson, & Cramer, 1998).

교육실습생 포트폴리오를 효과적으로 구성하기 위해서는 포트폴리오의 목표, 포트폴리오에 포함시킬 항목과 내용, 평가 방법, 진행 절차 등의 방향이 결정되어야 한다. 기본적인 교육실습생 포트폴리오를 구성하기 위한 목표, 항목 및 내용, 평가, 절차는 다음과 같다(조운주, 최일선, 2006).

첫째, 교육실습생 포트폴리오의 목표는 교육실습생의 자기반성, 교육실습생의 전문성(지식, 기술, 태도) 발달, 교육실습생의 체계적 평가, 교육실습 경험의 정리, 취업

등에 활용하기 위한 것이다.

둘째, 교육실습생 포트폴리오 구성을 위한 항목 및 내용은 개인 배경, 교수활동, 유아 이해, 학급 운영, 전문적 발달 노력, 종합 평가 등을 포함한다.

셋째, 교육실습생 포트폴리오 평가에서 평가자는 교육실습생 본인, 동료 교육실습생, 지도교사, 지도교수로 구성하고, 상황과 맥락을 고려하여 융통성 있게 참여자를 구성한다. 포트폴리오 평가 내용은 조직과 항목 및 내용에 대한 것을 포함한다. 포트폴리오 전체 조직을 평가하기 위해서 배열, 결과물의 제시, 설명, 자기반성, 언어 사용 등에 대해서 평가한다. 그리고 각 구성 항목 및 내용에 대해서 평가한다. 평가 방법은 평가 기준(rubric)과 서술형 평가를 사용할 수 있다.

넷째, 교육실습생 포트폴리오를 구성하기 위한 절차는 4단계이다. 1단계는 사전교육 및 계획으로 지도교수는 교육실습생과 지도교사에게 교육실습생 포트폴리오의 목적, 항목 및 내용, 절차 등에 대한 사전교육을 실시하고 포트폴리오 구성에 대해서 계획한다. 2단계는 자료 수집 및 정리 단계로 교육실습생은 교육실습 과정에서 자료를 수집하고 수집한 자료를 소개하거나 설명하고 반성을 쓰면서 정리한다. 이 단계에서 동료 교육실습생, 지도교사, 지도교수는 지원 및 피드백을 제공한다. 3단계는 포트폴리오 구성의 단계로 수집 및 정리된 자료를 계획에 따라서 체계적으로 구성한다. 이 단계에서도 동료 교육실습생, 지도교사, 지도교수는 지원 및 피드백을 제공한다. 2~3단계는 순환 과정으로 구성에 필요한 자료를 반복해서 수집하고 정리할 수 있다. 4단계는 평가 단계로 최종 구성된 포트폴리오를 교육실습생 본인, 지도교사, 동료 교육실습생, 지도교수가 공동으로 평가한다.

이상 살펴본 교육실습생 포트폴리오 항목 및 내용, 포트폴리오 평가 기준, 포트폴리오 자료 수집 방법을 보다 구체적으로 제시하면 다음 |표 6-3|, |표 6-4|와 같다.

| 표 6-3 | 교육실습생 포트폴리오의 구성 항목 및 내용

포트폴리오 항목	포트폴리오 내용	포트폴리오 수집 자료
포트폴리오 소개	포트폴리오 목적, 내용, 특성	• 교육실습생 포트폴리오 계획서
	교육실습 목표	• 교육실습 목표 기술
개인 배경	자기 소개	• 교육실습생 자기소개서 • 교육실습생 자서전 • 교육실습생 성격 • 교육실습생 효능감 • 교육실습생 다중지능 • 교육실습생 이력서
	교육실습기관 소개	• 교육실습기관의 현황 및 철학 • 교육실습 일정 계획서
교수	놀이	• 놀이 관찰 기록 • 놀이 지원 계획서 • 놀이 지원 평가서
	활동	• 활동 관찰 기록 • 활동 계획서 • 활동 실행 및 평가 기록
유아 이해 및 지도	유아 이해	• 유아 일화기록 • 유아 행동목록법
	유아 지도	• 유아 지도 저널
일과 및 학급 운영	일과 운영	• 일일교육 계획안 및 평가
	환경 구성	• 흥미 영역 사진 및 기록
	사무 관리	• 출석부 샘플 • 유치원 생활기록부 • 공문서
전문적 발달 노력	정보 및 자료 수집	• 수업 정보 및 자료
	자기반성	• 저널
	전문적 발달 계획	• 교육실습생 의사소통 능력 진단 • 교육실습생 발전 계획
교육실습 종합 평가	교육실습 평가	• 교육실습생 발달 평가 • 교육실습생 종합 평가
	교육실습 반성	• 교육실습생 반성 기록

| 표 6-4 | 교육실습생 포트폴리오 평가 기준

<table>
<tr><th colspan="2" rowspan="2">문항</th><th rowspan="2">내용</th><th colspan="3">평가</th></tr>
<tr><th>만족</th><th>개선 필요</th><th>불만족</th></tr>
<tr><td rowspan="5">조직</td><td>배열</td><td>목차, 페이지 번호, 항목별 소개 등 배열이 잘 조직되어 읽기 쉽다.</td><td></td><td></td><td></td></tr>
<tr><td>결과물</td><td>각 영역별 알맞은 결과물을 제시한다.</td><td></td><td></td><td></td></tr>
<tr><td>설명</td><td>결과물에 대한 구체적인 설명을 제시한다.</td><td></td><td></td><td></td></tr>
<tr><td>반성</td><td>명확하고 비판적인 반성을 포함한다.</td><td></td><td></td><td></td></tr>
<tr><td>언어</td><td>문법, 철자가 맞고 표준말을 사용한다.</td><td></td><td></td><td></td></tr>
<tr><td rowspan="6">항목 및 내용</td><td>개인 배경</td><td>이력서, 자기소개 및 자서전, 교육철학, 교육실습기관 소개 등 개인 배경에 대해서 구체적으로 서술한다.</td><td></td><td></td><td></td></tr>
<tr><td>교수</td><td>놀이 관찰 및 지원, 활동 계획 · 실행 · 평가에 대한 자료를 제시하고 심층적으로 반성한다.</td><td></td><td></td><td></td></tr>
<tr><td>유아 이해 및 지도</td><td>유아 관찰 및 이해, 유아 지도, 유아와의 상호작용 등에 대해서 설명하고 심층적으로 반성한다.</td><td></td><td></td><td></td></tr>
<tr><td>일과 및 학급 운영</td><td>일과 계획·실행·평가, 학급 환경, 사무 관리 등에 대해서 설명하고 심층적으로 반성한다.</td><td></td><td></td><td></td></tr>
<tr><td>전문적 발달 노력</td><td>정보 및 자료 수집 노력, 자기반성, 전문적 발달 계획을 제시한다.</td><td></td><td></td><td></td></tr>
<tr><td>종합 평가</td><td>교육실습생 자신, 동료 교육실습생, 지도교사, 지도교수 등의 평가를 제시하고 자기반성을 한다.</td><td></td><td></td><td></td></tr>
<tr><td colspan="2">종합 의견</td><td colspan="4"></td></tr>
</table>

3. 교육실습생 수업장학

수업장학은 교사의 효율적인 교육과정 운영, 교수기술의 증진 등 전문성 향상을 위해서 동료교사, 경력교사, 원감 및 원장, 장학사 등이 수업을 보고 수업에 대한 조언과 피드백을 제공하는 것이다. 수업장학은 유치원 내에서 자율적으로 이루어지기도 하고, 장학사의 권유로 진행되기도 한다. 교육실습 과정에서는 교육실습생의 수업에 대해서 지도교사가 수업장학을 주로 실시하고, 원감 및 원장, 지도교수도 참여할 수 있다.

1) 교육실습생 수업장학의 개념 및 가치

저널 쓰기나 포트폴리오 구성은 교육실습생이 자신의 전문성 발달을 위해서 스스로 실행하는 것이라고 볼 수 있다. 이에 비해서 수업장학은 교육실습생의 교수 능력을 향상시키기 위해서 지도교사로부터 지도를 받는 것이다. 즉, 수업장학은 수업의 개선을 위하여 교육실습생의 수업 행동의 변화에 초점을 두고 수업에 대한 조언과 피드백을 제공하는 것이다. 유아교육 현장에서 수업장학의 궁극적인 목적은 교육실습생의 수업의 발전을 통해서 유아에 대한 지원을 촉진시키는 것이다.

수업장학을 실행하기 위해서 지도교사와 교육실습생은 수업장학 계획을 세운 후, 수업을 실시하고, 수업 과정을 분석적으로 평가하여 수업의 개선점을 발견해야 한다(변계영, 1997). 즉, 교육실습에서 지도교사가 장학자의 역할을 맡고, 교육실습생은 피장학자의 역할을 맡아서 수업장학을 계획하고, 수업을 실행하고 관찰하며, 수업에 대해서 협의 및 평가를 한다. 수업장학을 통해서 교육실습생이 대학에서 배운 교수기술을 유아교육 현장에 적용하는 것을 도울 수 있고, 교육실습생의 전문적인 성장을 지원할 수 있다. 장학자인 지도교사와 피장학자인 교육실습생이 상호 이해하고 좋은 관계를 형성한다면 보다 효과적으로 수업장학이 진행될 수 있다.

2) 교육실습생 수업장학의 단계

그동안 교육실습생의 수업에 대한 장학은 대부분 사후 평가를 중심으로 이루어져 왔다. 사후 평가 중심으로 수업장학이 이루어지는 경우, 교육실습생의 수업에서 미숙한 부분이 그대로 드러나므로 평가받는 것에만 초점이 맞춰지고, 사전에 수업을 준비하고 계획하는 부분에 대한 지원이 체계적으로 이루어질 수 없다. 따라서 교육실습생의 수업장학이 보다 체계적으로 이루어지기 위해서는 구체적인 수업장학의 과정과 단계가 필요하다. 유아교육실습 수업장학은 수업 계획, 수업 실행, 수업 평가의 3단계로 진행될 수 있다. 이러한 수업장학의 과정을 그림으로 나타내면 다음 | 그림 6-1 | 과 같다.

1단계 수업 계획	• 수업활동 선정 • 교육 계획안 작성 및 검토 • 교수자료 준비 및 연습 • 사전 협의회
↓	
2단계 수업 실행	• 수업 실행 및 관찰
↓	
3단계 수업 평가	• 사후 협의회

| 그림 6-1 | 유아교육실습에서의 수업장학 과정

| 그림 6-1 | 에 제시된 것처럼 수업장학의 1단계인 수업 계획에서는 유아들의 놀이 관찰에 기초하여 놀이 지원, 공간 및 자료 변환 계획, 활동에 대한 계획안을 작성하고, 필요한 교수자료를 준비하며, 지도교사와 사전 협의회를 수행한다. 사전 협의

회에서 교육실습생은 지도교사와 함께 교육 계획안에 기초하여 수업 준비에 문제가 없는지를 의논하고 확인한다. 사전 협의회에서는 목표 설정 이유와 지원 내용의 적절성, 공간 및 자료 변환의 적절성, 활동 선정의 적절성, 활동 진행 방법, 수업 평가 방법, 사후 협의회 시간 등에 대해서 간단히 협의할 수 있다. 사전 협의회 진행의 예는 다음 | 표 6-5 | 와 같다.

| 표 6-5 | **사전 협의회 진행 예**

진행 순서	사전 협의회 진행의 예
1. 협의회 분위기 형성	지도교사: 수업 준비하시느라 힘드시지요. 지난번 검토해 드린 교육 계획안은 준비하셨나요? 교육실습생: 네. 여기 있습니다. 지도교사: 수고하셨습니다. 계획안을 보면서 협의회를 하겠습니다. 교육실습생: 네.
2. 수업 목표 및 내용 확인	지도교사: 활동 목표가 '봄꽃에 관심을 가진다.', '신체 움직임을 조절한다.' 인데, 이렇게 목표를 선정하신 이유는 무엇인가요? 교육실습생: 이번 주 산책 갔을 때, 유아들이 봄꽃을 보며 좋아했고, 많은 관심을 보였습니다. 주워 온 봄꽃을 관찰하기도 했습니다. 그래서 봄꽃에 대한 관심을 지원하기 위해서 목표를 '봄꽃에 관심을 가진다.' 로 정했고, 봄꽃 뒤집기 게임활동을 계획해서 신체 움직임을 조절한다.' 는 것도 목표에 포함시켰습니다. 지도교사: 유아들의 경험과 활동이 연결되고, 목표도 적절한 것 같습니다.
3. 교수방법 및 교수자료 확인	지도교사: 공간이나 자료는 어떻게 하실 건가요? 교육실습생: 유희실에 게임 대형과 게임 자료를 미리 준비하겠습니다. 그리고 유아들의 꽃에 대한 흥미를 위해서 언어 영역에는 꽃에 대한 책, 쌓기 영역에는 꽃 사진, 공원 사진 등을 제공하였습니다. 지도교사: 게임 자료는 만드셨나요? 교육실습생: 네. 우드락 앞, 뒤에 색깔 시트지를 붙여서 만들었습니다. 지도교사: 좋군요. 동그랗게 오리시느라 힘들었겠어요. 게임 시간은 어느 정도 예상하세요? 교육실습생: 20분 정도 예상하고 있는데요. 저도 실제로는 얼마나 걸릴지 잘 모르겠습니다. 지도교사: 유아들의 반응을 보고, 지루해하면 마무리하시면 좋을 것 같아요. 교육실습생: 네.

진행 순서	사전 협의회 진행의 예
4. 수업 관찰 및 평가 도구 확인	지 도 교 사 : 평가 도구는 지난번 사용했던 평정척도와 개방식 도구를 함께 사용할까요? 그리고 이번에도 비디오 녹화를 할까요? 교육실습생 : 네. 좀 긴장되지만, 비디오로 다시 제 수업을 보면 도움이 될 것 같아요. 지 도 교 사 : 제가 수업할 때 어디에서 관찰할까요? 교육실습생 : 콘센트가 있는 쪽에 계셔야 할 것 같은데요. 지 도 교 사 : 그렇게 하지요.
5. 사후 협의회 시간 결정	지 도 교 사 : 사후 협의회는 언제 하시고 싶으세요? 교육실습생 : 수업 실행한 다음, 오후에 유아들 보내고요. 지 도 교 사 : 그러시지요. 제가 뭐 더 도울 일은 없을까요? 교육실습생 : 녹화 준비를 도와주세요.
6. 마무리 및 감사 표현	지 도 교 사 : 그럴게요. 수업 준비하시느라 수고 많으셨어요. 수업이 기대됩니다. 교육실습생 : 저도 감사드립니다.

수업장학의 2단계인 수업 실행에서는 교육실습생이 수업을 하고, 지도교사는 교육실습생의 수업을 관찰한다. 교육실습생은 지도교사가 자신의 수업을 관찰하고 평가하는 것에 대해서 긴장할 수 있고, 수업에도 영향을 줄 수 있다. 따라서 지도교사는 관찰 시, 교육실습생의 눈에 잘 띄지 않는 곳에서 관찰하는 등의 배려가 필요하다. 수업 관찰 시, 지도교사가 어디에 있으면 좋은지 희망하는 장소를 교육실습생에게 물어보는 것도 좋다. 교육실습생의 수업 실행 사례는 다음과 같다.

수업 실행 사례

✠ 수업 배경

내가 교육실습을 나간 학급은 만 5세 반이고, 유아들은 게임을 좋아했다. 주 초에 유아들과 산책을 하면서 유아들이 봄꽃에 관심을 가져서 봄꽃을 관찰했고, 이와 관련된 게임으로 봄꽃 뒤집기를 활동을 준비하였다. 지도교사와 수업 계획안를 검토하면서 사전 협의회를 하였다.

✠ 수업 전개

나는 유아들에게 "오늘 선생님하고 게임을 할 거예요."라고 말했다. 게임을 한다는 소리에 유아들은 흥분하기 시작하였다. 유아들의 흥분하는 모습을 보자 머릿속의 진행 과정이 체계적으로 생각나지 않고 혼동되었다. 더군다나 지도교사가 옆에서 관찰을 하고 있어서 더욱 긴장이 되었다. 진행은 해야 되기 때문에 유아들이 웅성거리는 것을 무시하고 나는 색판을 보여 주면서 "자, 여기 선생님이 무엇을 준비했을까요? 이게 뭐죠?" 하고 물었다. 유아들은 "동그라미요, 분홍색이요." 하면서 각자 한마디씩 하느라 더욱 소란스러워졌다. 나는 목소리를 높여서 "한 쪽은 분홍색, 다른 쪽은 노란색으로 색판을 준비해 왔어요. 어제 산책에서 본 것 중 어떤 것과 같은 색이지요?" "개나리, 벚꽃이요." "그럼 이것으로 어떻게 게임을 할 수 있을까요?" 유아들 스스로 게임 방법을 생각할 수 있는 시간을 주고 싶었으나 더욱 소란스러워지는 것을 막기 위해서 나는 "쉿! 선생님이 준비해 온 게임은 개나리 팀은 노란색 쪽으로 벚꽃 팀은 분홍색 쪽으로 뒤집는 거예요. 그렇게 하려면 두 팀으로 나누어야 하겠죠?" 나는 두 팀으로 유아들을 나누어 앉혔다. 유아들은 또 흐트러지기 시작하였다. 소란스러운 유아들을 보자 나는 당황했고, 목소리도 높아졌다. 얼른 게임을 시작해야겠다는 생각이 들었지만 주춤거리게 되었다. 지도교사는 규칙은 간단히 설명하고 게임을 시작하라고 하셨다. 나는 "얘들아, 선생님이 북을 한 번 치면 시작하고, 두 번 치면 게임을 멈추고 자기 자리로 돌아가는 거예요." 나는 급한 마음에 설명을 빠르게 했고, 유아들은 알아들었는지 못 알아들었는지 마냥 즐겁게 떠들기만 했다. 나는 북을 한 번 쳤다. 그러자 유아가 뛰어가서 각자 하나씩만 색판을 뒤집고 자리로 돌아왔다. 나는 웃기기도 하고 당황스럽기도 했다. 그것을 보고 있던 지도교사가 게임 방법을 다시 설명해 주고 게임을 진행하였다. 게임이 시작되고 유아들은 색판을 자기 편 색으로 계속 뒤집었다. 나는 이번에는 유아들이 게임을 이해했다고 생각했다. 그런데 종료하는 북을 두 번이나 쳤는데도 유아들은 계속 뒤집었다. 그러자 지도교사는 호루라기를 한 번 불면 시작이고, 북을 둥 둥 둥 치면 들어오는 것이고, 반칙을 하면 진다는 규칙을 다시 알려주었다. 계획한 시간은 아직 되지 않았으나 나는 유아들에게 활동이 재미있었는지 물어본 후, 이제 게임을 그만하자고 하였다. 열심히 준비한다고 했는데 왜 이러한 여러 가지 문제가 발생한 것인지 분석해 보아야겠다.

수업장학의 3단계 수업 평가에서는 교육실습생과 지도교사가 상호 피드백을 제공하는 협의회 방식으로 진행되는 것이 효과적이다. 평가를 위한 사후 협의회를 실시하기 전에 교육실습생은 선정한 평가 도구를 활용하여 자신의 수업을 분석할 수 있다. 사후 협의회에서 지도교사는 교육실습생이 실행한 수업 내용을 스스로 평가하고 분석하며, 교수행동에 대해 반성하도록 질문을 통해서 유도한다. 지시적이지 않은 평가가 되도록 하기 위해서는 지도교사가 피드백을 제공하는 시간보다 교육실습생의 자기 분석 시간을 더 많이 갖는 것이 좋다. 교육실습생에게 제공되는 피드백의 질은 중요하기 때문에 피드백은 일관성이 있어야 하고 건설적이어야 한다. 피드백의 내용은 잘한 것에 대한 칭찬과 상황, 교육실습생의 행동, 유아들의 행동에 대한 분석, 다음 장학활동의 결정 등을 포함한다. 지도교사는 수업을 관찰하면서 평가한 평가 도구를 교육실습생에게 제공하고, 교육실습생은 사후 협의회 내용을 정리한다. 사후 협의회의 사례, 그리고 협의회에 대한 분석 기준은 다음과 같다.

사후 협의회 사례

✠ 협의회 전개

지 도 교 사 : (미소 지으며) 오늘 게임활동을 하셨는데 기분은 어떠세요?

교육실습생 : 게임활동은 처음 해 본 거였는데, 유아들이 즐거워는 하였는데, 좀 혼란스러웠던 것 같고, 게임 방법을 정확하게 몰랐던 것 같습니다.

지 도 교 사 : 예, 그래요? 저도 선생님 수업을 보니 재미있었고, 유아들도 즐거웠던 것 같습니다.
오늘 활동의 목표는 달성된 것 같아요?

교육실습생 : 목표가 '봄꽃에 관심을 가진다.', '신체 움직임을 조절한다.' 였는데, 카드를 뒤집는 게임이라서 신체 움직임을 조절하는 목표, 특히 손의 소근육을 조절하는 목표는 달성된 것 같은데, 봄꽃에 관심을 가지는 부분은 불분명한 것 같습니다.

지 도 교 사 : 제가 보기에도 그런 것 같아요. 그럼 교수방법에서 수정하고 싶으신 점이 있나요?

교육실습생 : 제가 마음이 급하다 보니, 유아들 스스로 게임 방법을 정해보거나 그런 부분이 부족했던 것 같아요.

지 도 교 사 : 저도 보면서 그런 생각을 했습니다. 유아들의 의견을 수용해서 진행해 보시면 더 좋을 것 같습니다. 오늘 활동은 전체적으로 만족하세요?

교육실습생 : 예. 오늘 유아들이 재미있게 참여는 한 것 같은데, 아쉬움이 좀 남습니다.

지 도 교 사 : 유아들의 흥미가 가장 중요합니다. 제가 보기에는 유아들이 즐거워했고, 큰 무리 없이 진행된 것 같습니다. 선생님이 아쉬워하시는 부분은 점차 개선하실 수 있을 겁니다. 그러면 유아들의 놀이를 더 확장시키시고 싶은 것은 무엇이에요?

교육실습생 : 쌓기놀이에서 봄 공원이나 봄 동산 꾸미기, 봄꽃 축제 놀이를 활성화하고, 역할놀이와 연계해서 할 수 있게 지원하는 것입니다.

지 도 교 사 : 좋을 것 같습니다. 봄꽃을 이용한 요리와 활동도 좋을 것 같고, 이와 연계된 음식점놀이 등으로 확장하면 좋을 것 같습니다. 역할놀이를 위해서도 적절한 환경 구성을 해 주시면 좋겠네요. 미술 영역도 함께 활용하시면 좋을 것 같고요. 제가 뭐 도와드릴 일은 없나요?

교육실습생 : 봄꽃에 대한 책이 유치원에 있나요? 제가 찾아봤는데 안 보여서요.
지 도 교 사 : 저도 찾아보고 말씀드리지요. 오늘 수고 많으셨어요. (교육실습생의 어깨를 두드리며) 그리고 협의회 내용을 한번 정리해 보세요.
교육실습생 : (머리를 숙여 인사하며) 선생님 감사합니다.

| 표 6-6 | 협의회 분석 기준

협의회 분석 기준

지도교사 :
실 습 생 :
날 짜 :

구분	문 항	그렇지 않다	보통이다	그렇다
분위기	지도교사는 의사소통에 도움을 주는 지지와 격려를 하고, 편안하고 부드러운 어조로 이야기한다.			
목표	지도교사는 협의회 목적과 구체적인 내용을 설명하고 교육실습생이 승인하거나 다른 제언을 할 기회를 부여한다.			
질문	지도교사는 교육실습생이 생각하고 분석할 수 있도록 명확하게 질문을 한다.			
논평	지도교사는 평가적이지 않고 사실적이고 구체적인 정보를 제시한다.			
비언어적 표현	지도교사는 미소와 즐거운 얼굴 표정을 짓는다. 비언어적 행동은 관심과 열의를 전달한다.			
균형	지도교사는 주의 깊게 경청하고 교육실습생이 이야기할 수 있는 충분한 기회를 준다.			
인간성	지도교사는 교육실습생의 정서적·신체적 요인에 주의를 하여 적절히 반응하고, 자신을 위한 행동을 피한다.			
마무리	지도교사는 협의회의 주요 결과, 즉 이해, 해결, 계획, 특히 논평 등을 검토하거나 교육실습생이 검토하게 한다.			

출처 : Caruso, J. J. & Fawcett, M. T. (1992). 발달적 접근에 의한 유아교육기관 장학론. 이은화, 조부경 역. 서울: 교문사. (원저 출판 : 1986)

활동 6-1 교육실습생 포트폴리오 계획

① 교재 132쪽의 포트폴리오의 항목 및 내용에 기초하여 본인의 포트폴리오를 계획한다.

② 동료 예비교사와 계획한 포트폴리오의 차이점과 공통점에 대해서 토의해 본다.

구 분		나의 포트폴리오 계획
포트폴리오 목적		
포트폴리오 소개		
포트폴리오 항목	개인 배경	
	교수	
	유아 이해	
	학급 운영	
	전문적 발달 노력	
	교육실습 종합 평가	
특성		

활동 6-2 저널 쓰기

'교육실습 준비'를 주제로 저널을 쓰고, 교육실습 기간 동안에도 다양한 주제로 저널을 쓴다.

저널 기록 양식

일　　시 :
주　　제 :
기 록 자 :
지도교사 :
저널 번호 :

교육실습생 저널 기록	지도교사의 반응

활동 6-3 협의회 역할놀이

다음 교육실습생의 수업 사례를 읽고, 활동에 대한 사후 협의회 진행을 역할극으로 한다. 역할극 후, 협의회 진행을 위해서 제안할 점에 대해서 토의한다.

교육실습생 수업 사례

만 4세 반인데, 생활 주제가 가을이고, 지난 주 금요일에 과수원으로 견학을 가서 사과, 배를 따기도 하고 먹어보기도 하였다. 견학과 연계하여 과학 영역에 사과, 배, 감 등의 과일과 저울, 자, 실험 기록지 등을 제공하여 무게와 크기 등을 측정하고 비교해 보는 놀이를 할 수 있게 하였다. 그리고 어느 것이 가장 단지, 신지, 딱딱한지 등의 맛과 성질을 탐색할 수 있게 하였다. 맛을 탐색하는 것을 위해서 껍질을 까서 자른 과일을 종류별로 제공해 주었다. 원하는 경우, 플라스틱 칼로 과일을 잘라 볼 수 있게 하였다. 유아들은 크기, 무게를 재는 것뿐 아니라 과일을 자르는 놀이를 즐겁게 하였다.

✠ 역할놀이 진행

- 배역 선정

  한 사람은 지도교사, 다른 한 사람은 교육실습생의 역할을 맡기

- 역할극 실시

  ① 교육실습생에게 기분 물어보기

  ② 목표 달성 정도 물어보기

  ③ 교수방법의 효과 물어보기

  ④ 다음 장학 계획 세우기

  ⑤ 배역을 바꾸어 다시 실행하기

- 토의

  역할극에 대해서 느낀 점 토의하기

2부

유아교육실습의 실제

유아교육실습 준비 7장

교육실습 준비 사례

다음 주부터 유치원으로 교육실습을 나가야 한다. 교육실습을 나가서 잘 할 수 있을지 너무 걱정이 많다. 학교 부근의 국·공립 유치원으로 교육실습을 나가고 싶었다. 기숙사에서 지내기 때문에 친구들과 같이 나가서 서로 의지하면서 교육실습을 하면 좋을 것 같았기 때문이다. 물론 집이 있는 곳으로 교육실습을 나가는 친구들도 있지만, 3년 동안 대학교 인근의 유치원으로 관찰도 가고 교육봉사도 해서 그런지 이 기관들이 익숙하고 마음도 편할 것 같았다. 하지만, 실습기관을 선정하는 것부터 여러 가지 어려움이 있었다. 실습 유치원이 부족해서 원하는 지역으로 교육실습을 나갈 수 없어서 차로 40분 떨어진 단설 유치원으로 교육실습을 나가게 되었다. 다행히 차 있는 친구가 있어서 함께 이용하기로 하였다.

대학에서는 교육실습을 준비하는 교과목을 듣고 있는데 실감도 나지 않고, 막연한 걱정만 하고 있는 상황이다. 교육실습이 다가오면서 학과 차원에서 교육실습생 명찰을 나눠주었다. 그리고 교육실습 동안 신을 실내화와 교육실습생 포트폴리오를 작성할 클리어 파일도 구매하라고 하였다. 그래서 실내화와 클리어 파일을 친구들과 함께 구매하였다. 수업 중에 교육실습 나가서 필요할 수 있는 주의 집중 방법을 조별로 발표도 하고, 놀이 지원 및 활동, 일일교육 계획안을 작성하고 친구들과 토의도 해 보았다. 그동안은 조별로 모의수업을 하는 경우, 성격상 나서는 것을 싫어해서 되도록 교사 역할을 하지 않고 뒤에서 돕는 역할을 했는데, 막상 교육실습을 나가려고 하니, 준비가 되어 있지 않는 것 같아서 후회가 된다. 이번 주에는 교육실습 유치원에 사전 인사를 다녀왔다. 선생님들께서 친절하게 맞이해 주셨고 기본적인 자료도 주셨지만, 너무 바쁘셔서 그런지 구체적인 설명을 해 주시지는 않았다.

주말에 교육실습 때 입을 옷도 한두 벌은 사려고 한다. 무엇을 더 준비해야 하나 잘 생각이 떠오르지 않는다. 잠도 잘 안 올 것 같다.

사례에 대해서 토의하기

- 교육실습생의 준비 사항
- 교육실습생에게 더 필요한 준비 및 지원

1. 유아교육실습의 준비

교육실습이 효과적으로 진행되기 위해서는 대학, 교육실습생, 교육실습기관 모두 교육실습을 체계적으로 준비하고 계획해야 한다. 대학, 교육실습생, 교육실습기관별로 필요한 교육실습 준비를 살펴보면 다음과 같다.

1) 대학의 준비

대학은 효과적인 교육실습을 위해서 교육실습 과정 및 내용에 대한 구체적인 계획을 세워야 한다. 대학에서는 교육실습생을 지도하려는 의지를 가지고, 교육실습생에게 좋은 모델을 제공할 수 있는 유치원을 교육실습기관으로 선정해야 한다. 또한 교육실습생의 요구 및 특성을 고려하여 교육실습생을 실습기관에 배정해야 한다. 교육실습기관의 선정과 교육실습생의 배정뿐 아니라 효율적인 교육실습을 위해서 교육실습생과 지도교사에게 사전교육을 실시해야 한다. 대학은 교육실습 전 교육실습기관과 협의회를 실시하여 교육실습기관의 의견을 수용하고, 대학의 의견을 전달하며, 교육실습 과정에 대해서 협의해야 한다. 대학에서 교육실습을 위해서 준비해야 할 사항을 구체적으로 제시하면 다음과 같다.

① 교육실습 과정 및 내용 계획

- 교육실습 학점
- 교육실습 학기 및 시기
- 교육실습 내용 및 방법
- 교육실습 지도
- 교육실습 평가

② 교육실습기관 및 지도교사 선정

- 위치, 거리, 교통편을 고려하여 교육실습기관 선정
- 규모를 고려하여 교육실습기관 선정
- 대학의 교육철학과 맞는 교육실습기관 선정
- 교육실습생을 지도할 의지가 있는 교육실습기관 선정
- 교육실습생 지도 경험이 있는 경력교사를 지도교사로 선정
- 지도교사 교육에 참여한 교사를 지도교사로 선정
- 교육실습생을 지도할 의지가 있는 교사를 지도교사로 선정

③ 관련 공문서 및 서류 준비

- 교육실습생 명단
- 지도교사 명단
- 교육실습 협조 공문

- 교육실습 결과 보고서
- 교육실습 협조 사항

④ 교육실습생 배정
- 교육실습생의 희망 조사
- 교육실습생 주소지 확인

⑤ 사전교육 및 협의회
- 교육실습생 사전교육
- 지도교사 사전교육
- 교육실습기관 및 지도교사와 사전 협의회

2) 교육실습생의 준비

예비교사는 교육실습을 앞두고 어떤 기관으로 교육실습을 나가야 할지, 어떤 것을 준비해야 할지, 교육실습을 나가서는 어떻게 행동하고, 옷을 어떻게 입어야 하는지 등 교육실습 준비와 교육실습생의 태도 및 행동에 대해서 걱정을 한다. 질 높은 교육실습을 수행하고 교육실습에 대한 걱정을 해소하기 위해서 대학에서의 교육실습 준비와 함께 교육실습생 각자의 준비가 필요하다.

교육실습생은 배정된 교육실습기관의 주소, 전화번호, 위치 등 기본적인 정보를 파악해야 한다. 그리고 사전에 교육실습기관의 프로그램 및 교육 계획안 등을 확인하고 필요한 교수자료 등을 준비한다. 그리고 가능하다면 교육실습 기간 동안 사용할 수 있는 교육내용과 관련된 정보와 자료를 수집한다. 그 외에 교육실습생 이름표, 복장, 교육실습일지, 포트폴리오 등을 준비한다. 교육실습생은 이러한 교육실습의 준비를 통해서 교육실습에 대한 불안감을 해소하고 현장에 대한 인식이 늘어나 교육실습 과정에서의 어려움을 감소시킬 수 있다.

교육실습을 위한 교육실습생의 준비를 구체적으로 제시하면 다음과 같다.

1 교육실습기관에 대한 정보 파악

- 교육실습기관의 주소 및 연락처
- 교육실습기관의 현황
- 교육실습기관의 교육철학, 프로그램, 주제

2 교수활동을 위한 준비

- 주의 집중 자료 준비
- 참고 도서 준비
- 교수활동 자료 준비

3 복장 및 준비물

- 의류 및 신발
- 교육실습생 이름표
- 실내화
- 교육실습일지
- 포트폴리오
- 문구류
- 이력서 및 자기소개서

4 교육실습기관에 사전 인사

- 대학 및 교육실습기관과 방문 날짜 협의
- 교육실습기관에 확인 전화하기
- 교육실습기관 방문하기

3) 교육실습기관의 준비

교육실습기관에서는 교육실습생을 맞이하고, 사전교육을 실시하고, 효율적으로 교육실습을 진행하기 위해서 교육실습을 계획하고 준비하여야 한다. 교육실습생을 맞이하는 방법, 교육실습생 사전교육 장소 및 담당자, 사전교육 자료, 교육실습 지도 담당교사 선정, 교육실습 지도 일정과 방법 등 교육실습에 대한 총체적이고 구체적인 계획이 필요하다. 교육실습기관의 교육실습 준비를 정리하여 제시하면 다음과 같다.

- 교육실습생을 맞이하기 위한 계획
- 교육실습생을 위한 사전교육 계획(장소, 담당자, 교육 자료 등)
- 교육실습 지도교사 선정
- 교육실습 일정, 지도 및 평가 방법 계획

2. 유아교육실습의 사전교육

교육실습에서 사전교육은 실습을 받는 교육실습생의 사전교육뿐 아니라 교육실습생을 지도하는 지도교사의 사전교육을 포함한다. 교육실습생의 사전교육과 지도교사의 사전교육이 어떻게 진행되는 것이 효과적인지 살펴보면 다음과 같다.

1) 교육실습생의 사전교육

교육실습생 사전교육은 대학에서 실시하는 사전교육과 교육실습기관에서 실시하는 사전교육의 두 가지로 나누어 볼 수 있다. 교육실습생에게 교육실습기관은 낯선 곳이고 교육실습을 나가면서 교사로서의 역할을 수행해야 하기 때문에 대학에서는 교육실습생의 역할 혼란을 줄이고 바른 태도로 교육실습에 임할 수 있도록 사전교육을 실시한다.

대학에서 교육실습생에게 사전교육을 실시한다고 하더라도 교육실습기관은 각기 다른 특성을 가지고 있다. 교육실습생의 불안감을 해소시키고 교육실습에 대한 기본적인 정보를 제공하기 위해서 교육실습기관에서도 교육실습생 사전교육을 실시해야 한다. 처음 교육실습기관에 방문한 교육실습생을 지도교사는 따뜻하게 맞이한 다음 교육실습에 대한 구체적인 오리엔테이션을 실시하는 것이 좋다.

교육실습기관은 교육실습생 사전교육에서 유아교육기관의 교육 방침, 교직원, 유아, 시설물 사용 등에 대해서 세부적으로 알려 주어야 한다. 교육실습생이 사전교육 내용을 모두 기억하기 어려우므로 가능한 한 유인물을 제공하는 것이 좋다. 관련 자료나 정보를 제공하는 것 이외에 다른 직원들에게 교육실습생을 소개하고, 건물을 안내해 주는 것은 교육실습생의 불안을 감소시켜 주는 효과적인 방법이다. 또한 교육실습생과의 긍정적인 관계를 형성하고 교육실습생을 이해하기 위해서 교육실습생의 개인적인 특성을 파악하는 것도 필요하다.

이상 제시한 것처럼 대학에서의 교육실습생 사전교육 내용과 교육실습기관에서의 사전교육 내용을 정리하면 다음과 같다(김정규, 이광자, 1997; 임영서, 1999; Lowenhaupt & Stephanik, 1999).

1 대학의 사전교육

- 교육실습의 개념 및 목적
- 교육실습의 과정 및 내용
- 교육실습생의 저널 쓰기와 포트폴리오
- 교육실습생의 역할 및 태도
- 교육실습생의 특성
- 교육실습생의 교육실습 준비
- 교육실습의 평가

② 교육실습기관의 사전교육

- 교육실습생 맞이
  - 교육실습생을 따뜻하고 환영하는 분위기로 맞이하기
  - 첫 만남 시간에 간단한 음료나 다과 제공하기
  - 교육실습생 오리엔테이션 자료 미리 준비하기
  - 교육실습생과 지도교사의 개인 정보 교환하기
- 교육실습기관의 교육 방침 안내
  - 유치원 교육의 연혁
  - 교육이념, 운영 방침
  - 연간 교육 계획
- 시설 · 설비 및 자료 안내
  - 유치원 건물의 배치
  - 시설 · 설비, 기자재, 자료의 사용 방법 및 규칙
- 교직원 소개
  - 교직원 현황 및 조직도
  - 교직원 이름, 전화번호
- 학급 및 유아 정보 제공
  - 유치원 학급 편성표
  - 학급별 교육실습생 배정 안내
  - 소속 학급 유아의 이름 및 특징
  - 소속 학급 운영 방법 및 규칙
  - 소속 학급 교육 계획안

- 교육실습 내용 및 일정 계획
  - 관찰
  - 참여
  - 실제
- 교육실습생 근무 태도 제시
  - 교육실습생의 역할과 책임
  - 교육실습생 근무상의 유의 사항(출퇴근 시간, 복장, 말씨, 태도, 점심)
  - 평가 방법
- 교육실습생의 개인적인 특성 파악
  - 이름
  - 나이
  - 가족 사항
  - 주소
  - 전화번호 및 연락처
  - 특기 및 취미
  - 유아 지도 경험
  - 교육실습 기간 동안 배우거나 경험하기 원하는 것

2) 지도교사의 사전교육

대학에서는 교육실습생에 대한 사전교육뿐 아니라 교육실습이 진행되기 전에 지도교사 사전교육을 실행해야 한다. 지도교사 사전교육에서는 대학의 교육실습 방향과 목적을 소개하고, 교육실습의 일정 및 협조 사항에 대해서 알려 준다. 또한 지도교사가 교육실습생을 정서적·전문적으로 지원하는 데 필요한 사항에 대해서 교육을 실시한다.

지도교사 사전교육에서는 지도교사가 교육실습생 지도에 대한 적극적인 의지를 갖게 하기 위해서 교육실습의 중요성 및 지도교사의 역할에 대해서 교육한다. 지도교사가 교육실습생을 이해할 수 있도록 교육실습생의 특성에 대해서 교육한다. 교육실습생의 전문성 증진을 위한 수업, 유아 지도, 일과 및 학급 운영 등에 대한 지도교사의 지원 방법을 교육한다. 그리고 교육실습생과의 긍정적인 관계 형성에 필요한 관계 형성 및 의사소통 방법, 교육실습생 평가 방법 등에 대해서 교육한다. 지도교사를 위한 사전교육은 다음 |표 7-1|에 근거하여 실행할 수 있다.

|표 7-1| **지도교사를 위한 사전교육 내용**

구 분	내 용
목표	• 대학의 교육실습 방향과 목적을 이해한다. • 지도교사의 역할을 인식한다. • 교육실습생을 이해하고 신뢰적인 관계 형성 능력을 기른다. • 교수학습, 유아 지원 등 전문적 지도 능력을 기른다.
내용	• 대학의 교육실습 방향 • 교육실습 일정 및 내용, 협조 사항 • 교육실습의 중요성 • 지도교사의 역할 • 교육실습생의 특성 • 신뢰적인 관계 형성 및 의사소통 방법 • 교수 지원 방법 • 유아 지원 방법 • 교육실습생 평가
방법	• 강의, 토의, 역할놀이, 사례, 워크숍
운영	• 교 육 자 : 교육실습생 소속 대학의 지도교수 • 교육 대상 : 교육실습기관에서 교육실습생을 지도하는 지도교사 • 교육 시간 : 교육시간 및 기간은 융통성 있게 운영 • 교육 장소 : 교육실습생이 소속된 대학 또는 교육실습기관

3. 유아교육실습의 계획

정규 유아교육실습의 과정은 관찰, 참여, 실제실습의 단계로 진행될 수 있다. 이러한 과정에서 유아교사의 역할을 총체적으로 이해할 수 있도록 수업, 유아 지도, 일과 및 학급 운영 등에 대한 내용을 경험하도록 구성한다. 교육실습의 체계적인 운영을 위해서는 교육실습 단계에 따라서 교육실습 내용을 적절히 계획하는 것이 필요하다. 4주 정규 교육실습의 주별 계획의 예시를 제시하면 다음 | 표 7-2 | 와 같다.

| 표 7-2 | **정규 교육실습 주별 계획의 예**

주	단계	실습 내용
1주	관찰실습	• 일과 운영 관찰 • 실내 · 외 놀이 환경 관찰 • 수업(유아 놀이 지원, 활동) 관찰 • 유아 지도(등원, 간신 및 식사, 하원 등 일상생활 지도) 관찰
2주	참여실습	• 일과 운영 참여 • 실내 · 외 놀이 환경 구성 참여 • 수업(유아 놀이 지원, 활동) 참여 • 유아 지도(등원, 간신 및 식사, 하원 등 일상생활 지도) 참여
3주	실제실습	• 실내 · 외 놀이 환경 구성 • 수업(유아 놀이 지원, 활동) 실행 • 유아 지도(등원, 간신 및 식사, 하원 등 일상생활 지도) 실행
4주	실제실습	• 하루 일과(유아 놀이 지원, 활동, 일상생활 지도 등) 운영 • 학급 사무 및 공문서 처리 • 행사 진행 참여

활동 7-1 교육실습기관 방문 역할극

교육실습기관을 처음 방문했을 때 다음과 같은 상황을 상상해 보고, 역할극 순서에 따라서 역할극을 하고 토의한다.

상 황	교육실습생이 교육실습 유치원에 처음 갔다. 교무실에 들어가려고 문을 여니 교사들이 바쁘게 일을 하고 있다.
역할극 순서	• 상황 인식 • 배역 선정(한 사람은 교육실습생, 다른 한 사람은 지도교사) • 역할극 실시 • 배역을 서로 바꾸어 역할극 실시
토의 내용	역할극을 한 다음 역할을 맡은 사람들의 느낌을 토론해 보고, 효과적인 인사 방법에 대해서 논의해 본다.

활동 7-2 교육실습생 소개서

교육실습생에 대한 이해를 돕도록 다음 사항을 기록하여 지도교사에게 제출한다.

<table>
<tr><th colspan="6">교육실습생 소개서</th></tr>
<tr><td>이 름</td><td colspan="2"></td><td>생년월일</td><td colspan="2"></td></tr>
<tr><td>소속 대학</td><td colspan="5">대학 년</td></tr>
<tr><td>주 소</td><td colspan="5"></td></tr>
<tr><td>가족 사항</td><td colspan="5"></td></tr>
<tr><td>전화 번호</td><td></td><td>핸드폰</td><td></td><td>긴급전화</td><td></td></tr>
<tr><td>E-Mail</td><td colspan="5"></td></tr>
<tr><td>유아들과의
사전 경험</td><td colspan="5"></td></tr>
<tr><td>대학에서
배운 것</td><td colspan="5"></td></tr>
<tr><td>교육실습에서
배우고
싶은 것</td><td colspan="5"></td></tr>
<tr><td>관심 분야</td><td colspan="5"></td></tr>
<tr><td>특기 및 취미</td><td colspan="5"></td></tr>
<tr><td>졸업 후
신로 및 희망</td><td colspan="5"></td></tr>
</table>

출처 : Machado, J. M. & Meyer-Botnarescue, H. (2001). Student teaching: Early childhood practicum guide. NY: Thomson Learning, Inc.

8장 수업

교육실습생의 유아 놀이 지원 사례

✠ 사건 배경

나는 공립 병설 유치원 만 5세 하늘반으로 교육실습을 나갔다. 교육실습 4주차였다. 자유놀이 시간에 쌓기놀이 영역에서 남아 6명이서 블록으로 각자 로봇을 만들고 놀았다. 자신이 만든 로봇 구성물로 서로의 로봇 구성물들끼리 싸우는 척 부딪히면서 대결을 하였다. ○○이가 가지고 있던 로봇 구성물이 부서지더니 책상에 튕겨 다른 유아의 머리 위로 떨어졌다. ○○이는 나를 바라보며 "내가 한 게 아닌데…."라고 말한다. 그러고는 다시 놀이를 반복하였다. 이러한 놀이 행위가 반복되자 담임교사는 "지금 놀이하는 방법은 다른 사람을 다치게 할 수도 있을 것 같은데, 안전하게 놀이하세요."라고 말하였다. 유아들은 잠시 담임교사를 쳐다보더니 다시 같은 놀이를 반복했다. 이전에도 이런 놀이가 반복되었었다.

✠ 사건 전개

나는 어떻게 중재할지 생각을 하였다. 일단 누리과정의 사회관계에서 '친구와 서로 도우며 사이좋게 지낸다.'를 지도할 필요가 있고, 싸우는 것 말고 다양한 로봇을 소개하면 자연탐구의 '도구와 기계에 관심을 가진다.'는 것이 달성될 수 있을 것이라는 생각을 하였다. 그래서 "싸우는 로봇 말고 어떤 로봇이 있는지 너희 아니?"

하고 상호작용을 시도했다. 유아들 중 ○○이가 "로봇이 수술한대요."라고 말한다. 나는 "맞아! 그리고 우리가 함께 만들면 엄청 큰 거대 로봇도 만들 수 있어."라고 알려주었다. 다음 날 다양한 로봇 사진, 로봇을 이용해서 수술하는 사진 등을 쌓기 놀이 영역 붙여 주고, 거대 로봇을 만들 수 있도록 박스 등도 제공하였다. 그리고 로봇 잡지는 구하기 어려워 '개구쟁이 특공대의 로봇나라' 동화책을 제공해 주었는데, 동화책을 읽은 유아들이 다시 쌓기놀이 영역에서 동화책의 주인공 로봇을 만드는 모습을 볼 수 있었다. 그리고 미술 영역에서 놀이를 하던 유아들이 쌓기 놀이 영역에서 거대 로봇을 만드는 유아들을 도와주는 모습을 볼 수 있었다. 일부 유아들은 로봇보다 겨울왕국 올라프에 더 관심을 가지기도 했다. 더 다양한 로봇을 만들고 싶어 하는 유아들과 함께 토의를 한 뒤, 필요한 재료를 지원해 주어야 할 것이다. 만약 유아들이 올라프에 계속 관심을 갖는다면 직접 올라프를 만들어 보는 활동을 해 보아도 좋을 것 같다.

사례에 대해서 토의하기

- 놀이 지원의 장·단점
- 유아 놀이 지원 및 확장 방법

교육실습생 활동 사례

사건 배경

교육실습 유치원의 환경과 지도교사가 참 좋았다. 지도교사는 동기 유발, 내용 전개 등 하나하나를 보여 주셨다. 지도교사가 수업을 진행하는 것을 보면서 재미있고 신기했다. 내가 할 때도 유아들이 조용히 들을지, 재미있어 할지 궁금했다.

사건 전개

처음으로 내가 한 활동은 동화였다. 유아들이 실외놀이에서 공을 가지고 하는 놀이에 관심을 많이 보여서 막대동화인 '공들의 자랑'을 준비했다. 막대동화는 내용을 완전히 암기해야 하기 때문에 좀 어려울 것이라고 지도교사께서 말씀하셨다. 그래도 나는 한번 해 보고 싶었다. 솔직히 나는 동화를 제작하느라 내용을 충실히 암기하지는 못했다. 떨리는 마음으로 실물 축구공으로 동기 유발을 한 후 동화를 들려주었다. 중간에 잠깐 내용을 잊어서 멈추었지만 상황에 맞게 내용을 만들어서 들려주었다. 유아들은 다행히 동화를 재미있어 했다. 첫 수업에서 유아들이 재미있어 해서 다행이었다. 그러나 진행상의 미비한 점이나 유아들의 주의 집중을 위해서 "조용히 하세요."란 말은 수정되어야 할 부분이다. 오후에 지도교사와의 사후 협의회에서 나는 "조용히 하세요."라는 말은 지시적인 표현 같아서 적절하지 못한 것 같다고 말씀드렸다. 지도교사는 나-메시지 방법을 활용해 보면 어떻겠냐고 제안하셨다. 교육실습생은 나-메시지 방법을 활용해 보겠다고 하였다.

사례에 대해서 토의하기

- 교육실습생 활동의 장·단점
- 이후 유아 놀이 지원 방법

1. 놀이

유아교사는 유아 놀이 및 활동을 기반으로 교육과정을 운영해야 한다(Schwartz & Copeland, 2013, 조운주, 2019, 재인용). 유아교사는 유아 놀이의 가치와 의미를 이해하고, 유아의 놀이를 통한 배움을 지원하는 데 중점을 두어야 한다. 따라서 유아교사는 교육과정의 실행 주체로써 유아·놀이를 중심으로 자율적으로 유아와 함께 만들어 나가는 교육과정을 실천할 수 있어야 한다. 그러나 유아교사는 유아의 놀이를 예측해서 계획하기 어렵기 때문에 유아의 놀이 흐름에 따라 가장 적합한 교육적 지원이 무엇인지를 상황에 따라 판단하고 실천해야 한다(교육부, 보건복지부, 2019a).

유아교사들뿐 아니라 교육실습생들도 교육실습을 통해서 유아의 놀이를 이해하고 지원할 수 있는 역량을 기르는 것이 중요하다. 유아들의 놀이를 지원하기 위해서는 유아의 놀이에 대한 이해가 우선되어야 하고, 이해에 기초하여 놀이를 지원하고 확장하는 역할을 수행해야 한다. 유아들의 놀이를 이해하기 위한 관찰과 관찰에 기초한 놀이 지원에 대해서 살펴보면 다음과 같다.

1) 놀이 관찰

자유놀이는 전형적으로 유아 주도적이고, 자발적이고, 내적인 동기에 의한 것이고, 즐거운 것이다. 놀이는 유아들의 학습과 발달을 이끌고 근접발달지대를 형성한다. 놀이는 자유, 선택, 통제, 숙달, 상상력, 창의성, 소속감, 사회·문화적 실천 등을 가능하게 하고 자신과 다른 사람에 대한 탐색을 지원한다. 놀이는 즐겁고, 흥분되고, 편안할 수 있고, 신체적·정서적 안녕을 촉진한다. 따라서 놀이는 유아의 권리로 인식될 만큼 중요하다. 이러한 놀이의 중요성 때문에 놀이를 하면서 배우는 놀이 중심의 학습이 강조되고 있고, 놀이 안에서 학습 기회를 확장시키기 위해서 어른의 참여도 중요하다(Cherrington & McLaughlin, 2017; Danniels & Pyle, 2018).

놀이의 중요성 때문에 교육실습생은 놀이 환경이 유아에게 제공하는 가능성에 대해서 통찰력 있게 생각해야 하고, 전통적인 놀이 영역에 대한 시각에서 벗어나 유아들의 놀이에 대한 흥미와 경험을 가까이에서 관찰해야 한다(Hedges & Jordan, 2011). 유아들의 놀이를 관찰하는 것은 유아들이 선호하는 놀이가 무엇인지, 놀이 주제는 무엇인지, 몇 명의 유아들이 놀이를 하는지, 놀이를 진행하는 공간은 적절한지, 놀잇감이나 자료는 적합한지, 이 놀이가 얼마나 지속되고 있는지 등과 같은 유아들의 놀이 특성을 이해하기 위한 것이다.

유아의 놀이를 보다 잘 관찰하기 위해서 교육실습생은 유아를 이해하려는 민감성이 필요하다. 이러한 민감성을 기초로 유아가 놀이를 통해 경험하는 기쁨과 슬픔, 좌절과 감동을 함께 느끼고 공유하고, 놀이를 통해서 유아 스스로 배우는 것이 무엇인지 이해하는 것이 필요하다. 즉, 유아들의 놀이의 총체적인 의미를 충분히 파악하려는 노력이 필요하다(교육부, 보건복지부, 2019b). 이러한 유아의 놀이에 대한 충분한 이해를 통해서 유아의 놀이를 지원하고 확장하며, 효과적으로 교육과정을 운영할 수 있다.

따라서 교육실습생은 개별 유아의 발달이나 장 · 단점 등을 분석하는 것도 필요하지만, 소속된 학급의 유아들이 참여하고 있는 놀이, 지속적으로 이루어지는 유아들의 놀이를 심층적으로 관찰하고 이해하려는 노력이 필요하다. 유아의 놀이를 효과적으로 관찰하고, 이해할 수 있는 방법은 정해진 것은 아니지만, 평정척도, 체크리스트, 표준화검사와 같은 형식적인 관찰 방법을 사용할 수 있으나 일화기록이나 사진, 틀이 없는 개방적인 관찰 방법이 더 효과적일 수 있다. 유아의 놀이를 관찰하는 기록지의 틀은 정해진 것이 아니어서 교육실습기관마다 자율적으로 사용할 수 있기 때문에 교육실습생은 교육실습기관에서 제공하는 놀이 관찰 기록지를 사용할 수 있다. 교육실습생이 유아들의 놀이에서 관찰해야 하는 내용과 개방식 관찰 기록지의 예를 제시하면 다음과 같다.

- 놀이 주제 및 내용

유아 놀이의 주제와 내용이 무엇인지, 얼마나 지속되는지 등을 관찰한다. 유아의 놀이 주제는 쉽게 바뀌는 경우가 많다. 이러한 변화 과정에서도 가장 주요한 주제와 내용을 파악한다. 놀이 주제나 내용이 파악되어야 효과적으로 놀이를 지원할 수 있다.

- 놀이 참여 유아의 특성

몇 명의 유아가 놀이에 참여하고 있는지, 놀이에 참여하는 유아들의 흥미도 및 성향과 사회 · 언어적 기술, 더 참여하고 싶어 하는 유아가 있는지, 각각 어떤 역할을 하고 있는지를 관찰한다. 이를 통해서 각 유아의 관심 및 개인적인 특성 및 발달도 파악할 수 있고, 참여를 원하는 유아들을 참여시킬 수 있다.

● 놀이 공간 및 놀잇감

유아들의 놀이 공간이 부족하거나 다른 놀이로 인해서 방해가 되지는 않는지, 놀잇감이 부족하거나 더 필요한 놀잇감이나 자료가 없는지를 관찰한다. 이러한 관찰을 기초로 놀이 공간의 변화를 시도하고, 필요한 자료를 제공할 수 있다.

● 교육과정 관련성

유아들의 놀이에서 나타나는 교육과정의 내용이 무엇인지를 관찰한다. 달성된 부분과 부족한 부분은 무엇인지를 관찰한다. 이에 근거하여 교육과정 내용이 달성되도록 지원할 수 있다.

| 표 8-1 | 놀이 관찰 기록지의 예

<table>
<tr><td colspan="2" rowspan="2">놀이 관찰</td><td rowspan="2">결재</td><td>교육실습생</td><td>지도교사</td><td>원 감</td><td>원 장</td></tr>
<tr><td></td><td></td><td></td><td></td></tr>
<tr><td>실습생명</td><td></td><td colspan="2">지도교사명</td><td colspan="3"></td></tr>
<tr><td>반 이름</td><td>(만 세)</td><td colspan="2">관찰 일시</td><td colspan="3"></td></tr>
<tr><td>놀이 관찰</td><td colspan="6">• 놀이 참여 유아 :
• 놀이 장면(놀이 주제) :
• 놀이 내용 :</td></tr>
<tr><td>놀이 이해</td><td colspan="6">※ 교육과정 내용에 기초하여 유아들의 놀이 및 행동을 분석합니다.</td></tr>
<tr><td>놀이 지원</td><td colspan="6">※ 놀이를 지원하기 위한 공간 및 자료, 상호작용, 활동 계획을 기술합니다.</td></tr>
</table>

제시된 관찰 기록지를 활용하여 유아의 놀이를 관찰하고, 놀이를 이해하기 위해서 교육과정에 기초하여 분석한다. 이러한 이해와 분석을 통해서 어떠한 지원을 할 수 있을지 생각해 본다. 놀이 이해 및 분석을 통해서 놀이에 대해서 공감해 주어야 하는 것은 무엇이고, 공간 및 자료를 변화시켜야 하는 부분이 있는지, 유아와 어떠한 상호작용을 할 수 있는지, 어떻게 확장시켜 줄 수 있는지, 필요한 대소집단활동은 무엇인지를 판단할 수 있다.

2) 놀이 지원

교육실습생은 유아들이 놀이를 통해서 표현하는 것을 발견하고 이해하며, 유아들의 흥미를 인식해서 지원할 수 있는 지식과 기술이 필요하다(Hedges & Jordan, 2011). 따라서 교육실습생은 유아들의 놀이를 관찰한 다음, 교육과정에 기초하여 놀이를 분석하고, 놀이를 지원 · 확장할 수 있는 방안을 생각해야 한다. 유아들의 놀이를 지원 및 확장하기 위해서 교육실습생이 고려해야 하는 것은 정서적 측면, 시간적 측면, 환경적 측면, 상호작용 측면 등이다. 이를 구체적으로 살펴보면 다음과 같다(교육부, 보건복지부, 2019b; Sandberga, Lillvista, Sheridanb, & Williamsb, 2012; Santer, Griffiths, & Goodall, 2007).

- 정서적 측면

교육실습생이 유아의 놀이를 지원하기 위해서는 유아가 자율성을 갖고 탐색하고, 심리적 · 신체적으로 편안함을 느낄 수 있는 맥락을 제공해야 한다. 따라서 교육실습생은 우선 방해 없이 놀이할 수 있는 기회를 제공해야 하고, 각 놀이 상황과 개별 유아의 요구에 민감해야 한다. 교육실습생은 직접 유아들의 놀이에 참여하지 않아도 미소를 짓거나, 놀이를 칭찬하거나 격려하는 말을 할 수 있다. 유아들의 놀이에 공감하는 표정을 보이는 등 정서적인 지원을 제공할 수 있다. 또한 유아들에게 수용적인 태도를 가지며, 유아들의 이야기를 반응적으로 들어줄 수 있다.

● 시간적 측면

시간적인 측면에서 유아들의 실내놀이나 실외놀이 시간이 자주 단절되는 것보다 지속적으로 운영될 때, 놀이에 몰입하면서 의미 있는 배움의 기회가 가능하다. 따라서 교육실습생은 유아들의 놀이를 활성화하기 위해서는 우선, 놀이의 흐름이 끊어지지 않도록 충분한 놀이 시간을 편성하는 것이 필요하다. 또한 놀이 시간은 융통성 있게 운영해야 한다. 즉, 놀이의 흐름이 중단되었을 때 배움의 순간을 놓칠 수 있다고 판단이 된다면, 교육실습생은 놀이 시간을 더 연장하는 등 융통성 있게 운영해야 한다. 바깥놀이를 포함한 놀이 시간은 일과 중에서 가장 우선적으로 충분히 편성해야 한다.

● 환경적 측면

교육실습생이 유아의 놀이를 지원하기 위해서는 환경적 측면에서 놀이 영역이나 가구, 놀잇감 및 자료 등을 조정하는 것이 필요하다. 교육실습생은 유아들의 놀이를 지원하기 위해서 놀이 공간이 부족할 경우 확장해 주고, 필요하다면 놀이 공간을 마련해 주는 등 놀이 공간을 바꾸어 줄 수 있다. 또한 유아의 놀이를 지원 · 확장하기 위해서 익숙한 것 뿐 아니라 새로운 것, 자연 친화적이거나 비구조적 것을 포함한 광범위한 자료를 제공할 수 있다.

● 상호작용 측면

교육실습생은 유아들의 놀이를 관찰하다가 배움이 일어나도록 질문이나 제안을 하는 등 상호작용에 기초하여 언어적으로 지원하고 놀이를 활성화시킬 수 있다. 유아의 놀이에서 교사의 상호작용은 상황에 따라서 해야 한다. 잘못된 상호작용은 유아들의 놀이를 단절시키므로 신중하게 생각한 후, 상호작용을 하도록 한다.

정서적, 시간적, 환경적, 상호작용 측면에서 지원을 실행한 이후에는 유아들의 놀이를 다시 관찰하고 분석하여 지원 방안을 수정 · 보완하고, 유아들이 놀이를 더 확장할 수 있게 한다. 유아들의 놀이 관찰에 대한 분석을 기초로 교육실습생의 놀이 지원 계획의 예를 제시하면 ❙표 8-2❙와 같다.

| 표 8-2 | 놀이 지원 계획의 예

<table>
<tr><td colspan="2" rowspan="2">놀이 지원</td><td rowspan="2">결
재</td><td>교육실습생</td><td>지도교사</td><td>원 감</td><td>원 장</td></tr>
<tr><td></td><td></td><td></td><td></td></tr>
<tr><td>실습생명</td><td></td><td>지도교사명</td><td colspan="4"></td></tr>
<tr><td>반 이름</td><td>새싹반 (만 3세)</td><td>일시</td><td colspan="4">2019년 9월 19일 (10:10~15)</td></tr>
<tr><td>놀이 관찰</td><td colspan="6">• 놀이 참여 유아 : 현우, 준엽, 지은(만 3세)
• 놀이 장면(놀이 주제) : 쌓기놀이 영역(도로 만들기, 지역사회)
• 놀이 내용
3명의 유아가 오토바이, 집, 강아지를 만들어 놓고 있다. 나무 블록으로 집을 크게 만든 현우는 자신이 색종이로 접은 독수리를 집 여기저기에 올려놔 보고 있다. 오토바이를 만든 준엽이는 오토바이를 양옆으로 흔들며 타다가 블럭으로 안장을 추가한 다음 다시 오토바이를 탄다. 옆에서 집을 만든 현우가 길쭉한 나무판을 가져와 도로를 꾸미자 오토바이를 탄 준엽이는 그 길은 사람은 다닐 수 없고 오토바이만 다닐 수 있다고 한다. 그러자 도로를 꾸미던 현우가 도로 옆에 사람, 동물 레고를 놓는 중 지은이가 다가와 길에 있던 사람 레고(엄마, 아빠)에서 엄마 레고를 들어 엄마가 아프다며 병원에 가야 한다고 한다. 현우는 병원을 만들면 된다고 말하며 옆에 있던 작은 나무 블럭 몇 개로 병원을 만들고, 자동차를 타고 가야 한다며 하나의 블럭을 자동차 삼아 이동해 엄마 레고를 병원으로 옮긴다.</td></tr>
<tr><td>놀이 이해</td><td colspan="6">• 현우, 준엽이는 본인들이 살고 있는 지역의 물리적 특성(사람이 다니는 길과 교통기관이 다니는 길), 위치와 방향에 관심을 보인다.
• 지은이와 현우는 살고 있는 지역의 기관(병원)에 관심을 보인다.
• 교사는 유아들의 놀이를 지원하기 위해서 쌓기 영역에서 사람이 다니는 길과 차가 다니는 길을 꾸며 보고, 각각의 길로 이동하는 놀이를 지원할 수 있다. 놀이 활성화를 위해서 주변을 산책하고, 길을 살펴보는 것도 필요할 것이다.
• 쌓기 영역의 공간이 좁아서 확장시켜 줄 필요가 있다.</td></tr>
</table>

놀이 지원	• 공간 및 자료 ① 쌓기 영역의 공간이 도로를 만들고 확장하기에 비좁아서 유아들과 협의하여 넓게 확장시켜 준다. ② 다양한 자동차 모형을 쌓기 영역에 제공한다. ③ 유치원 주변 산책 시에 찍은 주변 도로 및 거리 사진, 건물 사진, 교통기관 사진을 쌓기놀이 영역에 제공한다. ④ 유치원 주변 꾸미기에서 필요한 소품을 제작할 수 있도록 미술 영역에 다양한 재료(간판 제작을 위한 재료 등)를 제공해 준다. • 활동: 유치원 주변 산책하기 ① 실외놀이 시간에 유치원 주변을 산책한다. ② 유치원 주변 산책 시에 교사는 주변 도로 및 거리 사진, 건물 사진, 교통기관 사진을 찍는다. • 상호작용 ① 산책을 한 경우, "차가 다니는 길과 사람이 다니는 길은 어떻게 달랐어? 어떻게 꾸밀 수 있을까?" ② 산책을 나가지 못한 경우, "유치원 오면서 어떤 길과 건물들을 보았어? • 확장 및 유의점 ① 역할놀이에 동네의 병원, 소방서, 우체국 등 지역사회 관련 자료를 제공하여 쌓기놀이와 연계하여 놀이할 수 있도록 지원한다.

출처 : 조운주, 최일선(2020). 유아사회교육(2판). 서울: 창지사. 수정.

2. 활동

교육실습생은 실습기간 동안 유아들의 놀이를 관찰하여 정서적, 시간적, 환경적, 상호작용적 측면에서 지원해 주는 경험을 해야 하고, 또한 활동을 통해서 유아들의 놀이를 지원해 주는 경험도 실행해 보아야 한다. 교육실습생이 활동을 실행할 때에는 유아들의 흥미와 무관한 활동을 계획해서 실시하기보다 유아의 놀이나 일상생활을 잘 관찰하여 이와 연계하고 확장할 수 있는 활동을 실시하는 것이 적절하다(교육부, 보건복지부, 2019b).

따라서 교육실습생은 교사 주도적으로 계획된 교육활동이 아니라 유아들의 놀이를 관찰하고 이와 연계하고, 보다 놀이를 확장시켜 줄 수 있는 활동을 수행해야 한다. 그러나 교육실습생의 경우, 유아들의 놀이와 연계된 활동을 찾아내는 것에 어려움을 가질 수 있으므로 지도교사가 활동을 어떻게 실행하는지 관찰하는 시간을 가진 후, 활동을 실행해 보도록 한다.

1) 활동 관찰

활동을 계획하고 실행해 본 경험이 많지 않은 교육실습생이 활동을 계획하고 준비하기 위해서는 지도교사 및 다른 경력교사의 활동을 참관하는 기회가 필요하다. 지도교사나 다른 경력교사의 활동을 관찰할 때에는 막연히 관찰하는 것이 아니라 활동의 장 · 단점을 파악하고 본인의 수업에 활용하려는 노력이 필요하다. 교육실습생은 지도교사나 다른 경력교사의 활동을 관찰할 때 관찰한 내용에 대한 기록과 함께 분석 및 평가를 통해서 본인이 수용할 점은 무엇인지를 생각해야 한다. Roe와 Ross(1998)가 제시한 수업에서 관찰할 영역을 구체적으로 살펴보면 다음과 같다.

- 1영역 : 활동이 유아들의 흥미를 일으키는가? 유아들의 이전 흥미 및 학습과 연결되는가?
- 2영역 : 활동 목표가 명확한가? 활동 목표를 달성했는가?
- 3영역 : 내용을 제시하는 과정은 효과적인가?
- 4영역 : 교수자료는 적절하고 효과적인가?
- 5영역 : 교수방법이 효과적인가?
- 6영역 : 교사는 교과에 대한 적절한 지식을 가지고 있는가? 유아들의 생활과 관련되는가?
- 7영역 : 유아와 함께 의사결정을 하는가? 유아의 개인차가 고려되는가?
- 8영역 : 교수기술은 효과적이고 적절한가?

- 9영역 : 교사의 개인적인 특성이 수업을 효율적으로 향상시켰는가?
- 10영역 : 수업의 마무리는 효과적인가?
- 11영역 : 교사의 평가 방법은 효과적이고 적절한가?

교육실습생이 자신의 수업을 보다 체계적으로 수행하기 위해서는 관찰한 활동의 장 · 단점을 분석하고, 본인의 활동에 적용할 사항에 대해서 생각해 보는 것이 필요하다.

2) 활동 계획

(1) 활동 계획안

활동은 교사 주도적으로 계획된 교육을 하는 것이 아니라 유아들의 놀이를 관찰하고 이와 연계하여 유아가 주도적으로 즐겁게 참여하는 활동을 수행해야 한다. 유아들의 놀이와 연계되고, 유아 주도적인 활동을 수행하는 것이라 하더라도 교육실습생은 융통성이 부족하기 때문에 즉흥적으로 활동을 수행하는 것은 어렵다. 따라서 유아들의 놀이를 지원할 수 있는 활동을 계획하는 것이 필요하다.

활동 계획안을 작성할 때에는 유아가 실제 경험한 놀이 내용과 그에 따른 교육실습생의 놀이 지원 계획을 기술하는 방식으로 작성하되, 형식, 분량 등은 자율적으로 조정할 수 있다(교육부, 보건복지부, 2019a). 교육실습생이 활동 계획안을 적성할 때에 고려해야 하는 사항은 첫째, 유아들의 놀이 주제, 내용, 흥미 등을 파악하고 유아들의 놀이에 기초하여 다루어질 수 있는 국가수준 교육과정의 목표와 내용이 무엇인지를 파악해야 한다. 둘째, 유아들의 놀이를 가장 잘 지원 및 확장할 수 있는 활동 유형을 선정한다. 셋째, 활동이 선정되면 시간, 자료 및 매체, 활동 절차, 대안적인 활동, 평가 방법 등을 고려하여 활동 계획안을 작성한다. 넷째, 상황에 따라 활동을 변화시킬 수 있도록 융통성이 있게 계획안을 작성한다. 활동 계획안을 작성할 때 고려해야 하는 사항을 구체적으로 정리하면 다음과 같다.

- 국가수준 교육과정의 목표와 내용 고려

유아의 놀이 주제, 흥미, 요구 등을 파악하고, 유아의 놀이와 연계하여 다루어질 수 있는 국가수준 교육과정의 목표와 내용이 무엇인지를 파악한다.

- 적절한 활동 유형 및 방법 선정

유아의 놀이 주제, 흥미, 요구 등을 가장 잘 지원하고 확장시킬 수 있는 활동을 선정한다. 가장 효과적인 활동 유형(동화, 게임, 노래 부르기, 동작, 토의 등)과 활동 방법(대소집단 등) 등을 선정한다.

- 필요한 자료 목록 계획

수업 진행에 필요한 모든 자료, 매체 등을 구체적으로 기술한다.

- 시간과 장소 계획

유아들의 주의 집중 능력을 고려하여 활동 시간을 계획하는 것이 좋고, 활동을 실행하기에 가장 적절한 장소를 선정한다. 또한 문제 상황이나 날씨 등에 따라서 활동을 할 수 없을 때를 대비하여 대안적인 활동도 계획한다.

- 진행 과정의 구체화

진행 과정에서 유아와의 상호작용, 활동 과정(도입, 전개, 마무리), 유아들이 할 것 등을 구체적으로 기술한다. 무엇보다도 유아가 참여할 수 있고 융통성 있게 진행 과정을 계획한다.

- 평가 계획

평가는 다음 활동을 계획하는 데 기초 자료가 되므로 활동 계획안에 평가를 포함시킨다.

앞에서 제시한 활동 계획안 작성 시의 고려할 사항을 생각하여 작성하되, 활동 계획안의 정해진 틀은 없기 때문에 지도교사와 상의하여 교육실습기관에서 사용하는 양식을 사용할 수 있다. 활동 계획안을 작성한 후, 작성된 활동 계획안은 사전 협의회를 통해서 지도교사의 검토를 받는 것이 필요하다.

활동 계획안 틀의 예를 제시하면 다음 **| 표 8-3 |** 과 같다.

| 표 8-3 | 활동 계획안 틀의 예

<table>
<tr><td colspan="2" rowspan="2">활동 계획안</td><td rowspan="2">결
재</td><td>교육실습생</td><td>지도교사</td><td>원 감</td><td>원 장</td></tr>
<tr><td></td><td></td><td></td><td></td></tr>
<tr><td>실습생명</td><td></td><td colspan="2">지도교사명</td><td colspan="3"></td></tr>
<tr><td>반 이름</td><td>(만 세)</td><td colspan="2">관찰 일시</td><td colspan="3"></td></tr>
<tr><td>놀이 관찰</td><td colspan="6">※ 유아들의 놀이를 관찰 기록합니다.</td></tr>
<tr><td>놀이 이해</td><td colspan="6">※ 교육과정 내용에 기초하여 유아들의 놀이를 분석하고, 놀이 지원 방향을 기술합니다.</td></tr>
<tr><td>놀이 지원</td><td colspan="6">• 공간 및 자료
※ 놀이 지원을 위해서 놀이 공간 및 놀이 자료를 어떻게 변화시켜 줄 것인지에 대해서 기술합니다.
• 상호작용
※ 놀이 지원을 위한 유아와의 상호작용을 기술합니다.</td></tr>
<tr><td rowspan="2">활동</td><td colspan="6">• 활동명 :
• 활동 목표 :
• 준비물 :</td></tr>
<tr><td colspan="2">• 진행 계획
※ 활동에 대한 계획을 기술합니다.</td><td colspan="4">• 진행 실행
※ 실제로 실행한 활동에 대해서 기술합니다.</td></tr>
<tr><td>실습생
평가</td><td colspan="6">※ 활동의 장 · 단점을 분석하고, 앞으로 유아들에 대한 지원 계획을 기술합니다.</td></tr>
<tr><td>지도교사
평가</td><td colspan="6">※ 활동의 장 · 단점을 분석하고, 앞으로 유아들에 대한 지원 방향을 기술합니다.</td></tr>
</table>

(2) 교수자료 준비 및 연습

교육 계획안이 완성되면 교육실습생은 교육 계획안에 기초하여 적절한 교수자료를 준비하고 연습을 실시한다. 교육실습생은 교수자료를 준비하기 위해서 교육실습기관에 있는 자료를 활용하거나 새롭게 제작한다. 교육실습생은 준비된 자료와 교육계획안을 기초로 수업 실행 전에 충분한 연습 시간을 갖는다. 새로운 교수자료를 제작하는 것도 중요하지만 충분한 연습 없이는 교육 내용을 효과적으로 전달할 수 없다는 것을 숙지해야 한다. 교육실습생이 교육활동을 위해서 연습해야 하는 내용을 정리하면 다음과 같다.

- 활동 진행 순서를 숙지한다.
- 활용할 교수자료(그림, 융판 자료, 손인형 등)를 직접 조작하고 연습해 본다.
- 기자재를 활용할 경우, 작동 여부를 반드시 확인하고 전기 기자재인 경우, 전기 콘센트 등을 확인하며 사용법을 익힌다.
- 유아와 할 실험은 미리 실행하여 결과가 예상대로 되는지 확인한다.
- 동화에서 인물 묘사를 위해서 변성 연습을 한다.
- 효과적인 발문을 연습한다.
- 수업 준비물은 유아들의 호기심을 위해서 유아들이 보지 않는 곳에, 바구니나 상자에 담아서 둔다.

이상에서 제시한 것처럼 교육실습생은 경험이 없기 때문에 활동을 효과적으로 진행하기 위해서 꼼꼼히 준비하고 연습해야 한다. 특히 활동 진행 시 상호작용은 매우 중요하고 쉽게 습득되지 않으므로 충분히 질문을 준비하고 연습해야 한다. 교육실습생이 유아들에게 질문을 할 때의 유의 사항과 유아에게 제공하는 발문 및 피드백의 유형을 살펴보면 다음과 같다(전경원, 2003; 주삼환, 이석열, 김홍운, 이금화, 이명희, 1998).

- 왜, 언제, 어디서, 누가, 무엇을, 어떻게 등을 활용하여 유아들의 놀이와 연계된 개방적인 질문을 만든다.
- 질문은 가능한 한 간단히 한다.
- 유아의 창의적 사고를 자극할 수 있는 질문을 생각한다.
- 유아가 반응할 수 있도록 충분한 시간을 허락한다.
- 적절한 반응에 대해서는 칭찬과 격려를 제공한다.

| 표 8-4 | 발문 및 피드백 유형

<table>
<tr><th colspan="3">유 형</th><th>방 법</th></tr>
<tr><td rowspan="5">발문</td><td colspan="2">지시적 발문</td><td>지시, 비난하는 발문 (예: 선생님을 보아요, 틀렸어, 조용히 좀 해.)</td></tr>
<tr><td colspan="2">비지시적 발문</td><td>칭찬, 권장, 유아의 생각을 수용하는 발문 (예: 잘했어요, 맞았어요, 그래.)</td></tr>
<tr><td colspan="2">재생적 발문</td><td>재생, 암기, 계산, 열거 등 유아에게 단편적 지식을 답변하게 하는 발문 (예: 수박씨는 어떻게 생겼을까?)</td></tr>
<tr><td colspan="2">추론적 발문</td><td>인과관계, 종합, 분석, 구분, 비교, 대조하게 하는 발문 (예: 수박씨와 참외씨는 어떻게 다를까?)</td></tr>
<tr><td colspan="2">적용적 발문</td><td>새로운 사태에 원칙을 적용, 이론화, 예언하게 하는 발문 (예: 과일 속에 씨가 없다면 어떻게 될까?)</td></tr>
<tr><td rowspan="7">피드백</td><td rowspan="4">긍정</td><td>수정</td><td>유아의 아이디어를 교육실습생의 말로 바꾸거나 수정 (예: 승희는 기차가 가장 빠르다고 생각한대.)</td></tr>
<tr><td>적용</td><td>추측하게 하거나 다음 단계를 위해 아이디어 사용 (예: 기차 중에서도 아주 빠른 기차에는 어떤 것이 있을까?)</td></tr>
<tr><td>비교</td><td>교육실습생의 아이디어와 유아의 아이디어를 비교 (예: 선생님은 자동차가 더 빠르다고 생각하는데, 경진이는 오토바이가 더 빠르다고 생각한대.)</td></tr>
<tr><td>요약</td><td>유아들의 아이디어를 요약 (예: 너희들이 말한 자동차, 자전거, 기차, 오토바이 이런 것들은 땅 위를 달리는 교통기관이야.)</td></tr>
<tr><td rowspan="3">부정</td><td>비난</td><td>비난 (예: 동준이 왜 자꾸 떠들어.)</td></tr>
<tr><td>무시</td><td>무시 (예: 예쁘게 손든 사람만 시켜 주지.)</td></tr>
<tr><td>거부</td><td>거부 (예: 승희는 바르게 앉아야 시켜 주지.)</td></tr>
</table>

3) 활동 실행

교육실습생은 유아들의 놀이를 지원해 주는 활동을 계획하거나 또는 상황에 따라서 즉흥적으로 활동을 실행할 수 있다. 활동에 참여하는 유아는 학급 전체가 될 수도 있고, 관심 있는 유아를 중심으로 소집단으로 진행할 수도 있다. 하루 일과 중 활동 시간을 계획하여 실시하거나 놀이의 흐름을 위해 필요하다면 놀이 중간에 잠깐 모여서 활동을 실시하고 다시 놀이로 연결할 수 있다(교육부, 보건복지부, 2019b). 활동을 실행할 때에는 계획한 그대로 하려고 하기보다 유아들의 흥미와 반응을 고려하여 융통성 있게 운영한다. 유아의 놀이를 지원해 주는 활동 실행의 예는 다음과 같다.

| 표 8-5 | 활동 실행의 예

실습생명	○○○	지도교사명	○○○
반 이름	나무반 (만 세)	관찰 일시	2019년 9월 26일
놀이 관찰	• 관찰 유아 : 현정, 미진, 은미 • 관찰 상황 : 쌓기놀이 영역(엄마놀이) 현정이가 미진이와 쌓기놀이 영역에서 레고를 가지고 집을 만든다. 문을 꽂고, "여긴 들어가는 문이야."라고 말한다. 현정이는 함께 있는 미진이에게 "내가 딸 할게. 네가 엄마야."라고 한다. 현정이는 "아빠는 잠옷 입고, 쓰레기장에 가요."라고 한다. 쓰레기장에 도착해 미진이에게 "근데! 생선 가시가 있었어."라고 말하며 웃는다. 현정이는 미진이를 쳐다보며 "이번엔 아이스크림 가게를 가는 거야."라고 한다. 미진이가 다른 장난감을 만지고 있자 현정이는 "아이스크림 얼마예요? 감사합니다."라고 혼자 놀이한다. 현정이는 갑자기 목소리 톤을 높이며, "엄마 새싹 치약인데, 새거로 부탁해요. 새 거!"라고 말한다. 미진이는 엄마 흉내를 내며, "알겠어."라고 말한다. 은미가 다가온다. 다가온 은미는 옆에서 계속 친구들을 보다가 말을 건다. 현정이는 놀던 미진이 하고만 대화를 한다. 은미는 다른 영역으로 간다.		
놀이 이해	• 현정이는 가족의 의미와 구성원의 역할을 알고 있다. • 미진이는 가족 구성원의 역할을 알고 있다. • 유아들이 가족의 의미와 구성원에 대해서 알고 있으므로 교사는 화목한 가족을 위한 가족 역할에 대해서 좀 더 확장하는 것이 필요하다.		
놀이 지원	• 공간 및 자료 ① 역할놀이와 쌓기놀이 영역을 연결시켜 준다. ② 쌓기놀이 영역에 가족의 다양한 역할 사진을 제공한다.		

<table>
<tr><td rowspan="2">활동</td><td colspan="2">• 활 동 명 : '가족 돕기 쿠폰' 만들기
• 활동 목표 : 가족의 의미와 역할을 알고 화목하게 지낸다.
• 준 비 물 : 미술 영역에 '가족 돕기 쿠폰' 만들기 재료(다양한 모양의 카드, 꾸밀 수 있는 필기구, 색종이, 스티커, 리본 장식, 풀, 그리기 도구 등)를 제공한다.</td></tr>
<tr><td>• 진행 계획
① 역할놀이에서 아빠, 엄마가 어떤 일을 하였는지 물어본다.
② 엄마나 아빠가 가족들을 위해서 할 수 있는 다른 일은 무엇인지 물어본다.
③ 부모님한테 어떻게 고마운 마음을 전할 수 있을지 물어본다.
④ 미술 영역에 마련된 가족 돕기 쿠폰을 소개한다.
⑤ 만든 가족 돕기 쿠폰을 가지고 역할놀이를 이어서 실시하도록 지원한다.</td><td>• 진행 실행
① 유아들이 엄마, 아빠의 일반적인 역할에 대해서 이야기하였다.
② 일반적인 역할이 나와서 두 번째 질문은 생략하였다.
③ '사랑해 준다, 카드 쓴다, 신부름한다' 등의 이야기가 나왔다.
④ 유아들의 요구에 따라서 가족 돕기 쿠폰, 카드 만들기를 병행하였다.
⑤ 역할놀이 진행 시, 다른 유아들도 참여를 원해서 한 가족이 아니라 다양한 가족이 구성되어서 역할놀이를 진행하였다.</td></tr>
</table>

교육실습생이 활동을 실행하는 동안 지도교사는 실습생의 활동을 관찰하고 분석 · 평가한다. 이러한 관찰 내용은 사후 협의회의 기초 자료로 활용한다.

4) 활동 평가

교육실습생은 활동을 실시한 후에 지도교사와 함께 자신의 활동에 대해서 평가와 분석을 수행한다. 활동에 대한 평가는 유아 놀이의 지원 및 유아의 흥미 여부, 교육과정 목표 및 내용의 반영, 유아 발달의 적절성, 활동 시간과 장소의 적절성, 방법 및 자료 · 매체의 적절성, 유아와의 상호작용의 적절성, 마무리의 적절성 등에 대해서 한다. 이러한 평가 및 분석을 통해서 문제점을 파악하고, 반성적으로 사고하고 개선하는 등 전문적으로 성장할 수 있다.

교육실습생의 활동을 보다 객관적으로 평가하기 위해서는 평정척도, 체크리스트

와 같은 구조적인 평가 도구를 사용할 수 있고, 심도 깊은 평가 및 반성을 위해서는 비구조적인 평가 방법을 활용할 수 있다. 이 두 가지 평가 방법을 다 사용하는 경우, 체계적이고 심도 깊은 평가와 분석이 가능하다는 장점이 있으나, 평가 및 분석에 많은 시간이 소모될 수 있다. 구조적, 비구조적인 활동 평가 도구의 예를 제시하면 다음 |표 8-6|, |표 8-7|과 같다.

|표 8-6| 구조적인 활동 평가 체크리스트

영역	평가 내용	평가		평가 이유
		그렇다	아니다	
유아 놀이·흥미	유아의 놀이를 지원하고 확장하는가?			
	유아가 흥미 있어 하는가?			
목표·내용	교육과정 목표에 적합한가?			
	교육과정 내용을 반영하는가?			
	내용이 유아 발달에 적절한가?			
시간·장소	활동 시간은 적절한가?			
	활동 장소는 적절한가?			
방법·매체	활동 방법이 적절한가?			
	교수매체, 제공된 자료가 적절한가?			
상호작용	유아와의 상호작용은 적절한가?			
개인차	유아들의 개인차를 고려하는가?			
마무리	마무리는 효과적인가?			

| 표 8-7 | 비구조적인 활동 평가표

구 분	내 용
활동의 장점	
활동의 단점	
활동의 개선점	

구조적, 비구조적 평가 방법을 활용하여 교육실습생의 활동을 평가하고 분석하는 것 이외에 비디오로 녹화하거나 녹음기로 녹음하는 등의 방법을 사용할 수 있다. 활동에 대한 녹화와 녹음은 실제 모습을 생생하게 재생해서 보여 주므로 교육실습생의 기억에 의한 왜곡의 문제점을 해소하고, 반복적으로 확인할 수 있다는 장점이 있다. 이상 제시한 활동에 대한 평가 방법 및 도구는 교육실습생이 개인적으로 선정하기보다 지도교사와 협의하여 선정하도록 한다. 제시한 평가 방법 이외에 교육실습기관에서 활용하는 도구나 방법이 있다면 활용할 수 있다.

활동 8-1 놀이 지원 및 활동 계획안 작성하기

유아의 놀이 관찰 요약에 기초하여 유아의 놀이 지원 및 활동 계획안을 작성해 본다.

<table>
<tr><td colspan="2" rowspan="2">놀이 지원 및 활동 계획안</td><td rowspan="2">결
재</td><td>교육실습생</td><td>지도교사</td><td>원 감</td><td>원 장</td></tr>
<tr><td></td><td></td><td></td><td></td></tr>
<tr><td>실습생명</td><td></td><td>지도교사명</td><td colspan="4"></td></tr>
<tr><td>반 이름</td><td>기린반 (만 세)</td><td>관찰 일시</td><td colspan="4"></td></tr>
<tr><td>놀이 관찰</td><td colspan="6">미술 영역에서 종이 꾸미기를 끝낸 진성이가 팽이를 가지고 노는 다른 유아들이 모여 있는 교실 입구 쪽으로 다가갔다. 4명의 유아들은 이미 팽이를 돌리거나 시합을 하는 등 놀이를 하고 있다. 진성이가 함께 팽이를 돌리자 잘 안 돌아갔다. 다른 유아가 "내가 돌리는 방법 알려 줄까?"라고 묻는다. 진성이가 좋다고 하자 다른 유아가 자신의 팽이로 돌리는 방법을 설명해 준다. 진성이가 따라 해도 팽이가 잘 돌아가지 않자, 자기가 해 본다며 팽이를 돌리지만 똑같이 돌아가지 않는다. "왜 안돌아가지?" 고민을 하다가 팽이의 아랫부분에 글루건이 붙어 있는 것을 발견한다. 글루건을 떼고 진성이가 다시 돌린다. 여전히 제대로 돌지 않고 휘청거리며 돌자, 진성이는 "내건 왜 안 돌아가지?"라고 이야기한다.</td></tr>
<tr><td>놀이 이해</td><td colspan="6">※ 교육과정 내용에 기초하여 유아들의 놀이를 분석하고, 놀이 지원 계획을 기술합니다.</td></tr>
<tr><td>놀이 지원</td><td colspan="6">• 공간 및 자료

• 상호작용</td></tr>
<tr><td rowspan="2">활동</td><td colspan="6">• 활 동 명 :
• 활동 목표 :
• 준 비 물 :</td></tr>
<tr><td colspan="2">• 진행 계획</td><td colspan="4">• 진행 실행</td></tr>
</table>

활동 8-2 활동 평가하기

교재 176쪽의 활동 실행 사례를 읽고, 다음의 활동 평가표로 평가해 보세요.

영역	평가 내용	평가		평가 이유
		그렇다	아니다	
유아 놀이·흥미	유아의 놀이를 지원하고 확장하는가?			
	유아가 흥미 있어 하는가?			
목표·내용	교육과정 목표에 적합한가?			
	교육과정 내용을 반영하는가?			
	내용이 유아 발달에 적절한가?			
시간·장소	활동 시간은 적절한가?			
	활동 장소는 적절한가?			
방법·매체	활동 방법이 적절한가?			
	교수매체, 제공된 자료가 적절한가?			
상호작용	유아와의 상호작용은 적절한가?			
개인차	유아들의 개인차를 고려하는가?			
마무리	마무리는 효과적인가?			

9장 유아 이해 및 지도

일상생활 지도 사례

✠ 사건 배경

은주는 친구들과 아무런 문제 없이 잘 놀지만 낯가림이 심한 편이다. 어느 날 은주 할머니가 유치원으로 전화를 하셨다. 은주 할머니는 은주가 재동이를 좋아하는데 재동이는 현진이라는 다른 여자아이를 좋아해서 말도 못하고 화만 나서 현진이와 싸우고 싶은 생각까지 든다는 내용을 전하셨다. 이런 상황을 알고 나는 유아들의 관계를 도와주려고 하였다.

✠ 사건 전개

은주 할머니가 전화를 하시고 난 며칠 뒤에 은주는 재동이에게 주겠다며 작은 인형을 가지고 왔다. 수줍음이 많은 은주를 재동이와 친해질 수 있도록 도와주려고 나는 재동이에게 선물을 받았으니 은주에게 편지를 쓰라고 권했다.

교육실습생 : 재동아, 너 은주에게 선물 받았다면서?
재　　동 : 네. 이거예요.
교육실습생 : 와! 멋지다. 그런데 재동이는 은주에게 뭐 줄 거니?
재　　동 : 네? (당황해한다.)
교육실습생 : 은주가 선물을 줬으니까 은주에게 고맙다고 편지를 쓰면 어떨까?
재　　동 : 네. 내일 써 올게요.

교육실습생 : (손가락을 걸면서) 그래, 약속했다.

(다음 날 재동이가 등원했을 때)

교육실습생 : 재동아! 선생님하고 한 약속 잊지 않았지?

재　　동 : 잊어버리고 편지 못 썼는데….

교육실습생 : 어, 선생님하고 약속했는데…. 내일은 지킬 거야?

재　　동 : 네, 그럴 거예요.

(다음 날 교육실습생은 약속한 것을 잊고 있었는데, 등원한 재동이가 교육실습생에게 와서 말한다.)

재　　동 : 오늘 또 편지 못 써 왔는데 어떻게 해요?

교육실습생 : 그래. 그럼 선생님이 색종이 줄 테니까 지금 쓸래?

재　　동 : 네.

(색종이를 주고 10분 정도 후에 갔을 때까지 재동이는 편지를 하나도 쓰지 않았다.)

교육실습생 : 재동이 편지 쓰기 싫으니?

재　　동 : 네.

교육실습생 : 그러면 쓰지 않아도 돼.

(며칠이 지난 후 재동이가 다시 교육실습생에게 말한다.)

재　　동 : 편지 또 못 써 왔는데….

교육실습생 : 괜찮아, 재동아.

나는 재동이가 나와 약속한 것을 지키지 못하는 것이 마음에 걸려서 그러는 것이라고 생각했다. 교육실습이 끝나고 오는 날 나는 재동이에게 '선생님과의 약속을 소중히 기억해 준 재동이 마음이 너무 예쁘다.' 고 편지를 써 주었다. 그날 담임 선생님과 저녁 식사를 함께하다가 재동이 이야기가 나와서 그동안의 일을 말씀드렸더니 담임교사는 "재동이 글씨 못 쓰는데…." 하고 말씀하셨다. 순간 나는 당황스럽고 재동이에게 너무 미안했다.

사례에 대해서 토의하기

- 문제 원인
- 사람들의 입장
- 문제해결 방법

1. 유아 이해

교육실습생이 유아들을 효율적으로 지도하기 위해서는 유아에 대한 이해가 선행되어야 한다. 유아의 특성을 파악하고 이해하기 위해서 유아를 관찰하고 평가하는 방법을 사용할 수 있다. 이러한 관찰과 평가를 통해서 유아의 발달, 기본 생활습관, 또래관계, 놀이 참여 등에 대해서 파악해야 한다. 또한 특별한 요구가 있는 유아가 있는지도 파악해야 한다. 유아를 관찰하거나 평가할 때 유의해야 할 사항은 다음과 같다(조운주, 최일선, 2004).

첫째, 유아를 이해하기 위한 관찰 및 평가 등은 모든 유아를 대상으로 다각적인 관점에서 시행되어야 한다. 교육실습생은 유아 관찰 시, 문제를 가진 유아, 특수한 유아를 포함한 학급의 모든 유아를 관찰하고 다양한 방법으로 관찰해야 한다.

둘째, 개인의 존엄성과 개성을 존중하는 방향으로 시행되어야 한다. 교육실습생은 각 유아의 개인차를 고려하여 개별성과 독특성을 유념해서 관찰하고 평가해야 한다.

셋째, 지속적이고 적극적인 과정에서 이루어져야 한다. 교육실습생은 유아의 행동을 바르게 이해하기 위해서 관찰 및 평가를 체계적으로 계획하여 지속적으로 관심을 갖고 시행해야 한다.

넷째, 과학적이고 객관적이면서 종합적인 자료에 근거하여 유아를 이해하도록 노력해야 한다. 교육실습생 자신의 주관적인 판단에 의하거나 단편적인 정보에 의하여 유아를 판단하지 않도록 주의해야 한다.

교육실습생이 유아의 행동을 정확히 이해하기 위해서는 유아의 행동을 객관적이고 다면적으로 분석하는 것이 중요하다. 유아의 행동을 다각적으로 이해하기 위해서 관찰법과 면접, 포트폴리오, 형식적 표준화검사 등의 방법을 활용할 수 있다.

1) 관찰법

교육실습생이 가장 자연스럽게 사용할 수 있는 유아 평가 방법 중의 하나가 관찰법이다. 관찰은 예비교사에게 유아의 발달 수준에 대한 이해와 더불어 개성과 문제점을 발견하는 데 도움을 준다. 특히 관찰 자료는 교수방법을 선택하고 평가하는 모든 교육활동의 기초가 될 뿐 아니라 교육실습생 자신의 수업 평가의 기회를 제공한다.

관찰법이 과학적이고 신뢰적이기 위해서는 첫째, 관찰할 때 무엇을, 언제, 어떻게 관찰할 것인가를 사전에 구체적으로 결정해야 한다. 둘째, 가능하면 한 번에 한 유아를 중심으로 관찰한다. 셋째, 중요한 행동과 중요하지 않은 행동을 구별하여 중요한 행동을 중심으로 관찰한다. 넷째, 관찰의 시간을 늘리고 지속적으로 관찰한다. 다섯째, 객관적으로 관찰하는 능력을 향상시키도록 노력해야 한다. 여섯째, 노트나 기록뿐 아니라 녹음기 등을 활용하는 방안을 강구한다. 일곱째, 가능하면 관찰이 끝나는 즉시 관찰 내용을 기록하고 요약한다. 관찰 방법을 구체적으로 제시하면 다음과 같다.

(1) 일화기록

일화기록(anecdotal record)은 기록할 만한 가치가 있는 행동이나 상황에 초점을 맞추어 구체적인 행동 사례나 사건들을 기록하는 방법이다. 교육실습생이 유아의 놀이, 발달적 특성이나 부적응 행동을 파악할 때 사용할 수 있다. 간결한 형태로 기록되므로 시간이 많이 소요되지 않지만, 교육실습생의 편견이 들어가거나 잊어버리는 경우가 있고 상황 묘사가 제한적이라는 단점이 있다. 일화기록은 단편적인 사건의 기록이므로 교육실습생은 지속적으로 일정한 간격을 통해 계속 기록 자료를 수집하는 것이 바람직하다. 행동 관찰 직후에 관찰 시간, 장소, 장면, 진행 중의 활동 등을 간단하게 메모하고, 기억이 선명할 때 기록하는 것이 효과적이다. 교육실습생은 관찰 유아뿐 아니라 유아가 상호작용하는 다른 유아나 교사의 말과 행동을 구체적으로 적는다. 기록은 그대로 자세하게 기록하며, 현재형의 직접 화법으로 기술한다. 맨 마지막에는 발달상 중요한 요약 및 해석 그리고 지도 계획을 적는다(이정환, 박은혜, 1996; 신옥순, 1994).

일화기록 〈예시〉

유 아 명 : 김문식 / 임소이 — 생년 월일 : 2015. 8. 28 (남) / 2015. 3. 5 (여)

관 찰 일 : 2019. 11. 5 — 관 찰 자 : 최승연

관찰 장면 : 정리 시간에 퍼즐 정리하기(오전 9:30)

기록	문식이가 조작 영역에서 퍼즐을 가지고 놀고 있다. 문식이는 퍼즐을 맞추지 못해, "어떻게, 나 이거 못 맞추는데."라고 말하며 울상을 짓는다. 옆에 앉은 소이가 "나랑 같이 정리해. 내가 도와줄게."라고 말한다. 문식이는 소이를 보며, "정말?"이라고 묻는다. 소이가 "도와줄게, 같이하자."라고 말한다. 문식이는 소이를 보며 "고마워."라고 말하며 퍼즐을 맞춘다.
요약 및 해석	문식이는 의존적이며 스스로 문제를 해결하는 데 있어 자신감이 결여되어 있으며, 소이는 친사회적 행동을 보인다.
지도 계획	문식이에 대한 지속적인 관찰을 하고 자신감을 갖도록 관심을 보인다.

(2) 표본식 기술

표본식 기술(specimen description)은 교육실습생이 관찰 대상이나 장면, 시간을 미리 선정한 후 그 장면에서 일어나는 유아의 행동과 상황을 집중적으로 기록하는 방법이다. 이 관찰 방법은 유아의 행동을 정확하게 이해하기 위해서 사용할 수 있는데 모든 장면을 아주 자세하게 기록하므로 자세한 정보를 얻을 수 있으나, 시간이 많이 걸리고 주관적으로 해석할 수 있는 단점이 있다. 1회 10분 내지 30분 정도 유아의 행동을 실제 보고 들은 그대로 기록한다. 관찰 대상 유아뿐 아니라 대상 유아와 상호작

용하는 모든 사람의 말과 행동도 적는 것이 유아를 이해하기 쉽다. 대화는 현재형으로 직접 화법을 이용하여 그대로 적는다. 사건은 일어난 순서에 따라 적는다. 발달 영역별로 간단하게 요약한다(이정환, 박은혜, 1996).

표본식 기술 〈예시〉

유 아 명 : 정혜성	성별 : (㊚, 여)	생년 월일 : 2016. 6. 20
관 찰 일 : 2019. 11. 12		관 찰 자 : 김진희
관찰 장면 : 자동차놀이		관찰 장소 : 교실(쌓기 영역)

관찰 시간	사건 기록
10:30~10:35 10:35~10:40	혜성이는 레고 블록으로 자동차 길을 만들고 나서 진수가 가지고 있는 빨간색 자동차를 말 없이 그냥 빼앗으려고 한다. 진수는 "나도 필요해. 다른 차 써."라고 말하지만 혜성이는 왼손으로 진수의 자동차를 잡고 있는 손을 누르면서 "내놔." 하고 말하며 오른손으로 계속 뺏으려고 한다. 이 상황을 본 교사가 혜성이에게 "진수가 먼저 사용하고 나서, 혜성이가 쓰자."라고 말한다. 혜성이는 큰 소리로 "싫어요. 선생님 나빠." 하고 소리친다.
요약 및 해석	• 소유 개념이 발달되어 있지 않다. • 자기주장이 강하고 남을 배려하지 못한다.
지도 계획	• 쌓기 영역에 있는 놀잇감의 수를 늘려 준다. • 언어적으로 자신의 요구를 표현할 수 있도록 한다. • 타인의 감정을 조망할 기회를 제공한다.

(3) 시간표집법

교육실습생은 유아를 관찰하기 위해서 미리 선정된 행동을 정해진 시간 간격에 맞추어 여러 번 관찰하는 시간표집법(time sampling)을 사용할 수 있다. 이 방법은 빠르게 일어나는 행동을 비교적 짧은 시간 안에 체계적으로 관찰할 수 있고, 행동이나 사건의 발생 빈도를 수량화하는 것이 용이하다. 그러나 유아 내면의 감정이나 생각을 관찰하기 어렵고, 빈도만 제시하여 풍부한 정보를 수집할 수 없다. 시간표집법을 활용할 경우, 교육실습생은 행동의 출현 여부, 행동 빈도수, 그리고 행동 빈도와 지속 시간 등을 다양하게 표시할 수 있다. 시간표집법을 사용할 때 관찰 행동이나 용어가 분명히 정의되어야 하며, 전체 관찰 시간과 1회 관찰 시간을 결정해야 한다. 교육실습생이 관찰 범주의 정의를 이해하고 예를 기억하는 것이 기록에 도움을 준다(이정환, 박은혜, 1996; 장휘숙, 1996).

출현 표시 시간표집법 〈예시〉

관찰 행동 : 자유놀이 시 공격적인 행동

유아	11:00	11:05	11:10	11:15	11:20	11:25	11:30	합계
강동민	V					V		2
김준기		V	V	V		V	V	5
나경주								0
나지선			V					1

(4) 평정척도법

교육실습생은 유아의 특성이나 성격의 정도를 평가하기 위해서 평정척도법(rating scale)을 활용할 수 있다. 평정척도법은 짧은 시간에 많은 정보를 수집하고 관찰자가 편리한 시간에 기록이 가능하지만, 교육실습생이 알고자 하는 항목을 모두 개발하기가 쉽지 않고, 교육실습생의 편견이 개입될 가능성이 많다. 또한 유아의 행동 수준만을 기록하여 행동의 원인을 규명해 주지는 못한다.

평정척도 〈예시〉

유 아 명 : 최혜진　　성별 : (남, ㉾)　　생년 월일 : 2016. 4. 10
관 찰 일 : 2019. 11. 8　　관 찰 자 : 주영은

1. 놀잇감을 나누어 쓴다.

1	2	3	4	5
	V			
전혀 못한다		보통이다		매우 잘한다

2. 놀이 규칙을 지킨다.

1	2	3	4	5
V				
전혀 못한다		보통이다		매우 잘한다

요약 : 소유 욕구가 높다. 규칙을 지키지 않는다. 남을 배려하거나 자신의 욕구를 제어하기가 어렵다.

(5) 행동목록법(checklist)

행동목록법은 체크리스트라고도 하는데, 교육실습생은 체크리스트를 활용하여 간단히 유아의 기술, 행동 혹은 발달 특성의 유무를 기록할 수 있다. 이것은 관찰 유아의 현 상태, 발달의 변화를 알고자 할 때 사용할 수 있다. 이 방법의 장점은 특별한 훈련 없이도 사용 가능하므로 교육실습생이 쉽게 사용할 수 있다. 그러나 행동의 출현 빈도나 행동의 원인과 같은 구체적인 정보를 수집할 수 없다. 행동목록법은 문항 내용이 모호하지 않게 기록되어야 하고, 각 항목을 잘 이해해야 한다.

행동목록법 〈예시〉	
관찰 유아 : 박유정	생년 월일 : 2015. 4. 28 (남, ㉧)
관 찰 자 : 강지희	관 찰 일 : 2019. 10. 16

* 지시 : 다음의 행동이 관찰되면 '예'에, 관찰되지 않으면 '아니오'에 V표시 하시오.
  그리고 행동을 관찰한 날짜를 쓰시오.

1. 유아는 교실의 규칙을 잘 지킨다.	예 V	아니오 ___
2. 다른 유아와 충돌이 생길 때 스스로 해결한다.	예 ___	아니오 V
3. 자신의 감정을 상황에 맞게 말이나 행동으로 표현한다.	예 V	아니오 ___

(6) 사건표집법

사건표집법(event sampling)은 하나의 특정한 행동이나 사건이 생길 때에만 관찰하는 방법이다. 유아의 특정 행동이 나타날 때까지 기다렸다가 그 행동이 발생하면 관찰하고 기록하므로 언제 꼭 관찰해야 한다는 시간적 제약이 없다. 교육실습생이 사건표집법을 사용할 때는 관찰하고자 하는 유아의 행동이나 사건의 성격에 대해 분명하게 규정하고, 관찰하고자 하는 행동을 언제, 어디서 관찰할 수 있을 것인지를 잘 결정해야 한다(이영석 외, 1994).

빈도 사건표집법 〈예시〉

관찰 유아 : 장은정 / 성 별 : (남, ㉧) / 생년 월일 : 2016. 4. 8
관 찰 일 : 2019. 3. 8 / 관찰 행동 : 우는 행동 / 관 찰 자 : 정은진

관찰일	발생 횟수	계
3월 6일	///	3
7일	//	2
8일	///	3
9일	////	4
10일	////	4
합 계	16	
평 균	3.2	

2) 면접법

면접법은 유아에 대한 정보를 유아나 유아를 잘 아는 어른과의 면담을 통하여 얻는 방법이다. 면접에서 가장 중요한 것은 신뢰적인 분위기 조성이다. 면접은 풍부하고 정확한 정보와 깊이 있는 반응을 얻을 수 있는 장점이 있으나, 시간이 많이 걸리고 유아가 정직하게 대답하지 않을 경우 신뢰도가 떨어진다. 또한 면접자의 편견이 개입할 여지가 있고 면접 기술에 따라 다른 정보를 얻을 수 있다는 단점도 있다. 면접법의 종류에는 구조적, 반구조적, 비구조적 면접이 있다. 구조적 면접은 질문 내용, 순서, 방법 등이 사전에 정해진 것이다. 반구조적 면접은 세밀한 계획을 세우되 면접 장면에서 면접자가 융통성 있게 면접을 하는 방법이다. 비구조적 면접은 면접의 목적만 정하고 질문의 구조, 순서, 방법은 면접자에 의해 정해진다(정용부, 고영인, 신경일, 2003).

교육실습생이 면접 방법을 활용할 경우, 유아에 대한 감정이입 능력을 가지고 있어야 하고, 유아와 관계를 형성하여야 한다. 그리고 유아들이 이야기할 수 있는 시간을 충분히 제공해야 한다. 교육실습생은 유아의 이해 수준에 맞는 질문을 하되 쉬운 질문부터 어려운 질문으로 하는 것이 좋으며, 유아의 대답에 영향을 주지 않도록 유의한다.

유아 면접 문항 〈예시〉

이 름 : ____________________ 연 령 : ____________________

활동명 : ____________________ 날 짜 : ____________________

질 문	• 어떻게 만들었어? • 어떤 점이 좋아? • 변화시키고 싶은 점은 무엇이야? • 다시 하고 싶니?

3) 포트폴리오

포트폴리오 평가는 단편적 또는 일회적으로 평가하는 것이 아니라 유아 개개인의 변화, 발달 과정을 종합적으로 평가하기 위해 전체적이면서 지속적으로 평가하는 방법이다. 교육 상황에서의 포트폴리오는 한 가지 또는 그 이상의 영역에서 오랜 기간에 걸친 유아의 노력, 진보, 성취를 시기별로 설명하는 유아의 작품 모음을 말하는 것이다(Arter & Spandel, 1992; Meisels & Steels, 1991).

교육실습생은 교육실습 기간 동안 유아의 작업 샘플 및 결과물, 유아의 활동 사진, 관찰 기록, 면접 기록, 체크리스트, 평정척도, 유아의 활동 평가 기록, 유아 이야기 기록, 교사의 저널 기록 등을 활용하여 유아 포트폴리오를 구성할 수 있다. 교육실습생은 우선 유아의 작품과 같은 자료를 수집하고, 유아 수행을 기록한다. 모은 자료를 요약하고 가치를 부여하며, 평가하고 반성한다. 그런 다음 포트폴리오를 총괄적으로 정리 및 종합하여 해석하는 과정을 통해서 포트폴리오를 구성할 수 있다(Hill & Ruptic, 1994).

포트폴리오는 유아의 작품을 일정 기간 동안 체계적으로 수집해야 하고, 유아 행동의 관찰 및 교육실습생의 의견이 포함되어야 하는 등의 어려움이 있다. 그러나 교육실습생이 보다 종합적으로 유아를 이해하고 다양한 평가 방법을 활용해 볼 수 있는 기회를 제공해 준다. 유아포트폴리오 예는 다음과 같다.

유아 포트폴리오 〈예시 1〉

사회관계 영역 – 1회

- **관찰 유아** : 준영, 수연(만 5세)
- **관 찰 일** : 2019년 3월 18일
- **관찰 장면** : 쌓기놀이
- **수집 자료** : 사진 및 관찰 기록

관찰 내용	준영이가 친구들이 레고놀이를 하고 있는 곳으로 가서 친구들의 놀이를 지켜본다. 그리고 아무 말 없이 앉아 있다. 가만히 앉아 있는 준영이를 보며 수연이가 "너도 할래?"라고 묻자, 준영이는 "어 나도 해도 돼?"라고 물은 다음 레고를 집었다. 
평가 내용	• 나를 알고 존중하기 – 나의 감정을 알고 상황에 맞게 표현한다. – 내가 할 수 있는 것을 스스로 한다. • 더불어 생활하기 – 친구와 서로 도우며 사이좋게 지낸다. – 서로 다른 감정, 생각, 행동을 존중한다.
요약 및 해석	• 준영이는 친구들의 놀이에 참여하고 싶으나 말을 못하고 쳐다보고 참는 등 자신의 감정을 상황에 맞게 표현하는 데 다소 미숙하지만, 레고를 스스로 맞추는 등 할 수 있는 일을 스스로 하고, 친구와 서로 도우며 사이좋게 지낸다. • 수연이는 친구의 감정을 존중하고 서로 도우며 사이좋게 지낼 수 있다.
지원 계획	자신의 감정을 상황에 맞게 표현할 수 있는 기회를 제공하고, 어떻게 자신의 감정을 표현해야 하는지 표현 방법을 알려 준다.

유아 포트폴리오 〈예시 2〉

사회관계 영역 – 2회

- **관찰 유아** : 준영, 한샘(만 5세)
- **관 찰 일** : 2019년 11월 21일
- **관찰 장면** : 쌓기놀이
- **핵심 항목** : 사진 및 관찰 기록

관찰 내용	 준영이가 자유선택활동 시간에 조작 영역에서 케이넥스로 무엇인가를 만들기 시작한다. 처음에는 말 없이 묵묵히 혼자서 만드는 데 열중한다. 조금 후에 한샘이가 다가와 "뭐 만들어?"라고 물어보자 "우주 정거장"이라고 대답한다. 한샘이가 같이 만들자고 말하자 준영이가 고개를 끄덕인다. 혼자서 만들 때와는 달리 한샘이와 언어적 상호작용을 한다. 준영이가 "야, 근데 이게 자꾸 움직인다. 고정시켜야겠어."라고 말하자 한샘이가 블럭을 손으로 끼워서 고정을 시키려고 하나 고정되지 않는다. 두 번 더 시도해서 고정시킨다.
평가 내용	• 나를 알고 존중하기 – 나의 감정을 알고 상황에 맞게 표현한다. – 내가 할 수 있는 것을 스스로 한다. • 더불어 생활하기 – 친구와 서로 도우며 사이좋게 지낸다. – 서로 다른 감정, 생각, 행동을 존중한다.
요약 및 해석	• 준영이는 학기 초보다는 자신의 감정 표현이 증가하여 상황에 맞게 표현하고, 자신이 할 수 있는 것을 스스로 한다. 그리고 함께 조립하는 등 친구와 서로 도우며 사이좋게 지내고, 친구의 감정, 생각, 행동을 존중한다. • 한샘이는 자신의 감정을 알고 상황에 맞게 표현하고, 자신이 할 수 있는 일을 스스로 한다. 친구와 서로 도우며 사이좋게 지낸다.
지원 계획	다양한 우주 정거장을 협동해서 만들 수 있는 기회를 제공하여 친구들의 감정, 생각, 행동을 존중하고 서로 도울 수 있는 기회를 제공한다.

출처 : 조운주, 최일선(2020). 유아사회교육(2판). 서울: 창지사.

4) 형식적 표준화검사

형식적인 표준화검사는 인지적 능력, 정서 상태, 성격 특성에 대한 객관적인 평가와 문제 영역과 관련된 특수검사(행동, 학습, 언어 영역 검사)들이다. 이런 검사 도구를 활용함으로써 교육실습생은 유아의 개인적인 문제점을 이해하고, 잠재력과 장·단점 및 효율적인 지도 방법을 파악할 수 있다.

검사 도구를 선정할 때 표준화 과정에 의해 올바르게 제작된 것, 제작 시기가 오래되지 않은 것, 타당도와 신뢰도가 높은 것을 선정해야 한다. 검사는 한 유아를 대상으로 개별적으로 실시한다. 검사 상황에 따라 유아의 반응이 제한적으로 나타나므로 교육실습생은 유아 발달 전문가의 도움을 받아서 적절한 도구를 선정하고, 검사 결과에 전적으로 의지하기보다는 보완적인 방법으로 인식하는 것이 필요하다. 표준화검사에는 지능검사를 비롯하여 성격검사, 사회성숙도검사 등 여러 종류가 있다.

2. 유아 지도

교육실습생은 실습 기간 동안 등 · 하원, 식사와 배변, 문제행동, 또래관계 및 갈등 등 일상생활 전반에서 유아를 지도하는 경험을 하게 된다. 교육실습생은 유아들의 일상생활의 문제에 자신이 개입하거나 지도해도 되는 것인지, 개입이나 지도 방법이 맞는 것인지 의문을 가질 수 있다.

교육실습생이 효과적으로 유아를 지도하기 위해서는 앞에서 제시한 것처럼 유아의 발달 및 특성을 파악하고, 이를 기초로 각각의 상황에서 어떻게 유아의 행동을 다룰 것인지를 알아야 한다. 교육실습생을 위한 일반적인 유아 지도 방법, 유아의 일상생활 지도 방법, 또래 간의 관계 및 갈등 지도에 대해서 제시하면 다음과 같다.

1) 일반적인 유아 지도

교육실습생이 짧은 교육실습 기간 동안 유아를 잘 파악하고 지도하는 것은 쉽지 않기 때문에 유아를 지도하는 데 어려움을 겪는다. 따라서 교육실습생은 지도교사가 유아를 지도하는 것을 관찰하여 기본적인 원칙을 배워야 한다. 그리고 지도교사는 사전교육 시간에 교육실습생에게 기관의 규칙 및 학급의 규칙 등 기본적인 규칙을 알려 주어야 한다. 그 외에도 교육실습생은 유아와의 효율적인 관계 형성을 위해서 노력을 해야 한다. 교육실습생이 유아를 효율적으로 지도하기 위한 일반적인 방법은 다음과 같다.

- 유아의 인지, 언어, 사회, 정서, 신체 발달 수준을 파악한다.
- 유아의 가정환경, 요구, 흥미 등 특성을 파악한다.
- 유아들 간에 서로 돕고, 협동하게 한다.
- 유아가 다른 성인 및 친구의 권위를 존중하게 한다.
- 유아가 자신이 할 수 있는 일을 스스로 하게 한다.
- 유아가 문제 및 갈등을 스스로 해결하게 한다.
- 유아가 옳은 일을 스스로 선택하게 한다.
- 유아가 바람직하지 않은 행동을 스스로 자제할 수 있는 능력을 발달시킨다.
- 유아가 선택할 수 있는 기회를 가능한 한 많이 제공한다.
- 규칙을 만들 때는 유아를 참여시킨다.
- 유아의 의미 없는 행동은 무시한다.

2) 유아의 생활습관 지도

유치원에서 등원, 간식 및 식사, 손 씻기와 배변, 휴식 및 수면, 하원 등은 매일 이루어지는 기본적인 생활이기 때문에 이런 것을 지도하는 경험은 교육실습생에게 필요하다. 그런데, 유아들의 생활습관은 하루 이틀에 걸쳐서 형성된 것이 아니어서 지도하기도 어렵고, 쉽게 개선되지 않을 수 있다. 특히 유아들의 편식을 지도하는 것은 교육실습생에게 어려울 수 있다. 그러나 이러한 기본생활은 유아들의 영양 및 건강, 안전 등에 직접적인 영향을 미치는 것으로 교육실습생은 인내심을 가지고 지속적으로 지도하려고 노력해야 한다. 유아들이 바른 생활습관을 갖게 하기 위한 지도 방법을 구체적으로 제시하면 다음 ｜표 9-1｜과 같다.

｜표 9-1｜ 유아의 생활습관 지도 방법

구 분	지도 방법
등원	• 유아와 부모를 따뜻하게 맞이한다. • 필요시, 유아가 옷을 벗고 정리하는 것을 돕는다. • 아픈 유아나 약을 먹어야 하는 유아가 있는지 확인한다. • 유아의 출석 표시를 돕는다. • 유아가 놀이를 시작하도록 돕는다.
간식 및 식사	• 필요한 경우, 간식 및 식사 준비를 한다. • 식사 시간 전 · 후에 손 씻기 지도를 한다. • 감사하는 마음으로 먹을 수 있게 지도한다. • 지도교사와 다른 테이블에서 유아들을 보살핀다. • 유아들의 대화에 참여한다. • 꼭 필요한 경우에만 유아를 도와준다. • 유아가 편식하지 않도록 격려한다. –배식 시, 음식의 양 고려 –강요하지 않기 • 식사 태도를 지도한다. –천천히 음식을 꼭꼭 씹어 먹기 –음식을 입에 넣고 이야기하지 않기 –제자리에 앉아서 먹기 –식사 후에 자기 자리 정리하기 • 식사 및 간식 시간에 좋은 모델을 보여 준다. • 식사 후 유아들이 양치질을 하도록 지도한다.

구 분	지도 방법
배변	• 배변 시, 옷을 벗거나 입는 것을 어려워하는 유아들을 돕는다. • 화장실 사용 시, 질서 및 예절을 지도한다. – 줄 서기 – 노크하기 – 대 · 소변을 본 후에 물을 내리고 깨끗이 사용하기 • 화장실 휴지, 물, 비누, 티슈 등을 아껴 쓰도록 지도한다. • 배변 후에는 반드시 손을 씻도록 지도한다.
하원	• 겉옷을 입는 것을 어려워하는 경우 돕는다. • 유아의 물건이나 유인물을 챙기도록 돕는다. • 하원 시, 유아 및 부모에게 인사를 한다. • 유아의 안전한 귀가를 확인한다.

3) 유아의 문제행동 지도

유아들은 각기 다른 성격과 특성을 가지고 있다. 유아들 중에는 또래와의 관계에서 좀 더 공격적이거나 산만하거나, 또래와 어울리지 못하는 등 부정적인 행동이 나타날 수 있다. 이런 유아는 교육실습 기간 동안 교육실습생을 힘들게 하는 요인이 될 수 있다. 그러나 문제점을 가지고 있는 유아는 학급 담임교사가 되었을 때에도 만날 수 있기 때문에 이런 유아를 지도해 보는 것은 교육실습생의 발전을 위해서 좋은 기회가 된다. 따라서 교육실습생은 부정적인 유아의 행동 특성을 이해하고 지도해 보려는 노력이 필요하다. 다음 ❙표 9-2❙에는 유아의 문제행동에 따른 지도 방법을 제시하였다. 교육실습생은 가능한 방법을 활용하여 유아를 지도해 볼 수 있다.

| 표 9-2 | 유아의 문제행동 지도 방법

유아 특성	원 인	지도 방법
공격성	• 관심 끌기 • 행동 모방 • 감정 해소 방법을 모르는 경우 • 사회적 기술 부족 • 기질적, 정신적 손상	• 관심과 칭찬 제공 • 바른 모델 제공 • 감정 해소를 위한 찰흙, 펀치 백 제공 • 기술을 알려 줌 • 기질적 문제는 전문가와 상담
고립	• 유아의 기질이나 성격 • 성인과의 지나친 밀착 • 또래와의 놀이 경험의 부족 • 체구 및 외모 • 사고 발달 미숙	• 친구들과 즐거운 놀이 경험 제공 • 유아들과 어울릴 기회 제공 • 사회적인 기술 제공 • 유아의 장점 부각
주의 산만	• 엄격하고 지배적인 부모 양육 • 성급한 부모 성격 • 가정불화 • 유전적 요인 • 임신 및 출산 시 문제	• 좋아하는 활동과 놀이 제공 • 규칙적인 생활습관 지도 • 주의력을 높일 수 있는 활동 제공 • 교실에 개방된 공간 축소 • 기질적 문제는 전문가와 상담

공격적인 유아 사례

✤ 사건 배경

키도 작고 얼굴도 작은 채은이는 원래 만 4세이나 부모의 요구로 만 5세 반에 들어왔다고 한다. 채은이는 자기 물건을 아이들한테 보여 주는 것을 제일 싫어하고, 유치원의 공동 물건을 함께 사용하지 않는다. 심지어는 마음에 든 아이들의 물건을 몰래 훔치는 경우도 있다. 채은이는 처음에는 적응을 못하다가 지금은 제일 힘이 있는 아이로 변했다고 한다.

✤ 사건 전개

채은이는 같은 조의 희진이를 뚱뚱하다는 이유로 무척 싫어하고 "돼지!"라고 놀리며 가까이 못 오게 한다. 체육 시간에는 어디서 구했는지 물약 통에 물을 넣어 아이들에게 물총을 쏴서 아이들을 울렸다. 며칠 잠잠하다고 생각했던 채은이가 문제를 일으킨 사건이 발생했다. 채은이는 희진이가 자기 자리를 넘어왔다면서 소리를 지르며 밀고 거기서 끝나지 않고 손톱으로 희진이 얼굴을 할퀴었다. 너무나도 짧은 순간에 일어난 일이라 교육실습생도 어찌할 바를 몰랐다. 희진이는 주저앉아 울고 채은이는 씩씩거리며 희진이를 째려보고 있었다. 교육실습생은 희진이를 달래고 채은이에게 상황 설명을 듣고는 사과하라고 했지만 채은이는 듣는 척도 하지 않고 자리에 가서 앉았다. 교육실습생은 채은이에게 조심스럽게 다가가서 "채은아! 희진이는 네가 얼굴을 할퀴어서 많이 속상해하고 있어. 만약 희진이가 채은이 얼굴을 할퀴면 채은이는 기분이 어떨까? 많이 아프겠지?" 하고 채은이가 희진이의 입장이 되어 보도록 질문을 했다. 그러자 채은이는 "안 아파요. 기분 좋아요."라고 말하는 것이었다. 채은이의 엉뚱하고 말도 안 되는 대답에 교육실습생은 너무나 황당하여 다음 말을 잇지 못한 채 그만 포기해 버리고 다음 수업에 들어갔다. 채은이를 어떻게 지도하는 것이 좋은 방법인지 모르겠다. 나중에 교사가 되었을 때 이런 유아가 우리 반에 있다면 어떻게 해야 할 것인가를 생각하니 마음이 답답하다.

사례에 대해서 토의하기

- 문제의 원인
- 교육실습생 지도 방법의 장·단점
- 문제해결 방법

4) 유아의 갈등 지도

대부분의 유아들은 개인적이고 자기중심적인 성향을 가지고 있기 때문에 또래들 간의 갈등이 많이 발생한다. 교육실습생은 유아들 간의 갈등을 목격했을 때 당황하고 어떻게 개입해야 할지 고민한다. 그러나 유아도 분노하고, 좌절하고, 행복하지 못할 때가 있기 때문에 유아의 갈등은 자연스러운 성장 과정이라는 것을 이해해야 한다. 이러한 갈등을 해결하는 과정은 유아에게 사회적 기술을 발달시킬 수 있는 기회가 된다. 더욱이 성인의 도움 없이 유아가 갈등을 해결하는 것은 긍정적인 문제해결 방안을 발전시키는 것임을 교육실습생은 이해해야 한다. 물론 유아들의 갈등 중에는 성인의 도움과 지원이 필요한 경우가 있다. 이런 경우에 교육실습생은 유아가 평화적인 방법으로 갈등을 해결하고, 다시 협동해서 놀 수 있는 기회를 제공해야 한다.

(1) 유아 갈등의 이해

교육실습생은 유아의 갈등에는 여러 가지 긍정적인 측면이 있다는 것을 우선 인식해야 한다. 또한 바른 지도를 위해서 유아의 갈등의 특성을 이해해야 한다. 교육실습생이 알아야 하는 유아 갈등의 특징을 정리하면 다음과 같다(Holden, 1997; Wheeler, 1994).

- 유아는 집단생활에서 다양한 갈등을 경험하는데, 가장 빈번히 나타나는 갈등은 소유 갈등과 힘겨루기이다.
- 소유 분쟁은 유아 시기 또래와의 공동생활 경험의 부족과 자기중심적 특성으로 인해서 나타난다.
- 연령이 증가하면서 물건의 소유에 대한 갈등보다는 규칙이나 활동 침해에 의한 유아 간의 힘겨루기에 의한 갈등이 증가한다.

- 유아의 연령이 증가하면서 갈등의 빈도수는 점차 감소하는 반면, 갈등의 지속 시간은 증가한다.
- 유아는 자기중심적이어서 다른 사람의 관점을 이해하기 어렵다.
- 유아의 학습은 반복을 통해서 일어나기 때문에 바람직한 유아 행동을 위해서는 시간이 걸린다.

이처럼 유아의 갈등은 자연스런 성장 과정이고 대부분 심각하지 않으므로 교육실습생은 지나치게 반응할 필요는 없다. 그러나 교육실습생은 평화적인 갈등 해결 방법의 모델을 제공하도록 노력해야 한다. 경우에 따라서 교육실습생이 실제로 지도하기 어려운 유아에 대해서는 지도교사와 의논하고 전문가의 도움을 받을 수 있다.

(2) 유아 갈등의 지도 원칙

대부분의 유아 갈등은 유아의 개인적인 특성, 환경적인 요인, 학급 규칙의 문제 등에서 발생한다. 교육실습생은 유아 갈등을 효과적으로 지도하기 위해서 갈등의 원인을 파악해야 한다. 갈등을 일으키는 유아가 있다면 다른 활동을 하도록 주의를 분산시킨다. 심하게 다투면 잘못을 생각해 볼 수 있는 기회를 제공한다. 또한 교육실습생은 지도교사가 정한 규칙을 미리 파악하여 유아에게 규칙을 생각하게 한다. 유아가 갈등 상황에서 신체적인 공격을 사용하는 경우, 언어를 사용하도록 지도한다. 교육실습생의 갈등 지도 원칙 및 갈등 원인별 지도 방법은 다음과 같다(조운주, 최일선, 2004).

- 갈등 발생 시 유아의 의도를 파악한다.
- 갈등을 관찰한 후, 중재를 결정한다.
- 유아의 갈등 상황이 공격성을 포함하지 않고 언어적이며 감정이입이 가능하다면, 유아 스스로 해결하게 한다.

- 유아가 스스로 활동을 변화시키고, 협상하여 새로운 규칙을 만들 수 있는 시간과 기회를 제공한다.
- 갈등 전에 유아들이 함께 놀이하고 있었다는 것을 알려 준다.
- 신체적 공격이나 어휘력이 부족한 유아에게 갈등 조절을 위한 다양한 방법과 언어를 알려 준다.
- 지속적으로 갈등이 있는 경우, 지도교사와 의논하여 더 넓은 놀이 공간을 만들고, 공유할 수 있는 많은 자료를 제공하는 등 갈등을 감소시키기 위한 방법을 생각한다.

| 표 9-3 | 유아 갈등의 원인별 지도 방법

갈등 원인	지도 방법
유아의 개인적 특성	• 사회적 기술의 부족 : 유아의 생각, 감정의 표현 방법 및 적절한 사회적 기술을 알려 주고, 다른 사람의 입장을 생각하게 한다.
환경의 문제	• 놀잇감 부족 : 놀잇감의 개수를 늘려 준다. • 공간 부족 : 가능하다면 공간을 넓혀 준다.
규칙의 문제	• 규칙의 부재 : 규칙을 만든다. • 규칙의 부적절 : 규칙의 문제점을 파악하여 수정한다.

(3) 유아 갈등의 중재

교육실습생이 유아의 갈등 상황에 개입하기보다는 유아가 스스로 갈등을 해결하는 것이 가장 바람직한 방법이다. 유아가 주도적으로 갈등을 해결하도록 하기 위해서 교육실습생은 단계적인 갈등 중재 방법을 활용할 수 있다(Oken-Wright, 1992, 재인용). 단계적인 갈등 중재는 유아 주도적인 방법으로 시작하여, 갈등이 해결되지 않으면 점차 교사 주도적인 방법으로 진행하는 것이다. 단계적인 교사 갈등 중재의 구체적인 방법은 | 그림 9-1 | 과 같다.

유아 주도 ◀───▶ 교사 주도

쳐다보기	비지시적 진술	질문하기	지시적 진술	물리적 중재
교사는 가까이 가서 보면서 유아의 협상을 기다려 준다.	교사가 일어났던 일을 말로 표현해 준다.	교사는 갈등 상황에서 유아가 어떻게 해야 하는지를 묻는다.	교사는 유아에게 직접 지시를 한다.	유아가 전혀 반응하지 않는 경우, 해결이 불가능한 경우 교사가 직접 중재한다.
	"○○가 자동차를 가져갔구나."	"너의 자동차를 되돌려 받으려면 어떻게 해야 할까?"	"○○에게 자동차를 돌려 달라고 이야기해 봐."	"자동차는 △△에게 돌려주자(교사가 자동차를 직접 준다). ○○는 다른 것을 가지고 놀자."

| 그림 9-1 | 단계적 갈등 중재

교육실습생은 유아의 갈등 상황에서 무조건 개입하기보다는 유아가 스스로 갈등을 해결할 수 없을 때 개입하는 것이 적절하다. 하지만, 성인의 즉각적인 개입이 필요한 경우도 있다. 따라서 교육실습생은 교사의 개입이 필요한 유아의 갈등 상황과 개입 방법을 알아야 한다. 교사의 개입이 필요한 갈등 상황과 개입 방법은 다음과 같다(Braty, 2001).

1 교사의 개입이 필요한 상황

- 유아의 행동에서 신체적인 공격(때리고, 물고, 물건을 던지는 등)이 나타날 때
- 유아의 행동이 통제되지 않을 때
- 유아가 울거나 비명을 지를 때
- 유아의 싸움이 계속해서 지속될 때

2 교사의 갈등 개입 방법

- 갈등 상황이 왜 발생했는지 갈등의 원인과 상황에 대해서 이야기한다.

  "○○와 △△는 왜 싸우고 있니?"

  "왜 그랬는지 ○○가 먼저 이야기해 볼까?"
- 유아가 이야기할 때까지 인내를 가지고 기다린다.

  "○○가 말하고 싶을 때까지 기다려 줄게."
- 갈등에 관련된 모든 유아에게 이야기할 수 있는 기회를 준다.

  "○○의 이야기를 들었으니, 이제 △△가 이야기해 봐."
- 꾸짖거나 비난하거나 창피를 주지 말고 유아가 한 말을 수용한다.

  "그런 일이 있었구나."
- 유아가 자신의 감정을 이야기하게 하고, 유아의 감정에 대해서 감정이입을 해 준다.

  "○○는 정말 속상했겠구나."

  "△△는 아파서 울었구나."
- 다른 친구의 감정은 어떠할지 상대방에게 감정이입을 할 수 있게 한다.

  "○○가 그렇게 행동하면 △△의 마음은 어떨까?"
- 갈등 상대와 화해할 수 있는 방법을 모색한다.

  "○○와 △△는 친구였지? 그러면 어떻게 하면 좋을까?"

다음의 사례는 교육실습생의 갈등 중재에 대한 것이다. 사례를 통해서 유아의 갈등을 중재한다는 것이 쉽지 않다는 것을 알 수 있으며, 교사의 체계적인 중재의 중요성을 인식할 수 있다.

유아 갈등 중재 사례

✤ 사건 배경

우리 반에는 유난히 욕심이 많은 유아들이 많이 있다. 거의가 형제가 없고 혼자 있는 외동이가 많다. 꼭 외동이가 아니더라도 요즘 부모님들은 집에서 유아가 원하는 것은 무엇이든 다 들어주기 때문에 참고 기다리는 것을 힘들어한다. 유치원에서 집단생활 지도를 해도 집에 가서 하지 않으니 교육 효과가 별로 없는 것 같다.

✤ 사건 전개

등원 및 자유놀이 시간이었다. 은지가 들어오자마자 무지개 핸드폰을 만들었다며 나에게 보여 주었다. 그리고 무지개 핸드폰으로 놀이하고 있었다. 이때 소정이가 등원하며 은지의 무지개 핸드폰을 보았다. 소정이는 "이거 내건데, 내가 만든건데, 야 이은지 이거 내거잖아."라고 말했다. 은지는 소정이를 피하며 "이거 내거야. 내가 만들었어."라고 말했다. 소정이는 나에게 와서 "선생님 이은지가 제가 만든 것 훔쳐 갔어요."라고 말했다. 그러자 은지가 "이거 제가 집에서 만들었어요."라고 말했다. 나는 은지에게 "진짜 은지가 만든 것 맞아? 솔직하게 말해 봐."라고 물어보았다. 은지는 "네, 엄마랑 집에서 만들었어요."라고 말했다. 소정이는 "이거 제가 어제 만들어서 유치원에 놓고 간 거예요. 이주민 선생님은 알지도 몰라요."라고 말하며 지도교사께 가서 물어보았다. 지도교사는 아이들의 이야기를 듣고는 우선 소정이에게 가방에 있는지 없는지 찾아보라고 하셨다. 소정이는 가방을 열어 보고 나에게 와서 "없어요. 제가 어제 유치원에 두고 갔어요."라고 말했다. 나는 다른 유아들에게 "혹시 어제 소정이가 이거 만든 거 본 사람 있니?"라고 물었다. 그 중에 한 명이 보았다고 했다. 나는 "은지야, 다른 친구가 이거 소정이가 만든 것 봤다는데 진짜로 은지가 만든 거 맞아?"라고 물었고 은지는 "맞아요."라고 말했다. 나는 "너희 둘 다 자기가 만들었다고 하는데, 진짜 주인이 누군지 모르니까 아무도 가질 수 없어. 일단 선생님이 가지고 있을게. 누가 만든 건지, 어떻게 된 건지 너희들끼리 이야기해 보렴. 그때까지 선생님이 가지고 있을게."라고 말했다. 소정이와 은지는 머뭇거리더니 서로 이야기를 나눴다. 얼마 있다가 은지가 나에게 와서 "선생님 사실 제가 유치원에서 예뻐서 주웠어요."라고 말하며 울음을 터뜨렸다. 내가 "그럼 이건 소정이가 만든 거구나. 괜찮아 은지야 솔직하게 말해 줘서 고마워."라고 말하며 달래 주었다. 나는 "그럼 소정이가 은지에게 무지개 핸드폰 만드는 것 가르쳐 줄래? 소정이랑 같이 만들어 보자 은지야."라고 말했다. 소정이와 은지는 미술 영역으로 가서 같이 무지개 핸드폰을 만들기 시작했다.

나는 사실 무지개 핸드폰이 소정이가 만든 것을 알고 있었다. 전날에 어렴풋이 소정이가 자랑하는 것을 본 기억이 났기 때문이다. 그렇지만 은지가 자기가 만든 것이라고 계속해서 주장했기 때문에 어떻게 대처해야 하는지 고민이 되었다. 그래서 아이들 둘이 이야기를 나눌 수 있도록 해 봤는데, 다행히도 솔직하게 말해 주어서 고마웠다. 만약 아이들끼리 대화를 통해 해결이 되지 않았다면 어떻게 갈등을 해결해야 하는지 고민이 되었다. 은지는 사실 다른 친구들의 물건을 가져간 적이 몇 번 있었다. 심각한 수준은 아니지만 작은 물건을 가져가서 자기 물건인 것처럼 행동한 적이 있었다. 다행히도 다른 아이들이 자기 물건이라고 돌려 달라고 말하면 이내 돌려주곤 했었다. 아직 소유 개념이 정립되지 않아서 그런가 싶었다. 이런 일이 계속해서 일어나지 않게 다음번에는 소유 개념에 대해 정확하게 알려 주어야겠다.

사례에 대해서 토의하기

- 교육실습생 지도 방법의 장 · 단점
- 문제해결 방법

활동 9-1 유아 일화기록 분석

다음의 일화기록을 읽고, 내용을 분석하여 요약 및 해석, 지도의 장·단점, 나의 지도 계획을 써 본다.

일화기록 양식

관찰 유아 : 홍윤주 / 김지웅 **생년 월일** : 2015. 7. 23 (여) / 2015. 12. 2 (남)
관 찰 자 : 조현희 **관찰 일시** : 2019. 4. 12 오전 10:45~10:58
관찰 장면 : 자유놀이 중 장난감을 뺏는 모습

기록 : 윤주는 수경, 지웅이와 함께 적목으로 소꿉놀이를 하고 있었다. 수경이는 소꿉놀이 도구로 밥하는 시늉을 하고 지웅이는 회사를 간다고 하면서 교실을 돌아다니고 윤주는 소꿉놀이 바구니에 적목을 계속해서 담고 있었다. 지웅이가 회사를 다녀왔다며 "딩동 딩동 문 열어요."라고 이야기하자 윤주가 "들어와요." 이야기하며 계속해서 적목을 담는다. 지웅이가 "야, 바구니에 다 담으면 어떻게 해?"라고 묻자 윤주는 "싫어."라고 대답한다. 지웅이가 바구니의 적목을 꺼내려고 하자 윤주는 지웅이의 손을 잡아당기며 "내 거야." 하고 소리치며 운다. 이에 교사가 "윤주야 친구와 사이좋게 나누어 놀아야 예쁜 친구야."라고 이야기하자 "집에서 혼자 놀아요."라고 대답한다. 다시 교사가 "집에는 친구가 없으니까 혼자 놀고, 여기서는 친구가 많으니까 같이 노는 거야. 알았지?"라고 이야기하자 약 3초 동안 대답 없이 있다가 "네."라고 대답하고 눈물을 닦고 자리에서 일어나 적목을 지웅이에게 갖다 준다.

요약 및 해석	
지도의 장 · 단점	
나의 지도 계획	

활동 9-2 유아 일화기록

다음의 일화기록 양식을 활용하여 교육실습 기간 중 유아를 관찰한다.

유아 일화기록 양식

관찰 유아 : 생년 월일 : 년 월 일
관 찰 자 : 관찰 일시 : 년 월 일
관찰 장면 :

기 록	
요약 및 해석	
지도 계획	

활동 9-3 유아 행동목록법 활용

다음의 행동목록법을 활용하여 교육실습 기간 중 유아를 관찰한다.

행동 발달 관찰 기록지

관찰 유아 : 생년 월일 : 년 월 일 성별 : 남, 여
관 찰 자 : 관찰 일시 : 년 월 일

영역	내 용	1회	2회	3회	4회	5회	6회
기본 생활습관	1. 정리정돈을 할 수 있다.						
	2. 간식/식사 전에 손을 씻는다.						
	3. 규칙(차례, 약속)을 잘 지키는 편이다.						
	4. 어른께 존댓말을 사용한다.						
	5. 음식을 골고루 먹는다.						
	6. 낮잠을 잔다.						
	7. 교사의 지시를 잘 이해하고 따른다.						
	8. 물건을 소중히 다루고 아껴 쓴다.						
	9. 고마워, 괜찮아, 미안해 등의 말을 적절하게 사용한다.						
	10. 혼자서 옷을 입을 수 있다.						
	11. 화장실 사용 후 뒤처리를 혼자 한다.						
신체 발달	1. 자세가 바르다.						
	2. 행동이 민첩하다.						
	3. 양발을 바꾸어 가며 계단을 오를 수 있다.						
	4. 바깥놀이에 활발히 참여한다.						
	5. 한 발로 깡총뛰기를 할 수 있다.						
	6. 공을 던지고 받을 수 있다.						
	7. 그네를 혼자 탈 수 있다.						
	8. 매트에서 구르기를 할 수 있다.						
	9. 손 사용에 있어서 선호도를 보인다(왼손, 오른손).						
	10. 손잡이나 병뚜껑을 쉽게 돌린다.						
	11. 주스나 우유를 흘리지 않고 따를 수 있다.						

신체 발달	12. 지퍼를 열고 잠글 수 있다.						
	13. 단추를 열고 잠글 수 있다.						
	14. 작은 물건을 잡을 수 있다(손바닥으로, 손가락으로).						
	15. 가위질을 할 수 있다.						
인지 발달	1. 질문을 많이 한다.						
	2. 사물을 주의 깊게 본다.						
	3. 상식이 풍부하다.						
	4. 문제 상황 시 다양한 방법으로 해결을 시도한다.						
	5. 자연 현상에 대하여 관심이 있다.						
	6. 기본 도형의 이름을 안다.						
	7. 기본 색깔의 이름을 안다.						
	8. 사건을 순서에 따라 배열한다.						
	9. 사물을 한 가지 속성에 따라 분류한다.						
	10. 5까지의 수를 합리적으로 센다.						
	11. 하루 일과의 순서를 안다.						
	12. 하루 전에 무슨 일이 일어났는지를 안다.						
	13. 사물의 수량을 많고 적음으로 보고 변별한다.						
	14. 일대일 대응으로 두 집단의 수를 짝 짓는다.						
	15. 자신을 중심으로 위, 아래, 앞, 뒤를 구별한다.						
	16. 일상생활에서 사용되는 수의 활용에 관심을 갖는다.						
	17. 자신을 중심으로 왼쪽, 오른쪽을 안다.						
언어 발달	1. 주의 깊게 듣는다.						
	2. 기초적인 낱말과 문장을 듣고 이해한다.						
	3. 분명한 발음으로 말한다.						
	4. 자신의 의견을 분명히 말한다.						
	5. 또래와 대화를 할 수 있다.						
	6. 상황에 따라 알맞게 말할 수 있다.						
	7. 이야기를 듣고 기억해 내어 이야기한다.						
	8. 교사가 나타내는 신호나 지시에 따른다.						
	9. 읽어 준 글을 자기 생각대로 이해하여 순서대로 말한다.						
	10. 글자에 관심을 보인다.						
	11. 글자의 기초가 되는 모양을 그린다.						

언어 발달	12. 자기 이름과 간단한 글자를 읽는다.						
	13. 어른의 도움 없이 혼자 책을 읽는다.						
	14. 책 읽기를 즐겨 한다.						
	15. 새로 내놓은 책에 관심을 갖는다.						
	16. 자기 이름과 간단한 글자를 쓴다.						
	17. 어른의 도움 없이 혼자 문장을 쓴다.						
	18. 연필을 바로 쥔다.						
	19. 바르게 앉아서 쓴다.						
	20. 창의적으로 이야기를 꾸며 말할 수 있다.						
부적응 행동	1. 자기 의사를 잘 표현하지 못한다.						
	2. 다른 사람과 말할 때 마주 쳐다보지 못한다.						
	3. 다른 사람과 이야기할 때, '예', '아니오' 라고만 대답한다.						
	4. 용품(크레파스, 놀잇감)이 없어도 같이 쓰자는 말을 못한다.						
	5. 친구들에게 자기 감정이나 의사를 나타내지 못한다.						
	6. 낯선 사람 앞에서는 말을 못한다.						
	7. 공연히 얼굴을 붉히거나 유난히 수줍음을 탄다.						
	8. 남이 조금만 뭐라고 해도 당황하거나 쩔쩔맨다.						
	9. 어른이 조금이라도 꾸중을 하기만 하면 울기부터 한다.						
	10. 지명을 받았을 때 재촉받고서야 마지못해 일어난다.						
	11. 선생님의 질문에 알면서도 더듬거리거나 말을 하지 않는다.						
자기 정체성	1. 엄마와 쉽게 떨어진다.						
	2. 교사에게 매달리거나 달라붙지 않는다.						
	3. 교사의 권유 없이 활동을 스스로 선택해서 논다.						
	4. 자신의 권리와 의견을 주장한다.						
	5. 자기가 하는 일에 열중한다(집중력이 있다).						
	6. 자기가 하는 일에 자신감을 보인다.						
	7. 자기가 시작한 일을 끝마친다.						
	8. 언어와 행동이 늘 긍정적이다.						
	9. 자신의 작품에 대체로 만족한다.						

영역	문항						
사회·정서 발달	1. 자신의 감정을 말로 표현할 수 있다.						
	2. 새로운 환경이나 교구에 흥미를 보인다.						
	3. 성격이 명랑하다.						
	4. 감정이 쉽게 바뀌는 편이다.						
	5. 혼자서 노는 편이다.						
	6. 놀이에서 주로 지도자 역할을 한다.						
	7. 이미 진행되고 있는 놀이에 자연스럽게 끼어든다.						
	8. 문제 상황이 생겼을 때 혼자서 잘 해결한다.						
	9. 문제 상황이 생겼을 때 말로 해결한다.						
	10. 다양한 놀이에 참여한다.						
	11. 친구들의 활동을 방해하지 않는다.						
친사회성 발달	1. 다른 사람의 감정을 이해하고 그에 맞는 말이나 행동을 한다.						
	2. 친구와 나누어 쓸 수 있다.						
	3. 친구에게 양보할 줄 안다.						
	4. 놀이나 작업을 할 때 협동을 잘한다.						
	5. 다른 사람의 부탁을 들어준다.						
	6. 친구나 교사를 잘 도와준다.						
공격적인 행동	1. 가만히 있는 친구를 공연히 툭툭 치거나 밀친다.						
	2. 물건을 다른 사람에게 던진다.						
	3. 다른 사람을 발로 차거나 때린다.						
	4. 친구를 꼬집거나 깨문다.						
	5. 다른 아이가 하는 일을 건드려서 망쳐 놓는다.						
	6. 친구가 가지고 놀고 있는 장난감을 빼앗는다.						
표현력과 창의력	1. 음악이나 악기 소리에 맞추어 몸을 움직인다.						
	2. 악기를 연주하는 일에 관심을 보인다.						
	3. 자신의 생각과 느낌을 그림으로 표현할 수 있다.						
	4. 독창적이고 다양한 형태의 표현을 시도한다.						
	5. 여러 가지 재료를 이용하여 다양한 방법으로 만들고 꾸밀 수 있다.						
	6. 역할놀이에서 맡은 역할을 잘해 낸다.						
	7. 놀이의 주제를 다양하게 선택한다.						

출처 : 황해익(2000). 유아교육평가. 서울: 창지사. pp. 320-324.

10장 일과 및 학급 운영

일과 운영 경험 사례

나는 병설 유치원으로 실습을 나갔고, 만 3세 고운반에 배정되었다. 환경은 일반 유치원과 크게 다른 점은 없었다. 선생님께서 학기 초이고, 종류를 많이 꺼내 놓지 않으셨다고 말씀하셨다. 15명의 유아들이 갖고 놀기엔 충분한 것 같았다.

나는 유아들이 등원할 때, 교실에 들어오면 유아들의 눈높이에서 밝게 인사를 했다. 그 덕분에 유아들이 나에게 조금 더 빨리 다가올 수 있었던 것 같다. 자유놀이 시간에는 유아들이 노는 모습을 지켜보며, 함께 놀았다. 고운반은 유아와 소통하고 놀이하는 것에 초점이 맞추어져 있는 것 같았다. 자유놀이를 가장 많이 했는데, 나는 유아들에게 책도 읽어 주고, 함께 이야기를 나누었다. 자유놀이 후에는 모든 유아들이 유희실에 모여 매일 체조를 하였다. 다 같이 노래에 맞추어 춤추듯이 체조를 하였다. 유아들이 너무 신나보여서 나까지 기분이 좋았다.

체조 후에 유아들 우유 간식도 있었는데 한 유아가 늦게까지 혼자 마시고 있는 모습을 보았다. 나는 걱정되어 옆에 있어 주었다. 열심히 마시려고 하는 모습이 예뻐 보였다. 한 손에는 물티슈를 갖고 있어서 아까 마시다가 흘렸나? 하는 생각이 들었다. 하지만 그 유아는 계속 마시며 일부러 밑으로 흘리고 있었다. 흘리면 닦고, 흘리면 닦고를 반복하였다. 처음에는 우유 팩이 유아들이 먹기 어려운가 하는 생각에 천천히 마셔도 된다고 말했지만, 이 행동이 반복되는 것으로 보아 아마 우유를

다 마시고 싶지 않았던 것 같다.

간식을 먹은 다음에는 동화 듣는 시간을 잠시 가졌다. 그리고 점심을 먹고, 오후에 미세먼지 때문에 바깥놀이를 하지 못해 유희실에서 공놀이를 하였다. 역시 유아들은 뛰어다니며 노는 모습이 가장 즐거워보였다. 작은 공 하나로 뛰고 던지고 놀며 재미있게 노는 모습을 보았다. 그 후 휴식 시간을 가졌고, 잠이 든 유아도 있었다. 방과 후 선생님이 오셔서 담임 선생님과 바뀌었고, 나도 교육실습생들이 쉬거나 따로 과제를 할 수 있는 교실로 오게 되었다.

처음 유치원에서 하루 종일 생활하다 보니 정신도 없고, 긴장만 했던 하루였던 것 같다. 비록 하루였지만 유아들의 여러 다양한 면도 보았고, 선생님의 모습도 많이 관찰했다. 내일은 조금 더 여유롭게 더 많은 것을 배우고, 더 많은 것을 관찰할 수 있을 것 같다. 앞으로의 시간들이 더 기대가 된다.

사례에 대해서 토의하기

- 교육실습생이 관찰한 일과 내용
- 일과 내용의 장·단점

1. 일과 운영

일반적으로 유아들은 유치원에서 놀이, 일상생활, 활동 등을 하면서 다양한 경험을 한다. 교육실습생은 교육실습 기간 동안 일과 운영을 관찰하고, 실제로 일과를 운영해 보는 경험을 한다. 이러한 경험을 바탕으로 졸업 후에 담당한 학급의 일과를 효율적으로 운영할 수 있다.

1) 일과 운영 관찰

유치원의 하루 일과에서 등원과 하원은 정해진 시간에 진행된다. 화장실 다녀오기, 손 씻기, 간식, 점심, 낮잠 및 휴식 등의 일상생활은 비교적 규칙적으로 운영되지만, 상황에 따라서는 융통성 있게 운영될 수 있다. 유아들의 놀이와 활동은 유아의 요구에 따라서 융통성 있게 운영할 수 있다.

교육실습생은 일정 기간 동안 관찰을 하면서 하루 일과의 운영을 이해할 수 있기 때문에 실습 초기에는 매일 일과를 관찰하는 것이 필요하다. 이러한 일과 운영에 대한 이해는 화장실 다녀오기, 손 씻기, 간식, 점심, 낮잠 및 휴식 등의 일상생활의 흐름과 유아 놀이 및 활동의 유기적 관계에 따른 효과적인 운영을 파악하게 한다. 즉, 교육실습생이 교사가 되었을 때, 자신의 학급의 일과를 어떻게 운영할지를 계획하는 데 도움이 된다. 일과 운영을 효과적으로 관찰하기 위한 관찰 기록지의 예는 다음 |표 10-1|과 같다.

| 표 10-1 | 일과 운영 관찰 기록지의 예

<table>
<tr><td colspan="2" rowspan="2">일과 운영 관찰 기록</td><td rowspan="2">결
재</td><td>교육실습생</td><td>지도교사</td><td>원 감</td><td>원 장</td></tr>
<tr><td></td><td></td><td></td><td></td></tr>
<tr><td>실습생명</td><td></td><td colspan="2">지도교사명</td><td colspan="3"></td></tr>
<tr><td>반 이름</td><td>(만 세)</td><td colspan="2">날짜</td><td colspan="3"></td></tr>
<tr><td>놀이 주제</td><td colspan="6"></td></tr>
<tr><td>목표</td><td colspan="6"></td></tr>
<tr><td>일과 시간표</td><td colspan="3">놀이 · 일상생활 · 활동 내용</td><td colspan="3">교육실습생 역할</td></tr>
<tr><td></td><td colspan="3">※ 일과 중 유아의 실내·외 자유놀이, 일상생활(등원, 간식, 식사), 대소집단활동을 기술합니다.
※ 유아 놀이 및 지도교사의 지원은 구체적으로 기술합니다.</td><td colspan="3">※ 일과 중 실습생의 역할(놀이 지원, 일상생활 지도, 지도교사 활동 참여 등)에 대해서 기술합니다.</td></tr>
<tr><td>실습생
반성
및
평가</td><td colspan="3">※ 관찰을 통해 이해한 것(놀이 이해, 일상생활, 활동, 일과 운영) 지원 계획(놀이, 일상생활, 활동 등)을 기술합니다.</td><td colspan="3">※ 실습생의 역할에 대한 평가 및 반성을 기술합니다.</td></tr>
<tr><td>지도교사
피드백</td><td colspan="6"></td></tr>
</table>

2) 일과 운영의 실제

유아교육기관에서 하루 일과를 운영하는 것은 유아가 매일을 효과적으로 생활하기 위한 것이다. 교육실습생이 일과를 운영하는 경우, 유아에게 혼란을 주지 않기 위해서 지도교사의 일과 운영 원리에 따라서 진행하는 것이 효과적이다. 그러나 교육실습생이 바람직한 일과 운영 원리를 알고 있어야 지도교사가 운영하는 일과의 장·단점을 파악할 수 있고, 본인이 교사가 되었을 때에도 효과적으로 일과를 운영할 수 있을 것이다.

유치원의 하루 일과는 놀이, 활동, 일상생활 등의 다양한 경험 중에서도 유아가 주도하는 놀이를 중심으로 편성·운영할 수 있다. 놀이시간은 짧게 여러 번 제공하기보다 긴 시간으로 편성하여 놀이의 흐름이 끊기지 않고 유아가 충분히 놀이하고 몰입할 수 있도록 해야 효과적이다. 바깥놀이를 포함하여 놀이 시간은 2시간 이상 확보되어야 하나 날씨와 계절, 기관의 상황, 유아의 관심사와 놀이 특성 등을 고려하여 유아와 의논하여 융통성 있게 편성·운영해야 한다. 예를 들어, 미세먼지가 많거나 날씨가 좋지 않은 날은 실내놀이를 길게 운영할 수 있고, 날씨가 좋은 날은 하루 일과 중 바깥놀이를 길게 편성할 수 있다. 즉, 놀이는 바깥놀이를 포함하여 하루 일과 중 가장 길게, 우선적으로 편성·운영하여 유아가 충분히 놀이할 수 있도록 해야 한다(교육부, 보건복지부, 2019a).

하루 일과 중에서 활동은 유아가 놀이를 통해서 배운 것을 확장하도록 지원해 주는 것으로 유아의 흥미와 이전의 놀이와의 연계성을 고려하여 놀이를 지원할 수 있는 활동을 계획하여 운영해야 한다. 그리고 일과 중에 포함되는 일상생활은 유아의 신체적 리듬을 반영하여 편성·운영해야 한다(Schwartz & Copeland, 2013, 조운주, 2019, 재인용).

따라서 교육실습생은 하루 일과를 운영할 때, 미리 계획한 활동을 모두 해야 한다거나 정해진 순서대로 일과를 운영하기보다 유아의 놀이 시간을 중심으로 유아가 주도하는 놀이의 흐름에 따라 일과를 융통성 있게 운영하고, 이러한 놀이를 지원하는 활동을 실행할 수 있다. 그리고 유아들의 신체 리듬을 반영하여 일상생활을 운영해야 한다. 일과 운영 시, 고려해야 할 사항을 구체적으로 제시하면 다음과 같다(교육부, 보건복지부, 2019a; 이기숙, 2008).

● 충분한 놀이 시간 제공

유아들은 놀이를 통해서 가장 잘 학습할 수 있다. 따라서 일과운영에서 실내놀이, 실외놀이 시간을 2시간 이상 제공하는 등 충분하고, 단절되지 않는 놀이 시간을 제공하는 것이 필요하다. 날씨, 상황을 고려하여 실내놀이와 실외놀이를 융통성 있게 운영한다.

● 놀이를 지원하는 활동 제공

교육실습생 주도의 사전에 계획된 활동을 실행하기보다는 유아들의 놀이를 지원하고 확장시킬 수 있는 활동을 일과 중에 실행한다. 이를 위해서 교육실습생은 유아들의 놀이를 심도 깊게 관찰하고 교육과정에 기초하여 분석한 다음, 놀이를 확장시켜 줄 수 있는 활동을 준비한다.

● 유아의 신체적 욕구 반영

신체적 욕구라 함은 화장실 가기, 간식 및 식사 등 생리적인 현상들이다. 유아들의 경우, 신체 발달 특성상 생리적 욕구를 어른들처럼 참을 수 없고, 자신의 신체적인 욕구를 정확하게 파악하여 전달하는 것도 어려울 수 있다. 따라서 교육실습생은 화장실 가기, 간식 먹기, 식사하기, 휴식 및 낮잠 자기 등이 하루 일과 중 언제 이루어지는지를 파악하여 운영해야 한다.

• 의사결정에 유아 참여

교육실습생은 유아들의 요구를 적절히 반영하는 능력이나 융통성이 부족해서 사전에 계획한 틀에 맞춰서만 하루 일과를 운영하는 경우가 많다. 이런 문제점을 극복하기 위해서 교육실습생은 모든 가능성을 미리 생각하고, 유아들의 의견에 반응하고, 유아들이 적극적으로 참여하고 의사결정을 할 수 있게 운영해야 한다.

• 다양한 상호작용 포함

유아들의 전인적 발달을 위해서 유아, 교사, 교구 등과의 다양한 상호작용을 일과 운영에 포함해야 한다. 교육실습생은 하루 일과를 구성할 때, 유아들이 자유롭게 놀이할 수 있는 분위기를 제공하여 유아 간의 다양한 상호작용을 격려한다. 또한 칭찬, 격려, 미소, 공감 등 유아-교사의 정서적 또는 언어적 상호작용을 통해 유아의 놀이를 긍정적으로 수용하고 격려한다. 교육실습생은 유아와 환경 간의 상호작용에 주의를 기울이고 존중하며 지원한다. 즉, 유아-유아, 유아-교사, 유아-교구의 상호작용이 일어날 수 있도록 일과를 운영한다.

• 융통성 있는 일과 운영

대부분의 교육실습생은 사고 수준이 낮기 때문에 융통성이 부족하다. 그러나 학급 상황은 매우 역동적이기 때문에 예상하지 못했던 일들이 매일 발생할 수 있다. 이런 돌발적인 문제 상황에 대처하기 위해서 융통성 있는 사고와 다양한 준비가 필요하다.

• 평가 실시

교육실습생은 다양한 레퍼토리가 부족하고 즉흥적으로 일과를 운영할 수 있는 능력이 부족하기 때문에 효율적인 일과 운영을 위해서는 사전 계획과 준비가 필요하다. 그리고 자신의 발전을 위해서는 활동 후에 반성과 평가가 수반되어야 한다.

교육실습생은 이상의 내용을 고려하여 일과를 운영할 수 있다. 그런데, 일과 운영은 교육실습기관마다, 학급마다 자율적으로 실행하여 각기 다를 수 있기 때문에 교육실습생은 일과 운영 및 일일 교육계획안 작성 시에 지도교사와 협의해서 진행하도록 한다. 교육실습생들이 참고할 수 있는 일일 교육계획안 작성 틀의 예는 다음 |표 10-2|와 같다.

| 표 10-2 | 일일교육 계획안 틀의 예

<table>
<tr><td colspan="2" rowspan="2">일일교육(일과 운영) 계획안</td><td rowspan="2">결
재</td><td>교육실습생</td><td>지도교사</td><td>원 감</td><td>원 장</td></tr>
<tr><td></td><td></td><td></td><td></td></tr>
<tr><td>실습생명</td><td></td><td>지도교사명</td><td colspan="4"></td></tr>
<tr><td>반 이름</td><td>(만 세)</td><td>날짜</td><td colspan="4"></td></tr>
<tr><td>놀이 관찰</td><td colspan="6">※ 유아들의 전일, 전주 놀이 중 지원이 필요하다고 판단한 놀이에 대한 관찰 기록을 요약해서 제시합니다.</td></tr>
<tr><td>놀이 이해</td><td colspan="6">※ 교육과정 내용에 기초하여 유아들의 놀이를 분석하고, 놀이 지원 방향을 기술합니다.</td></tr>
<tr><td>놀이 지원</td><td colspan="6">• 놀이 주제
※ 유아의 놀이 관찰 및 이해에 기초한 놀이 주제를 적습니다.
• 놀이 목표
※ 유아의 놀이 관찰 및 이해와 누리과정에 기초한 놀이 목표를 적습니다.
• 공간 및 자료
※ 놀이 지원을 위해서 놀이 공간 및 놀이 자료를 어떻게 변화시켜 줄 것인지에 대해서 기술합니다.
• 상호작용
※ 놀이를 지원하기 위한 유아와의 상호작용에 대해서 기술합니다.</td></tr>
<tr><td rowspan="2">일과
시간표</td><td colspan="2">계획 내용</td><td colspan="4">실행 내용</td></tr>
<tr><td colspan="2">※ 놀이, 일상생활, 활동 계획을 기술합니다.</td><td colspan="4">※ 계획과 달리 실행된 부분을 기술합니다.</td></tr>
<tr><td>실습생
평가</td><td colspan="6">※ 일일수업의 장 · 단점을 분석하고, 앞으로 유아들에 대한 지원 계획을 기술합니다.</td></tr>
<tr><td>지도교사
평가</td><td colspan="6">※ 실습생의 일일수업의 장 · 단점을 분석하고, 앞으로 유아들에 대한 지원 방향을 기술합니다.</td></tr>
</table>

2. 환경 구성

교육실습생은 교육실습 기간 동안 학급환경뿐 아니라 유아교육기관의 실내·외 모든 환경을 관찰하고, 실제로 학급환경 구성에 참여해 보는 경험을 한다. 유아들의 발달 특성상 환경 구성은 지속적으로 중요하게 인식되어 왔다. 유아·놀이 중심 교육과정에서는 효율적으로 놀이환경을 구성하여 유아들의 놀이를 지원해 주는 교사의 역할이 더욱 중요하다. 따라서 교육실습생은 환경 구성에 대한 관찰과 참여 경험을 기초로 미래의 자신의 학급환경을 어떻게 구성할지 계획해 보아야 한다.

1) 환경 구성의 관찰

유아교육기관의 물리적 환경이란 실내·외 시설과 설비, 교재·교구 등을 포함한 모든 환경을 의미한다. 시설이란 건물과 현관, 복도, 교실, 놀이실 등의 크기, 구조 등을 의미하는 것이다. 설비는 책상, 의자, 책장 등을 포함한다. 교재·교구는 유아가 직접 다루는 놀잇감이나 교육 자료 등이다(이영자, 권영례, 1997). 교육실습생은 실습 기간 동안 교육실습기관의 실내 흥미 영역의 구성 및 배치, 실외 영역의 구성 및 배치, 설비, 교재·교구 등 물리적 환경에 대해서 관찰한다. 실내·외 흥미영역은 유아들의 흥미와 놀이 양상에 따라서 바꾸어 주어야 하므로 놀이 과정을 지속적으로 관찰하고 분석하는 것이 필요하다. 이러한 관찰과 분석을 통해서 바람직한 환경 구성에 대해서 이해하게 되고, 교사가 되었을 때의 물리적 환경을 어떻게 구성할지를 계획해 볼 수 있다. 교육실습생이 관찰할 수 있는 물리적 환경의 구체적인 내용은 |표 10-3|, |표 10-4|와 같다.

| 표 10-3 | 실내 흥미 영역 관찰

구 분 \ 영 역	쌓기	역할	언어	수조작	과학	미술	음률	컴퓨터	모래	목공	이유 기술
영역 유무											
설비 안정성											
유아 선호도 높음											
공간 확장 필요성											
공간 축소·제거 필요성											
놀잇감 추가·교체 필요성											
놀이 규칙 변경 필요성											
정리정돈 용이성											
개선 방안 기술											

※ 작성 방법 : 각 영역별 관찰 내용을 ○, △, ×로 표시하고 이유를 쓴다.

| 표 10-4 | 실외 흥미 영역 관찰

구 분 \ 영 역	물	모래	놀이 기구	동식물	목공	개방 공간	자전거 길	휴식 공간	보관 창고	이유 기술
영역 유무										
시설 적절성										
유아 선호도 높음										
공간 확장 필요성										
공간 축소·제거 필요성										
놀잇감 추가·교체 필요성										
놀이 규칙 변경 필요성										
안전성										
개선 방안 기술										

※ 작성 방법 : 각 영역별 관찰 내용을 ○, △, ×로 표시하고 이유를 쓴다.

2) 환경 구성의 실제

유아교육기관의 환경은 유아의 놀이 및 행동, 정서 등에 영향을 미치므로 학급환경을 구성할 때에는 교실 면적, 유아의 연령 등을 우선 고려해야 한다. 교실 면적이 넓은 경우, 다양한 흥미 영역을 제공할 수 있으나, 좁은 경우에 많은 흥미 영역을 제공한다면 유아의 놀이를 활성화시키기 어렵다. 즉, 교실 면적, 유아의 연령, 요구, 놀이 특성에 따라서도 흥미 영역의 구성은 달라져야 한다.

따라서 교육실습생은 교육실습기관의 유아들의 놀이와 학급환경을 분석하여 바람직한 학급환경을 구성해 보는 것이 좋다. 교육실습생이 참고할 수 있는 일반적인 학급환경 구성의 기준은 다음과 같다(교육부, 보건복지부, 2019a; Dodge, 1988; Gullo, 1994).

- 유아 요구 중심의 구성

교실의 흥미 영역은 유아들이 가장 좋아하는 놀이를 중심으로 구성하는 것이 좋다. 따라서 많은 유아들이 흥미를 보이는 영역은 확장시키고, 유아들이 흥미를 보이지 않는 영역은 다른 영역과 통합하여 재구성하거나 대체한다. 또한 유아가 새로운 관심과 흥미를 보이는 경우, 새 영역을 추가할 수 있다.

- 실내놀이 공간의 다양화

실내놀이 공간을 교실로 제안하기보다는 안전의 문제가 없고, 교사의 관리가 가능하다면, 교실 이외의 다른 공간을 활용할 수 있다.

- 실외놀이 공간의 다양화

실외놀이 공간은 안전을 고려하되, 유아의 모험, 도전, 탐색 놀이 등을 경험하도록 구성한다. 유치원의 상황에 따라 인근 공원과 놀이터 등도 놀이 공간으로 활용할 수 있다.

- 풍부한 놀이 자료 제공

사물, 자연물, 악기, 미술 재료, 그림책, 재활용품 등을 계절이나 시기에 맞게 적절히 제공한다. 또한 유아가 자신만의 방식으로 활용할 수 있도록 비구조적인 자료를 풍부하게 제공한다.

- 놀이 상호성을 고려한 배치

쌓기놀이 영역이나 역할놀이 영역처럼 인접해서 배치할 때 놀이가 활성화될 수 있는 영역은 인접하게 배치한다. 그러나 서로 놀이에 방해가 되는 경우, 인접해서 배치하지 않는다.

- 휴식 공간 제공

유아들은 친구들과 함께 어울려서 놀이하는 것을 좋아하지만, 경우에 따라서 혼자서 조용히 놀거나 휴식을 취하고 싶을 수 있다. 유아의 특성상 혼자서 조용하게 노는 것을 좋아할 수 있기 때문에 휴식할 수 있는 공간(safety zone)을 제공한다.

- 발달의 균형 제공

유아들의 흥미를 고려하여 환경을 구성하나 유아들의 전인적인 발달(신체, 인지, 언어, 사회, 정서)을 고려하여 놀이 영역을 균형 있게 구성한다.

- 유아의 발달 특성, 개인 특성 고려

교재 · 교구는 유아가 쉽게 활용할 수 있어야 하고, 유아의 발달과 흥미에 맞는 교재 · 교구를 난이도를 고려하여 제공한다. 과거 경험과 새로운 경험을 연결하도록 친숙한 자료와 새로운 자료를 모두 제공한다.

교육실습생은 학급의 환경 구성 및 유아들의 놀이를 관찰하고, 이를 기초로 기존 흥미 영역의 문제점을 파악하여 수정하거나 재구성한다. 변경된 환경에서의 유아들의 놀이 및 반응의 변화를 다시 관찰하고 파악한다. 흥미 영역 개선의 예는 다음 | 표 10-5 | 와 같다.

| 표 10-5 | 흥미 영역 개선의 예

흥미 영역	흥미 영역 문제점	흥미 영역 개선 계획	유아 놀이 및 반응 변화
역할 영역	• 여아, 남아 중 한쪽 성의 유아들만 논다.	• 남아들이 좋아할 수 있는 놀잇감(자동차, 공룡, 경찰, 군인 등 직업 관련 놀잇감) 및 사진 자료를 제공한다. • 쌓기 영역과 공간을 개방한다.	• 남아들이 역할놀이에 참여한다.
쌓기 영역	• 유아가 지나가다 친구의 놀잇감을 치거나 놀이를 방해하게 된다. • 인원수를 조정하나 대기자가 많다.	• 영역이 좁으므로 영역을 확장시킨다. • 인원수 제한을 조정한다.	• 놀잇감을 치거나 방해하는 횟수가 감소한다. • 갈등이 감소한다.
과학 영역	• 유아들이 참여하지 않는다.	• 영역을 없애거나 축소시킨다. • 유아들이 관심을 보일 때 다시 구성해 준다.	
조작 영역	• 레고 등 놀잇감의 부족으로 싸움이 발생한다. • 만든 작품 전시로 인해 놀잇감이 부족하다.	• 놀잇감을 추가로 제공한다. • 전시된 놀잇감을 이용한 놀이를 하도록 지원한다. • 놀이의 확장을 위해 쌓기 영역으로 레고 놀잇감을 배치한다.	• 전시된 놀잇감을 이용한 놀이가 활성화된다.
기타	• 출입문 입구에서 팽이 돌리기 놀이를 지속적으로 한다. 통행하는 유아들과 갈등이 생긴다.	• 팽이를 돌릴 수 있는 놀이 공간을 마련해 준다. • 과학 영역과 통합해서 운영할 수 있다.	• 갈등이 감소하고, 다양한 팽이놀이 및 탐색이 활성화된다.

3. 사무 관리

유치원에서 관리해야 하는 문서는 다양하다. 교육실습생은 교육실습을 나가서 유아 출석부, 유아 전출입 관리, 생활기록부 등 원아 관리를 위한 문서를 작성하는 경험을 할 수 있다. 그 외에 공문서나 각종 대장을 작성하는 방법을 배울 수 있다. 출석부, 생활기록부, 공문서 관리에 대해서 구체적으로 살펴보면 다음과 같다.

1) 출석부

유아 출석부의 경우, 유아 학비를 지원하는 근거 자료이므로 정확하게 기입해야 한다. 원아의 월 교육 일수가 15일 이상인 경우, 유아 학비 지원 단가 전액을 지원하지만, 결석으로 인해 교육 일수가 15일 미만인 경우, 일할 계산하여 지급되기 때문이다(교육부, 2020a). 이에 출석부 관리는 유아교사들의 중요한 업무가 되고 있다. 따라서 교육실습생들도 교육실습을 통해서 정확하게 출석부를 정리하고 입력하는 것을 배우는 것이 필요하다. 출석부에는 유아의 결석, 인정 결석, 지각, 조퇴를 기호로 기재하고 월별 출결 사항을 합산해야 한다. 새로 입학하거나 퇴원하는 유아들의 입학과 퇴원 날짜도 적어야 한다. 유치원 출석부의 예를 제시하면 다음과 같다.

유치원 출석부의 예시

3월 출석부	결재	담임	원감	원장

		1	2	3	4	5	6	7	8	9	10	11	12	13	14	15	16	17	18	19	20	21	22	23	24	25	26	27	28	29	30	31	출석	결석	지각	조퇴
		일	월	화	수	목	금	토	일	월	화	수	목	금	토	일	월	화	수	목	금	토	일	월	화	수	목	금	토	일	월	화				
1	○○○	삼	입																														21	·	·	·
2	○○○	일	학																														21	·	·	·
3	○○○	절	식																			●	●	●									18	3	·	·
4	○○○																																21	·	·	·
5	○○○												○							○													21	·	2	·
6	○○○																																21	·	·	·
7	○○○																																21	·	·	·
8	○○○																																21	·	·	·
9	○○○																				퇴												13	·	·	·
20	○○○																입																11	·	·	·
21	○○○		이		하		빈		칸																											

□ 다음의 경우는 출석으로 인정한다. (인정결석) 행정예산과-4499(2018.4.9.) 공문 참조

▶ (공통 사항) 학부모는 의사 처방전 또는 약제비 영수증, 보험금 청구서, 참가 신청서 등 객관적 증빙 자료를 반드시 유치원에 제출하여야 함

▶ 지진, 폭우, 폭설, 폭풍, 해일 등의 천재지변으로 출석하지 못한 경우

▶ 공권력의 행사로 인하여 출석하지 못한 경우

▶ 질병 · 부상으로 원아가 정상적인 교육활동이 불가능하다고 원장이 판단할 경우(연간 최대 30일까지 인정)

– 질병 결석 확인서 징수 · 보관

– 단, 등교 시간대(오전 8~9시) 거주지 또는 유치원 주변에 고농도 미세먼지 발생 시(나쁨 이상) 학부모가 유치원에 사전 연락(전화, 문자 등)한 경우 질병 결석이 가능하며, 이 경우 유아 학비 지원 산정 일수 인정 및 연간 질병 결석 일수에서 제외

▶ 원장의 허가를 받은 "유치원을 대표한 경우, 경연대회 참가, 현장실습, 교환학습, 현장(체험)학습 등"으로 출석하지 못한 경우(연간 최대 30일까지 인정)

▶ 다음 경조사로 인하여 출석하지 못한 경우(우측 표 참조)
(교원휴가업무처리요령(예규 제20호, 2015. 1. 30.)을 근거로 함)

▶ 경조사별 휴가 일수

구분	대상	일수
결혼	• 형제, 자매	1
입양	• 본인	20
사망	• 부모 및 부모의 부모	5
	• 부모의 조부모, 외조부모 • 형제, 자매 및 그의 배우자	2
	• 부모의 형제, 자매	1

* 휴무 토요일 및 공휴일은 경조사 일수에 산입하지 않음

결석● 인정 결석△	입학 유아 수	전입	전퇴	월말 재적 수	수업 일수	수업 일수 누계
지각○ 조퇴×	19	1	1	19	21	21

출처 : 광주광역시서부교육지원청(2019). 2019학년도 유치원출석부. 광주: 광주광역시서부교육지원청.

출석부에 기재된 출결 사항을 교사는 e-유치원 유아학비지원 시스템(https://www.childschool.go.kr)의 출결 관리에 입력해야 한다. 아래 그림에서 학급, 이름 등 조회할 원아의 검색 조건을 설정하고, 조회 버튼을 클릭하면 교육과정 출결 정보 조회가 가능하다. 1일부터 말일까지 출석(O)/결석(/)을 체크하면, 교육 일수가 자동으로 계산된다. 교육실습생은 실습 기간 동안 e-유치원 유아학비지원 시스템에 접근할 권한은 없으나, 지도교사의 지원을 받아서 간접적으로 경험해 보는 것이 좋다.

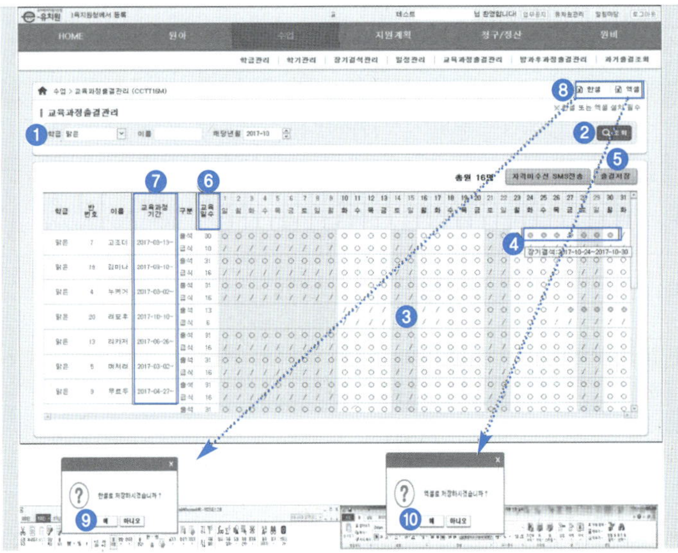

| 그림 10-1 | e-유치원 유아학비지원 시스템의 출결 관리

출처 : 교육부(2018). 유아학비지원 시스템 사용자 매뉴얼: 유치원용. 세종: 교육부.

2) 유치원 생활기록부

유치원 생활기록부는 「유아교육법」 제14조(2020b, 교육부), 유치원 생활기록부 작성 및 관리지침(2013, 교육부)에 따라 매년 연령별로 작성하도록 하고 있다. 유치원 생활기록부 작성 및 관리지침에는 작성 내용, 보관 기간 및 방법, 활용 등에 대해서 명시하고 있다. 따라서 교육실습생도 이러한 내용을 인지하고, 교육실습에서 유치원 생활기록부 작성 및 보관에 대해서 직 · 간접적으로 경험해 보는 것이 필요하다. 구체적인 유치원 생활기록부 작성 내용을 살펴보면 다음과 같다(교육부 2013; 교육부, 2014).

● 작성 내용 및 방법

유치원 생활기록부에는 담임 성명, 반 이름을 기재하고, 인적 사항으로 유아명, 성별, 생년월일, 주소, 가족 상황을 기록한다. 학적 사항으로 입학과 수료 날짜를 기재하고, 출결 사항을 기재한다. 그리고 누리과정 5개 영역별(신체운동·건강, 의사소통, 사회관계, 자연탐구, 예술경험) 유아의 발달 사항을 기재한다. 인적 사항, 학적 사항과 입학(또는 전입)은 입학(또는 전입) 후 한 달 내에 작성하고, 신체 발달 상황은 해당 학기(1학기, 2학기)에 실시한 후 일주일 이내에 기재하고, 나머지 항목은 2학기 말에 기재한다.

● 보관 기간 및 방법

유치원 생활기록부의 모든 항목을 작성한 후, 학년이 종료됨과 동시에 담당 유아들의 생활기록부를 K-에듀파인(지방교육행 · 재정통합시스템)에 내부 문서로 보관한다. 유치원 생활기록부 전산 자료는 30년간 보관하고, 매 학년도 말 처리가 종료되면 출력하여 유아가 졸업한 이후 3년 동안 보관한다.

● 활용

초등학교장 및 특수학교장이 유아의 생활 지도에 필요하다고 요청하면 보호자가 동의할 경우, 유치원장은 생활기록부를 출력하여 송부하여야 한다. 유아가 학기 중 또는 1년 과정 이수 후 전학할 경우, 유치원장은 보호자의 요청에 따라 유치원 생활기록부 출력물 또는 전산 자료를 전학하는 유치원에 송부한다.

유치원 생활기록부 작성 및 관리지침(2013, 교육부) [별지 1]에 제시하고 있는 유치원 생활기록부의 예는 다음과 같다.

유치원 생활기록부의 예시

유치원 생활기록부

구분 \ 연령	만 3세	만 4세	만 5세
수료대장번호	2018-○○	2019-○○	
반	새싹반	나무반	
담임 성명	조○○	이○○	

사진

1. 인적 사항

<table>
<tr><td>성명</td><td>이○○</td><td>성별</td><td colspan="2">여</td><td>생년월일</td><td>2014. ○. ○.</td></tr>
<tr><td rowspan="2">주소</td><td colspan="6">서울시 ○○○○○○○○○○○○</td></tr>
<tr><td colspan="6"></td></tr>
<tr><td rowspan="3">가족 상황</td><td>구분 \ 관계</td><td colspan="2">부</td><td colspan="2">모</td><td>특기 사항</td></tr>
<tr><td>성명</td><td colspan="2">김○○</td><td colspan="2">박○○</td><td></td></tr>
<tr><td>생년월일</td><td colspan="2"></td><td colspan="2"></td><td></td></tr>
</table>

2. 학적 사항

<table>
<tr><td colspan="3">내용</td><td>특기 사항</td></tr>
<tr><td>2018년 3월 ○○일</td><td>○○유치원</td><td>만 3세 입학</td><td></td></tr>
<tr><td>2019년 1월 ○○일</td><td>○○유치원</td><td>만 3세 수료</td><td></td></tr>
<tr><td>2020년 1월 ○○일</td><td>○○유치원</td><td>만 4세 수료</td><td></td></tr>
</table>

3. 출결 상황

연령 \ 구분	수업일수	출석일수	결석일수	특기 사항
만 3세	183	181	2	
만 4세	184	177	7	
만 5세				

4. 신체 발달 상황

구분 연령	1학기			2학기			특기 사항
	검사일	키	몸무게	검사일	키	몸무게	
만 3세	2018.4.18	100.3cm	15.3kg	2018.10.15	103.0cm	16.9kg	
만 4세	2018.4.9	105.7cm	18.0kg	2018.9.20	109.0cm	18.1kg	
만 5세		cm	kg		cm	kg	

5. 유아 발달 상황(성명: 김○○)

구분 연령	수업 일수	출석 일수
만 3세	신체운동·건강	신체활동에 자발적으로 참여하고 놀이 기구나 놀잇감, 도구를 안전하게 이용하며 주변을 깨끗이 함
	의사소통	상대방을 배려하는 바르고 고운 말을 사용하여 말하는 바른 태도를 갖고 있으나 자신의 생각을 상대방을 쳐다보며 말하는 태도가 요구됨
	사회관계	자신에게 다양한 감정이 있음을 알고 적절하게 표현하며 함께 하는 가족 구성원에 대한 소중함을 알고 있음
	예술경험	배운 노래를 회상하여 부를 수 있고 다른 사람의 극놀이 활동을 보고 상황을 재연하는 활동을 적극적으로 즐겨함
	자연탐구	자신과 친구의 모습을 거울을 보며 탐색하기를 즐기고 구체물의 수량의 많고 적음을 비교할 수 있고 계절과 날씨의 변화에 관심이 많음
	종합 발달 상황	다양한 활동에 의욕적으로 참여하고 침착하고 안정감 있게 행동하며, 사교성이 좋아 친구가 많고 규칙 지키기와 같은 기본 생활습관이 잘 형성되어 있음
만 4세	신체운동·건강	실내·외 놀이 기구나 놀잇감, 도구의 안전한 사용법 및 규칙 등을 알고 안전하게 놀이하며, 신체의 다양한 움직임에 관심을 갖고 있음
	의사소통	바르고 고운 말을 사용하며 다른 사람이 이야기할 때 표정, 몸짓 등을 바라보고 이야기를 주의 깊게 들음
	사회관계	친구와 서로 도움을 주고받으며 즐겁게 놀이하고 긍정적인 관계를 형성함
	예술경험	신체표현활동 시 수줍어하나 친구들과 함께하는 활동에는 즐겁게 참여하고, 미술 영역에서 활동하는 것을 좋아함
	자연탐구	동그라미, 세모, 네모 기본 도형을 사용하여 모양을 구성할 수 있으며, 여러 물체를 길이, 크기, 무게 등으로 비교, 분류하는 활동에 참여함
	종합 발달 상황	조용하고 차분한 성격으로 다른 사람을 잘 배려하고, 친구들과 협력하는 활동에 적극 참여하며 말과 행동이 예의 바름
만 5세	신체운동·건강	
	의사소통	
	사회관계	
	예술경험	
	자연탐구	
	종합 발달 상황	

3) 공문서

공문서는 공공기관이나 단체에서 공식으로 작성한 서류를 의미한다(국립국어원, 2019). 공문서는 내부 결재문서, 대내문서, 대외문서 등이 있는데, 내부 결재문서는 기관 내부적으로 계획 수립, 처리방침 보고 및 검토 등을 위해서 결재를 받는 문서를 의미하는 것으로 발신을 하지 않는다. 대내문서는 기관 내부에서 보조 또는 보좌기관 상호 간 협조 · 통지를 위하여 수발하는 문서를 의미한다. 대외문서는 단체 또는 다른 행정기관에 송수신하는 문서를 말한다.

이러한 공문서를 최근에는 전자문서로 송수신하고 있다. 공립 유치원은 K-에듀파인(지방교육행 · 재정통합시스템)을 활용하여 공문서를 송수신하고 있다. 사립 유치원의 경우, 유치원 3법과 유아교육법 제19조의 2(유아교육정보시스템의 구축 · 운영 등) 제5항(유치원은 회계 관리 업무를 위하여 정보시스템을 사용하여야 한다.)에 근거하여 2020년부터 모든 사립 유치원에서도 '사립 유치원 K-에듀파인' 이 도입되었다. 사립 유치원 K-에듀파인은 사립 유치원의 특성을 반영하여 5개 회계 기능(사업 관리, 예산 관리, 수입 관리, 지출 관리, 예산 결산)과 유치원 현황 등 활용이 편리한 3개의 편의 기능(세무 관리, 재정 분석, 클린 재정)으로 구성된다(교육부, 2020c). 사립 유치원 K-에듀파인은 사립 유치원 회계의 투명성을 위한 것이고, 교사들의 경우, 지출결의서 등의 문서를 K-에듀파인을 통해서 작성해야 한다.

이처럼 공문서 작성 및 송수신은 교사가 수행해야 할 업무 중 하나이고, 공문서를 작성하는 것은 초임교사들이 많은 오류를 범하는 업무이므로 교육실습생은 실습 기간 동안 다양한 공문서를 보고, 작성 양식을 익히는 것이 필요하다.

행정안전부(2017)에서는 쉽고 편한 공문서 작성 방법을 제시한 바 있고, 이에 따라 교육청에서도 유치원에 공문서 작성 방법을 제시하고 있다. 공문서 작성 방법 및 작성의 예를 제시하면 다음과 같다(광주광역시교육청, 2018; 행정안전부, 2017).

● 공문 수신자 및 제목

수신 다음 2타(∨∨) 띄우고 수신자 기재, 괄호 속에 담당자를 기재한다. 제목도 2타(∨∨) 띄우고 제목을 기재한다.

● 공문 항목

공문 내용을 상위 항목부터 하위 항목으로 구분할 필요가 있는 경우, 1., 가., 1), 가), (1), (가), ①, ㉮의 순으로 표시한다. 다만, 필요한 경우에는 ㅁ, ㅇ, -, · 등과 같은 특수한 기호로 표시할 수 있다. 제일 첫째 항목 기호는 왼쪽 처음부터 띄어쓰기 없이 시작한다. 둘째 항목부터는 상위 항목 위치에서 오른쪽으로 2타(∨∨)씩 옮겨 시작한다. 항목 기호와 그 항목의 내용 사이에는 1타(∨)를 띄운다. 하나의 항목만 있는 경우에는 항목 기호를 부여하지 아니한다.

● 공문 숫자

문서에 금액을 표시할 때에는 아라비아 숫자로 쓰되, 숫자 다음에 괄호를 하고 한글로 적어야 한다.

(예시) 금113,560원(금일십일만삼천오백육십원)

● 공문 붙임

붙임이 있는 경우, 붙임 다음 2타(∨∨) 띄우고, 숫자와 붙임 내용을 쓰고, 마침표을 찍으며, 2타(∨∨) 띄우고, '끝' 을 쓰고, 마침표를 찍는다(예: 붙임 1. 서식승인 목록 1부. 끝.). 붙임 없이 본문이 끝났을 경우, 공문 내용 다음 2타(∨∨) 띄우고 '끝' 자를 쓴다.

● 공문 서식(표)

공문에 서식(표)을 작성하는 경우, 서식(표)을 넣는다.

공문서 작성 예시

○○ 유치원

수 신 서울특별시 ○○교육지원청교육장(초등교육지원과장)
(경유)
제 목 (○○유) 신원조사 의뢰

---

1. 관련: 보안업무규정 제33조 및 보안업무규정시행세칙 제7조
2. 우리유치원 교원 임용예정자 □□□에 대한 신원조사를 다음과 같이 의뢰합니다.

연번	성명	주민등록번호	소지 자격	임용 직위	조사 목적	등록 기준지 및 주소지
1			*유2정*	*교사*	*임용*	*서울특별시 □□구 □□로 □길*
						서울특별시 ○○구 ○○로 ○길

붙임 1. 신원진술서 1부.
2. 개인정보 제공 동의서 1부.
3. 기본증명서 1부. 끝.

※ 기본증명서는 3개월 이내에 발급받은 것으로, 주민등록번호 뒷자리까지 표시된 것이어야 함.
※ 붙임서류 직송

○○ 유치원장 (직인)

원장 ○○○
협조자
시행 ( ) 접수 ( )
우 / http://
전화 / 전송 / / 비공개(6)

출처 : 서울특별시교육청(2018). 사립유치원교원인사실무 매뉴얼. 서울: 서울시교육청.

활동 10-1 일일교육 계획안

일과 운영의 원리에 기초하여 다음의 관찰한 유아 놀이를 활성화시킬 수 있는 일일교육 계획안을 작성해 본다. 작성된 계획안을 동료들과 비교하고 장·단점을 논의한다.

<table>
<tr><td colspan="2" rowspan="2">일일교육 계획안</td><td rowspan="2">결재</td><td>교육실습생</td><td>지도교사</td><td>원 감</td><td>원 장</td></tr>
<tr><td></td><td></td><td></td><td></td></tr>
<tr><td>실습생명</td><td></td><td colspan="2">지도교사명</td><td colspan="3"></td></tr>
<tr><td>반 이름</td><td>하늘반 (만 3세)</td><td colspan="2">날짜</td><td colspan="3"></td></tr>
<tr><td>놀이 관찰</td><td colspan="6">4명의 남자 유아(만 3세)들이 쌓기 영역에서 놀이를 하고 있다. 동우는 서준이와 함께 블록으로 무언가를 만들고 있다. 교사가 동우에게 "뭐 만드는 중이에요?"라고 묻자 "저 해적선 만들어요."라고 대답한다. 동우는 블록으로 해적선을 만들고 난 뒤 해적선을 들고 서준이와 함께 교실을 한 바퀴 돈다. 그런 다음 늑대를 해적선에 태운다. 교사가 서준이에게 "서준이는 해적선에 뭐 태우러 다니는 거야?"라고 묻자 동우는 "저는 공룡을 태울 거예요."라고 말한 뒤 공룡 모형 교구를 가지고 와서 블록 위에 올린다. 공룡을 태우고 5분 정도 반을 돌아다닌다. 쌓기 영역에서 동우와 서준이를 바라보던 현우는 코끼리 모형을 해적선에 넣으려고 하면서 "얘도 태워줘."라고 말한다. 그러자 동우가 "좁아."라고 한다.</td></tr>
<tr><td>놀이 이해</td><td colspan="6"></td></tr>
<tr><td>놀이 지원</td><td colspan="6">• 놀이 주제

• 놀이 목표

• 공간 및 자료

• 상호작용</td></tr>
<tr><td>일과 시간표</td><td colspan="6"></td></tr>
</table>

활동 10-2 흥미 영역 계획

학급의 흥미 영역을 어떻게 구성할 것인지 계획하고, 계획한 것을 단면도로 그려본다. 그린 단면도를 동료 예비교사의 단면도와 비교하여 장 · 단점을 논의한다.

흥미 영역 단면도 계획

활동 10-3 공문서 작성하기

우리 반은 만 4세 반으로 총 유아 수는 20명인데, 유치원 인근 소방서로 유아들과 견학을 나가려고 한다. 소방서로 보낼 협조 공문을 작성해 본다.

○○ 유치원

수 신
(경유)
제 목

11장 유아교육실습 평가

교육실습 평가 저널

6주간의 실습이 끝나고 유아들과 헤어질 시간이 되었다. 현장 체험을 다녀온 후에 급식 지도를 하고, 방과 후 시간으로 넘어가기 전에 유아들과 작별 인사를 하는 시간을 가졌다. 유아들이 헤어짐에 대해 잘 이해할 나이여서 슬퍼하는 모습이 많이 보였다. 유아들을 위한 선물을 나누어 주면서 한 명씩 안아 주었다. 특히 항상 말도 잘 안 듣고, 장난기도 많던 유아도 의젓한 모습으로 마지막 이야기를 들어주고, 안아 줄 때는 기분이 묘하기도 했다. 한 유아가 안아 주면서 "선생님 사랑해요."라고 이야기해 주었다. 유아와 교사의 관계라는 것이 다른 직업은 느끼지 못하는 교사만이 느낄 수 있는 보람이 있구나라는 생각이 들면서 감격스러운 마음이 들었던 것 같다.

모든 교사가 모여 마지막으로 간단하게 다과를 갖는 시간을 가지면서 교육실습을 마무리하고 이야기를 나누는 시간을 가졌다. 4주간의 실습기간이 길다면 길지만 짧기도 한 시간이라고 생각했다. 그 기간 동안 교사로서 유아들에게 어떤 영향을 주었는지 돌이켜 보게 되었다. 유아들에게 큰 변화를 가져다 줄 수는 없었지만 사소한 것 하나하나에 노력이 스며들어 있다고 생각했다. 한 유아가 원래는 편식도 상당히 심하고 식사 자체를 좋아하지 않아 급식 지도에 어려움이 있었다. 실습 기간 동안 급식 지도를 할 때마다 그 유아의 지도에 많은 노력을 기울였는데, 지금은 편식도 많이 고쳐지고 한 숟가락도 먹지 않았던 밥도 다 먹게 되었다. 이런 작은 변화들이 모여 바른 교육이 이루어질 수 있는 것이 아닌가 생각하게 되었다. 처음에는 교육실습생이 교사로서 얼마나 유아들에게 영향을 줄 수 있을까 하는 의문이 들었지만 이런 결과들을 보면서 보람도 느낄 수 있었고, 교사의 중요성도 느낄 수 있었다.

담임 선생님께서 교육실습을 하면서 어떤 점이 좋았는지, 무엇을 배워서 좋았는지 여쭤보셨다. 가장 의미 있게 배운 부분이라고 하면 유아들과의 관계에 대한 부분이라고 대답하였다. 유아들 각각의 특성을 알고 그에 맞게 지도하는 것도 부담감이 컸고, 유아들을 교사로서 중재하는 것이 어렵기도 했다. 만 5세 정도 되니 유아들이 자기주장도 강하고, 논리적으로 사고도 가능한 나이여서 사소한 것까지 영향을 미친다고 생각하니 더 어렵게 느껴졌던 것 같다. 한 번은 유아 두 명이 싸움이 일어나서 중재를 해야 하는 상황이 되었는데, 두 유아 모두 각각 억울한 점이 있어 쉽게 화해가 되지 않았다. 교사가 잘 해결해 주지 못하니 유아들도 난감해하였다. 각각의 유아가 생각하는 관점이나 특성이 달라서 일어난 사건이었는데 두 명을 모두 고려하려니 어렵게 느껴졌다. 아직까지도 이런 부분이 마냥 쉽지만은 않지만 이론이 아닌 현장에서만 배울 수 있는 점이라는 생각이 들었다. 담임 선생님께서도 그런 부분은 교사로서 항상 고민이 되는 부분이고, 현장에서 오랜 경험을 쌓아야 극복되는 부분이라고 말씀하셨다. 유아들을 곁에서 지켜보면서 좀 더 유아와 현장에 대해 이해할 수 있는 기회였다. 교육실습을 하는 동안 나에게 많은 변화가 생기게 되었는데 우선 교사라는 직업에 대해 자부심과 보람을 직접 느껴 보며 앞으로의 진로에 대해 확신을 가지게 되었다. 또한 교사의 역할에 대해 많은 생각을 해 볼 수 있는 시간이었다.

그리고 유아들을 대상으로 직접 수업해 보기도 하고 하루하루를 같이 지내 보며 유아들이 내 뜻대로 따라 주지 않아 속상할 때도 있었지만 같은 일과 속에서 항상 새로운 모습의 유아들을 보며 삶의 활력을 느낄 수 있었고, 유아들을 더욱 사랑하고 아끼는 마음을 가지게 되었다.

사례에 대해서 토의하기

- 교육실습의 의미
- 교육실습생 평가

1. 교육실습생 평가

모든 평가는 불안과 스트레스의 원인이 되기도 하지만 평가를 통해서 개인적인 성장과 발전을 파악할 수 있다. 교육실습생에 대한 평가는 교육실습 과정을 통해서 교육실습생이 얼마나 성장했는지를 나타내 준다. 즉, 평가는 교육실습생의 향상을 위한 기회이고, 교육실습생의 장 · 단점을 파악할 수 있는 시간이다. 평가를 통해서 교육실습생은 자신에 대한 객관적인 자료를 얻을 수 있기 때문에 교육실습 과정에서 지속적으로 자신의 발전을 평가해야 한다. 교육실습생을 평가하는 구체적인 목적은 다음과 같다.

- 평가는 교육실습생의 역할 수행 정도를 인식하게 한다.
- 평가는 교육실습생에게 교사로서의 장·단점을 파악하고 인식하게 한다.
- 평가는 교육실습생에게 반성 및 발달의 기회를 제공한다.
- 평가는 교육실습생의 교사로서의 적성을 확인하게 한다.
- 평가는 교육실습생에게 교사로서 평가하는 습관을 길러 준다.

교육실습생의 평가는 교육실습생 자신에 의한 평가뿐 아니라 교육실습 참여자들에 의해서 이루어져야 한다. 따라서 지도교사 및 지도교수에 의해서도 평가가 이루어질 수 있고, 유아들도 교육실습생의 효율성에 대한 통찰력을 제공할 수 있다.

교육실습생을 체계적으로 평가하기 위해서는 교육실습의 모든 과정에서 평가가 이루어져야 하고, 대학, 교육실습생과 지도교사가 평가 방법 및 평가 요소에 대해서 동의해야 한다. 교육실습생은 지도교사나 지도교수로부터 피드백을 받았을 때 자신의 평가와 비교해 보는 것이 좋다. 지도교사나 지도교수가 지적한 것을 교육실습생 스스로 인식하고 있다면 교육실습생 자신의 평가는 적절한 것이다. 만약 지도교사가 많은 것을 지적했다면 교육실습생은 지도교사를 원망하기보다는 자신의 수행을 더욱 비판적

으로 평가하려고 노력해야 한다. 교육실습생의 수행과 역할을 평가하기 위해서 활용할 수 있는 방법은 직접적인 관찰(체크리스트, 평정척도, 개방식 관찰 도구 등), 인터뷰, 비디오 녹화나 녹음, 교육실습생 저널 분석, 포트폴리오 평가 등이다. 교육실습생을 객관적으로 평가하기 위해서는 평정척도를 활용하는 것이 효과적이다. 교육실습생 평정척도의 예는 |표 11-1|과 같다. 반면, 교육실습생을 보다 종합적이고 총체적으로 평가하기 위해서는 포트폴리오를 통해서 평가하는 것이 효과적이다. 교육실습생 포트폴리오 구성 방법과 자료 수집 방법은 6장에 제시하였다. 이를 기초로 교육실습생 포트폴리오를 구성할 수 있다.

|표 11-1| **교육실습생 평정척도**

영 역	항 목	그렇지 않다	보통이다	그렇다
개인 특성	건강 상태가 좋다.			
	정서적으로 안정되고 침착하다.			
	옷차림이 적절하다.			
	교육실습 동안 정확한 시간에 도착한다.			
	마감 시간 전에 업무를 수행한다.			
	지도교사의 도움 없이 독립적으로 역할을 수행한다.			
	교육실습기관에서 요구하는 것 이상의 일을 하려고 한다.			
	업무를 수행할 때 융통성이 있다.			
	밝고 친절한 태도와 자세를 갖는다.			
	조정된 목소리로 바른 언어를 사용한다.			
전문성	교육실습생으로 책임감을 갖고 실행한다.			
	교육실습생으로 수행을 평가하려고 한다.			
	교육실습기관의 규정 및 규칙을 인식하고 준수한다.			
	적절한 업무 절차를 따른다.			
	모든 사람들에게 윤리적이다.			
	교사로서의 태도를 유지하고 교사로서 일한다.			

영 역	항 목	그렇지 않다	보통이다	그렇다
유아 지도	유아들에게 친절하고 즐거운 태도를 갖는다.			
	유아들의 요구에 민감하다.			
	유아의 안전을 인식한다.			
	유아들의 우정을 발달시킨다.			
	유아들에게 독립성과 책임감을 인식하게 한다.			
	유아들의 수준을 이해한다.			
	유아들의 요구를 충족시킨다.			
	유아들에게 귀를 기울인다.			
	유아의 지식과 기술을 증진시킨다.			
	유아들의 행동을 적절히 조절한다.			
성인 관계	교육실습기관 및 지도교사에 대한 긍정적인 견해를 갖는다.			
	원장, 원감, 지도교사의 지도, 조언, 평가를 수용한다.			
	지도교사와 다른 교사를 존중하고 협력한다.			
	교사, 원장, 부모 등 성인들에게 친절하다.			
	적절한 절차를 따른다.			
	아이디어나 계획을 다른 교사와 공유한다.			
	협의회에 긍정적인 태도로 참여한다.			
교수 능력	교육 계획 시 유아의 흥미, 발달을 고려한다.			
	일과를 균형, 융통성 있게 조직하고 계획한다.			
	유아들의 놀이를 이해한다.			
	유아들의 놀이를 효과적으로 지원한다.			
	유아의 놀이와 흥미에 기초한 활동을 제공한다.			
	교사와 유아가 함께 주도하고, 흥미로운 활동을 제공한다.			
	유아들과 원활히 의사소통한다.			
	필요한 자료를 찾고, 자료를 매력적으로 만든다.			
	새롭고 발전된 교수방법을 사용한다.			
	유아들의 개인차를 고려한다.			
	유아들을 적절히 관찰하고, 평가한다.			

교육실습생은 위에 제시한 종합 평가표를 가지고 교육실습 기간 동안 교육실습생으로서의 본인의 역할을 평가해야 할 뿐 아니라, 교육실습 전체 과정에 대한 종합적인 반성을 해야 한다. 이러한 반성 및 평가에 기초하여 유아교사로서의 전문적인 발달 계획을 수립하려는 노력이 필요하다.

2. 지도교사 평가

평가는 교육실습생에게만 필요한 것이 아니다. 지도교사도 지도교사로서의 역할 수행 및 개인 교사로서의 발달을 평가해야 한다. 이러한 평가와 반성을 통해서 다음에 교육실습생을 지도할 때 보다 효율적으로 지도할 수 있고, 교사로서 발전할 수 있다. 지도교사를 평가하는 구체적인 목적은 다음과 같다.

- 지도교사의 역할을 인식하게 한다.
- 교육실습생을 이해하고 신뢰적인 관계 형성 능력을 기르게 한다.
- 유아의 놀이 지원 및 활동, 일상생활 지도 등 전문적 측면에서의 지도 능력을 증진시킨다.
- 지도교사의 반성적 사고를 증진시킨다.

지도교사에 대한 평가는 자신, 교육실습생, 지도교수에 의해서 이루어질 수 있다. 지도교사의 역할을 평가하기 위한 자료 수집 방법은 직접 관찰, 인터뷰, 비디오 녹화나 녹음, 저널 등 다양한 방법을 활용할 수 있다. 지도교사의 역할을 평가하기 위한 평정척도를 제시하면 ❙표 11-2❙와 같다.

| 표 11-2 | 지도교사 역할 평정척도

문항	내 용	지도교사 역할 수행				
		5	4	3	2	1
1	지도교사는 교육실습생을 평가하기보다는 지지와 칭찬을 제공한다.					
2	지도교사는 교육실습생을 성인 협력자로 존중한다.					
3	지도교사는 교육실습생과 함께 문제해결 방법을 찾는다.					
4	지도교사는 교육실습생의 이야기를 항상 들어준다.					
5	지도교사는 교육실습생의 비밀을 지킨다.					
6	지도교사는 교육실습생이 기관 밖의 활동에 참여할 수 있도록 격려한다.					
7	지도교사는 교육실습생이 스트레스를 해소할 수 있는 건설적인 방법을 제안한다.					
8	지도교사는 교육실습생과 개방적이고 신뢰적인 관계를 형성한다.					
9	지도교사는 교육실습생에게 유아 지도, 평가하는 방법을 알려준다.					
10	지도교사는 교육실습생에게 효과적인 교수방법을 알려 준다.					
11	지도교사는 교육실습생에게 자료 제작 및 활용 방법에 대해서 알려 준다.					
12	지도교사는 교육실습생에게 학급 운영 방법을 알려 준다.					
13	지도교사는 교육실습생의 교수 향상을 위한 협의회(계획 및 평가 시간)를 한다.					
14	지도교사는 교육실습생에게 규칙적이고 지속적인 정보와 피드백을 제공한다.					

활동 11-1 교육실습생 종합 평가

① 교재 243쪽의 | 표 11-1 | 교육실습생 평정척도를 활용하여 교육실습생 본인, 지도교사, 지도교수, 동료 교육실습생이 각각 평가한다. 영역별 점수와 평균 점수를 계산한다.

영 역	영역 총점				영역 평균(영역 총점÷문항수)			
	본인	지도교사	지도교수	동료	본인	지도교사	지도교수	동료
개인 특성								
전 문 성								
유아 지도								
성인 관계								
교수 능력								

② 평가 점수에 기초하여 평가가 다른 이유와 각 영역별 실행이 잘 되지 않은 이유는 무엇인지 생각한다.

영 역	반 성
개인 특성	
전 문 성	
유아 지도	
성인관계	
교수 능력	

활동 11-2 교육실습생 반성

교육실습생은 교육실습 전체 과정에 대해서 다음의 표를 활용하여 종합적인 반성과 평가를 한다.

구 분	내 용
교육실습에 대한 종합 소감	
긍정적인 면	
반성할 사항	

활동 11-3 지도교사 역할 평가

교재 246쪽의 |표 11-2| 지도교사 역할 평정척도에서 본인의 지도교사의 역할에 해당하는 곳에 V표 한 다음 각각의 합을 구한다. 평가 결과를 근거로 어떤 부분의 지원을 많이 받았는지 토의하고, 미래 자신의 지도교사 역할을 계획한다.

<table>
<tr><th colspan="2">구 분</th><th>지원받은 것</th><th>지원받지 못한 것</th></tr>
<tr><td>1~7번
문항</td><td>감정적
지원 역할</td><td></td><td></td></tr>
<tr><td>8~14번
문항</td><td>전문적
지원 역할</td><td></td><td></td></tr>
<tr><td rowspan="2">나의 미래
지도교사
역할 계획</td><td>감정적
지원 역할</td><td colspan="2"></td></tr>
<tr><td>선분적
지원 역할</td><td colspan="2"></td></tr>
</table>

부록

교육실습일지 및 포트폴리오 양식

1. 실습일지(일과 관찰 기록)
2. 실내환경 관찰
3. 실외환경 관찰
4. 유아(놀이) 관찰
5. 놀이 지원 계획 및 실행
6. 활동 계획 및 실행
7. 일일교육(일과 운영) 계획 및 실행

<table>
<tr><td colspan="2" rowspan="2">실습일지(일과 관찰 기록)</td><td rowspan="2">결
재</td><td>교육실습생</td><td>지도교사</td><td>원 감</td><td>원 장</td></tr>
<tr><td></td><td></td><td></td><td></td></tr>
<tr><td>실습생명</td><td></td><td colspan="2">지도교사명</td><td colspan="3"></td></tr>
<tr><td>반 이름</td><td>(만 세)</td><td colspan="2">날짜</td><td colspan="3"></td></tr>
<tr><td>놀이 주제</td><td colspan="6"></td></tr>
<tr><td>목표</td><td colspan="6"></td></tr>
<tr><td>시간</td><td colspan="3">놀이 · 일상생활 · 활동 내용</td><td colspan="3">교육실습생 역할</td></tr>
<tr><td></td><td colspan="3">※ 일과 중 유아의 실내·외 자유놀이, 일상생활(등원, 간식, 식사), 대소집단활동을 기술합니다.
※ 유아 놀이 및 지도교사의 지원은 구체적으로 기술합니다.</td><td colspan="3">※ 일과 중 실습생의 역할(놀이 지원, 일상생활 지도, 지도교사 활동 참여 등)에 대해서 기술합니다.</td></tr>
<tr><td>실습생
반성
및
평가</td><td colspan="3">※ 관찰을 통해 이해한 것(놀이 이해, 일상생활, 활동, 일과 운영) 지원 계획(놀이, 일상생활, 활동 등)을 기술합니다.</td><td colspan="3">※ 실습생의 역할에 대한 평가 및 반성을 기술합니다.</td></tr>
<tr><td>지도교사
피드백</td><td colspan="6"></td></tr>
</table>

실내환경 관찰		결재	교육실습생	지도교사	원 감	원 장
실습생명		관찰 일시				
반 이름	(만 세)					
교실 배치도(그림 또는 사진)						

구 분 \ 영 역	쌓기	역할	언어	수조작	과학	미술	음률	컴퓨터	모래	목공	이유 기술
영역 유무											
설비 안정성											
유아 선호도 높음											
공간 확장 필요성											
공간 축소·제거 필요성											
놀잇감 추가·교체 필요성											
놀이 규칙 변경 필요성											
정리정돈 용이성											
개선 방안 기술											

※ 작성 방법 : 각 영역별 관찰 내용을 ○, △, ×로 표시하고 이유를 쓴다.

<table>
<tr><td colspan="2" rowspan="2">실외환경 관찰</td><td rowspan="2">결
재</td><td>교육실습생</td><td>지도교사</td><td>원 감</td><td>원 장</td></tr>
<tr><td></td><td></td><td></td><td></td></tr>
<tr><td>실습생명</td><td></td><td colspan="2">관찰 일시</td><td colspan="3"></td></tr>
<tr><td>반 이름</td><td colspan="6">(만 세)</td></tr>
<tr><td colspan="7">실외 공간 단면도(그림 또는 사진)</td></tr>
<tr><td colspan="7"></td></tr>
</table>

영 역 / 구 분	물	모래	놀이 기구	동식물	목공	개방 공간	자전거 길	휴식 공간	보관 창고	이유 기술
영역 유무										
시설 적절성										
유아 선호도 높음										
공간 확장 필요성										
공간 축소·제거 필요성										
놀잇감 추가·교체 필요성										
놀이 규칙 변경 필요성										
안전성										
개선 방안 기술										

※ 작성 방법 : 각 영역별 관찰 내용을 ○, △, ×로 표시하고 이유를 쓴다.

<table>
<tr><td colspan="2" rowspan="2">유아(놀이) 관찰</td><td rowspan="2">결
재</td><td>교육실습생</td><td>지도교사</td><td>원 감</td><td>원 장</td></tr>
<tr><td></td><td></td><td></td><td></td></tr>
<tr><td>실습생명</td><td></td><td colspan="2">지도교사명</td><td colspan="3"></td></tr>
<tr><td>반 이름</td><td>(만 세)</td><td colspan="2">관찰 일시</td><td colspan="3"></td></tr>
<tr><td>유아(놀이)
관찰</td><td colspan="6">• 유아명(놀이 참여 유아명):
• 관찰 장면(놀이 주제):
• 유아(놀이) 관찰 내용:</td></tr>
<tr><td>유아(놀이)
이해</td><td colspan="6">※ 교육과정 내용에 기초하여 유아들의 놀이 및 행동을 분석하고, 지원 방향을 기술합니다.</td></tr>
<tr><td>유아(놀이)
지원</td><td colspan="6">※ 놀이 및 행동을 지원하기 위한 공간 및 놀이 자료, 상호작용, 활동 방향을 기술합니다.</td></tr>
</table>

<table>
<tr><td colspan="2" rowspan="2">놀이 지원 계획 및 실행</td><td rowspan="2">결
재</td><td>교육실습생</td><td>지도교사</td><td>원 감</td><td>원 장</td></tr>
<tr><td></td><td></td><td></td><td></td></tr>
<tr><td>실습생명</td><td></td><td>지도교사명</td><td colspan="4"></td></tr>
<tr><td>반 이름</td><td>(만 세)</td><td>일시</td><td colspan="4"></td></tr>
<tr><td>놀이 관찰</td><td colspan="6">※ 유아들의 놀이를 관찰 기록합니다.</td></tr>
<tr><td>놀이 이해</td><td colspan="6">※ 교육과정 내용에 기초하여 유아들의 놀이를 분석하고, 놀이 지원 방향을 기술합니다.</td></tr>
<tr><td rowspan="2">놀이 지원</td><td colspan="6">• 공간 및 자료
※ 놀이 지원을 위해서 공간 및 자료의 변화 계획 또는 실행한 것을 기술합니다.</td></tr>
<tr><td colspan="6">• 상호작용
※ 놀이 지원을 위한 유아와의 상호작용 계획 또는 실행한 것을 기술합니다.</td></tr>
<tr><td>실습생
평가</td><td colspan="6">※ 활동의 장 · 단점을 분석하고, 앞으로 유아들에 대한 지원 계획을 기술합니다.</td></tr>
<tr><td>지도교사
평가</td><td colspan="6">※ 실습생 활동의 장 · 단점을 분석하고, 앞으로 유아들에 대한 지원 방향을 기술합니다.</td></tr>
</table>

<table>
<tr><td colspan="2" rowspan="2">활동 계획 및 실행</td><td rowspan="2">결
재</td><td>교육실습생</td><td>지도교사</td><td>원 감</td><td>원 장</td></tr>
<tr><td></td><td></td><td></td><td></td></tr>
<tr><td>실습생명</td><td></td><td>지도교사명</td><td colspan="4"></td></tr>
<tr><td>반 이름</td><td>(만 세)</td><td>일시</td><td colspan="4"></td></tr>
<tr><td>놀이 관찰</td><td colspan="6">※ 유아들의 놀이를 관찰 기록합니다.</td></tr>
<tr><td>놀이 이해</td><td colspan="6">※ 교육과정 내용에 기초하여 유아들의 놀이를 분석하고, 놀이 지원 방향을 기술합니다.</td></tr>
<tr><td>놀이 지원</td><td colspan="6">• 공간 및 자료
※ 놀이 지원을 위해서 공간 및 자료의 변화 계획 또는 실행한 것을 기술합니다.</td></tr>
<tr><td rowspan="2">활동</td><td colspan="6">• 활 동 명 :
• 활동 목표 :
• 준 비 물 :</td></tr>
<tr><td colspan="3">• 진행 계획
※ 활동에 대한 계획을 기술합니다.</td><td colspan="3">• 진행 실행
※ 실제로 실행한 활동을 기술합니다.</td></tr>
<tr><td>실습생
평가</td><td colspan="6">※ 활동의 장 · 단점을 분석하고, 앞으로 유아들에 대한 지원 계획을 기술합니다.</td></tr>
<tr><td>지도교사
평가</td><td colspan="6">※ 실습생 활동의 장 · 단점을 분석하고, 앞으로 유아들에 대한 지원 방향을 기술합니다.</td></tr>
</table>

<table>
<tr><td colspan="2" rowspan="2">일일교육(일과 운영)
계획 및 실행</td><td rowspan="2">결
재</td><td>교육실습생</td><td>지도교사</td><td>원 감</td><td>원 장</td></tr>
<tr><td></td><td></td><td></td><td></td></tr>
<tr><td>실습생명</td><td></td><td colspan="2">지도교사명</td><td colspan="3"></td></tr>
<tr><td>반 이름</td><td>(만 세)</td><td colspan="2">날짜</td><td colspan="3"></td></tr>
<tr><td>놀이 관찰</td><td colspan="6">※ 유아들의 전일, 전주 놀이 중 지원이 필요하다고 판단한 놀이에 대한 관찰 기록을 요약해서 제시합니다.</td></tr>
<tr><td>놀이 이해</td><td colspan="6">※ 교육과정 내용에 기초하여 유아들의 놀이를 분석하고, 놀이 지원 방향을 기술합니다.</td></tr>
<tr><td>놀이 지원</td><td colspan="6">• 놀이 주제
※ 유아의 놀이 관찰 및 이해에 기초한 놀이 주제를 적습니다.
• 놀이 목표
※ 유아의 놀이 관찰 및 이해와 누리과정에 기초한 놀이 목표를 적습니다.
• 공간 및 자료
※ 놀이 지원을 위해서 놀이 공간 및 놀이 자료를 어떻게 변화시켜 줄 것인지 기술합니다.
• 상호작용
※ 놀이 지원을 위한 유아와의 상호작용에 대해서 기술합니다.</td></tr>
<tr><td rowspan="2">일과
시간표</td><td colspan="6">• 활 동 명 :
• 활동 목표 :
• 준 비 물 :</td></tr>
<tr><td colspan="2">• 계획
※ 놀이, 일상생활, 활동 계획을 기술합니다.</td><td colspan="4">• 실행
※ 계획과 달리 실행된 부분을 기술합니다.</td></tr>
<tr><td>실습생
평가</td><td colspan="6">※ 일일수업의 장 · 단점을 분석하고, 앞으로 유아들에 대한 지원 계획을 기술합니다.</td></tr>
<tr><td>지도교사
평가</td><td colspan="6">※ 실습생의 일일수업의 장 · 단점을 분석하고, 앞으로 유아들에 대한 지원 방향을 기술합니다.</td></tr>
</table>

유아 교육 실습

참고 문헌

강문희, 이광자, 박경(1999). 인간관계 이해. 서울: 학지사.

광주광역시교육청(2018). 올바른 공문서 작성법. http://www.gen.go.kr에서 인출.

광주광역시서부교육지원청(2019). 2019학년도 유치원출석부. 광주: 광주광역시서부교육지원청.

교육부(2013). 유치원생활기록부 작성 및 관리지침. 세종: 교육부.

______(2014). 유치원생활기록부 기재요령. 세종: 교육부.

______(2018). 유아학비지원시스템 사용자 매뉴얼: 유치원용. 세종: 교육부.

______(2019a). 유치원 및 초등 · 중등 · 특수학교 등의 교사자격 취득을 위한 세부기준. 서울: 교육부.

______(2019b). 교원자격검정실무편람. 서울: 교육부.

______(2020a). e-유아학비지원 시스템. https://www.childschool.go.kr에서 인출.

______(2020b). 유아교육법. 세종: 교육부.

______(2020c). 모든 사립유치원 2020년 3월부터 「사립유치원 K-에듀파인」 전면 도입. https://blog.naver.com/moeblog에서 인출.

교육부, 보건복지부(2019a). 2019 개정 누리과정 해설서. 세종: 교육부, 보건복지부.

________________(2019b). 2019 개정 누리과정 놀이실행자료. 세종: 교육부, 보건복지부.

교육인적자원부(2001). 유치원 교사 교육 프로그램. 서울: 교육인적자원부.

국립국어원(2019a). 표준국어대사전. https://stdict.korean.go.kr에서 인출.

__________(2019b). 표준국어대사전. https://stdict.korean.go.kr에서 인출.

권연옥(1997). 인간관계론. 서울: 학문사.

김계현(1995). 카운셀링의 실제. 서울: 학지사.

김은영(1999). 우리나라와 미국의 유치원 교사 양성제도 비교. 이화여자대학교 대학원 석사학위논문.

김정규, 이광자(1997). 유아교육실습. 서울: 동문사.

류진희(2000). 유아교사를 위한 교육실습과 교육활동. 서울: 양서원.

박병진 역(1987). 대인관계에서 성공하라. 서울: 육문사.

박은혜(1996). 반성적 사고와 유아 교사교육. 유아교육연구, 16(1), 175-192.

______(1999). 유아교사교육에서 저널 쓰기 활용에 대한 고찰. 한국교사교육, 16(2), 195-216.

______(2002). 지식기반사회에서의 유아교사의 지식. 서울: 창지사.

______(2017). 유아교사론. 서울: 창지사.

박은혜, 이은화(1998). 반성적 사고 신장을 위한 교육실습지도: 실습지도교수의 역할을 중심으로. 교육과학 연구, 2(1), 187-204.

변계영(1997). 수업장학. 서울: 학지사.

서울특별시교육청(2018). 사립유치원교원인사실무 매뉴얼. 서울: 서울시교육청.

설기문(1997). 인간관계와 정신건강. 서울: 학지사.

신옥순(1994). 유아교육학개론. 서울: 학지사.

신현주(1998). 유아교육실습 지도교사의 역할 인식과 수행에 관한 연구. 서원대학교 교육대학원 석사학위논문.

양창삼(1997). 인간관계와 갈등관리. 서울: 경문사.

염지숙(2003). 유아교육실습: 예비교사들의 경험 이야기. 한국교원교육연구, 20(2), 223-248.

이기숙(2008). 유아교육과정. 서울: 교문사.

이매자(1998). 교육실습생이 인식한 유치원 교육실습의 효과와 관련변인연구. 계명대학교 교육대학원 석사학위논문.

이명순(2000). 유치원교사가 되어 가는 과정에 관한 이야기. 중앙대학교 대학원 박사학위논문.

이분려(1998). 유치원 조직풍토와 직무만족 및 교사효능감의 관계. 이화여자대학교 교육대학원 석사학위논문.

이영자, 권영례(1997). 유아교육기관의 운영관리. 서울: 창지사.

이영석, 정찬주, 박인권, 박재환(1994). 유아교육실습. 서울: 형설출판사.

이유미(1996). 교육실습 지도교사의 역할수행에 관한 연구. 전남대학교 교육대학원 석사학위논문.

이윤상(1995). 심리학 개론. 서울: 기독교문서선교회.

이정환, 박은혜(1996). 교사들을 위한 교사 관찰 워크북 II. 서울: 한국어린이육영회.

임승렬(1995). 유아교사 양성을 위한 교육실습 개선방안. 덕성여자대학교 교육연구, 4, 77-97.

______(1999). 교육실습생의 발달단계에 따른 발달 장학에 관한 연구. 한국교사교육, 16(1), 259-182.

임영서(1999). 유아교육실습. 서울: 정민사.

장현갑, 강성군(1996). 스트레스와 정신건강. 서울: 학지사.

장휘숙(1996). 아동연구법. 서울: 창지사.

전경원(2003). 창의성을 중심으로 한 유아과학교육. 서울: 학문사.

전경원, 황혜성(2004). 유아교육실습의 이론과 실제. 서울: 교문사.

정용부, 고영인, 신경일(2003). 아동생활지도와 상담. 서울: 학지사.

정재철(1977). 교육실습. 서울: 교육출판사.

조상일(1996). 대학과 협력학교 간의 협력체제 모형에 의한 교육실습 개선에 관한 연구. 충남대학교 대학원 박사학위논문.

조운주(2001). 실습지도교사 교육 프로그램 모형 개발. 이화여자대학교 대학원 박사학위논문.

______(2004). 유아교육교육실습생의 특성 및 지원 맥락에 대한 이해. 한국교원교육, 21(20), 5-25.

______(2019). 변화하는 사회에서 교사의 유아교육 실천. 한국육아지원학회(편). 2019년 정기학술대회 자료집. 머지않은 미래사회의 급격한 변화와 영유아교육의 질 제고: 놀이, 교육과정, 교사(pp. 79-93). 서울: 한국육아지원학회.

조운주, 손미령(2005). 유아교사 양성을 위한 교육실습체제 비교: 한국과 미국의 사례를 중심으로. 영유아교육연구, 8, 181-201.

조운주, 최일선(2004). 유아교육기관에서의 유아생활지도. 서울: 창지사.

____________(2006). 교육실습생 포트폴리오 구성 모형 개발. 유아교육연구, 26(4), 239-259.

____________(2020). 유아사회교육(2판). 서울: 창지사.

조인경(1993). 교생들이 인식한 유치원 교육실습 지도교사의 역할 수행. 이화여자대학교 대학원 석사학위논문.

주삼환, 이석열, 김홍운, 이금화, 이명희(1998). 수업관찰과 분석. 서울: 원미사.

차갑부(1993). 성인교육방법론. 서울: 양서원.

최일선, 조운주(2010). 유아교육평가의 이론과 실제. 서울: 창지사.

한국 스트레스 매니지먼트 연구소(1991). 스트레스 매니지먼트 워크북.

행정안전부(2017). 공문서 작성 방법을 쉽고 편하게 바꾼다. http://www.mois.go.kr/에서 인출.

황해익(2000). 유아교육평가. 서울: 창지사.

Acheson, K. A., & Gall, M. D. (2003). *Clinical supervision and teacher development*. MA: John Wiley & Sons, Inc.

Adams, T. L. (1996). Modeling authentic assessment for preservice elementary school teachers. *Teacher Educator, 32*(2), 75-84.

Albrecht, B. (1996). *Wisconsin cooperative education state skill standar certificate program. Mentor training guide*. (ERIC Document Reproduction Service No. ED 399 466).

Arizona Department of Education (2012). *Requirement for the early childhood education certification*. http://www.azed.gov에서 인출.

Arter, J. A., & Spandel, V. (1992). Using portfolios of student work in instruction and assessment. *Educational Measurement: Issues and Practice, 11*(1), 36-44.

Ballantyne, R., Hansford, B., & Packer, J. (1995). Mentoring beginning teachers a qualitative analysis of process and outcomes. *Educational Review, 47*(3), 297-307.

Barton, J., & Collins, A. (1993). Portfolios in teacher education. *Journal of Teacher Education, 44*(3), 200-209.

Brand, S. F. (1990). Undergraduates and beginning preschool teachers working with young children educational and developmental issues. *Young Children, 45*(2), 19-24.

Braty, J . J. (2001). 유아를 위한 친사회적 행동지도. 이기숙, 강숙현 역. 서울: 이화여자대학교 출판부. (원저 출판 : 1999)

Campbell, D. M., Cignetti, P. B., Melenyzer, B. J., Nettles, D. H., & Wyman, R. M. (1997). *How to develop a professional portfolio: A manual for teachers*. Boston: Allyn & Bacon.

Carter, K., & Richardson, V. (1989). A curriculum for an initial-year-of-teaching program. *The Elementary School Journal, 89*(4), 405-419.

Caruso, J. J. (2000). Cooperating teacher and student teacher phases of development. *Young Children, 55*(1), 75-81.

Caruso, J. J., & Fawcett, M. T. (1992). 발달적 접근에 의한 유아교육기관 장학론. 이은화, 조부경 역. 서울: 교문사. (원저 출판: 1986)

Cherrington, S., & McLaughlin, T. (2017). *Creating a rich curriculum through intentional teaching*. https://www.victoria.ac.nz에서 인출.

Collier, S. T. (1999). Characteristics of reflective thought during the student teaching experience. *Journal of Teacher Education, 50*(3), 173-181.

Colton, A. B., & Sparks-Lamger, G. M. (1993). A conceptual framework to guide the development of teacher reflection and decision making. *Journal of Teacher Education, 44*(10), 45-54.

Cohn, M. M., & Gellman, V. C. (1988). Supervision: A developmental approach for forstering inquiry in preservice teacher education. *Journal of Teacher Education, 39*(2), 2-8.

Copas, E. M. (1984). Critical requirements for cooperating teachers. *Journal of Teacher Education, 35*(6), 49-54.

Costantino, P. M., & DeLorenzo, M. N. (2002). *Developing a professional teaching portfolio*. Boston: A Pearson Education Company.

Cotton, E. G., & Fischer, C. R. (1992). *School and university partners in education: The selection and preparation of effective cooperating teachers*. (ERIC Document Reproduction Service No. ED 344 842).

Cross, R. (1995). The role in utilizing the support system for the newly qualified teacher. *School Organization, 15*(1), 35-42.

Danniels, E., & Pyle, A. (2018). *Defining play-based learning*. http://www.child-encyclopedia.com/play에서 인출.

Davies, M. A., & Willis, E. (2001). Though the looking class : Preservice professional portfolios. *The Teacher Educator, 37*(1), 27-36.

Diamantes, T. (1996). *Using portfolio to assessment teacher progress*. (ERIC Document Reproduction Service No. ED 405 360).

Dodge, D. T. (1988). *A guide for supervisors and trainers on implementing the creative curriculum for early childhood* (2nd ed.). Washington, DC: Teaching Strategies.

Doolittle, P. (1994). *Teacher portfolio assessment*. (ERIC Document Reproduction Service No. ED 385 608).

Eltiste, W. K. (1989). *A study to determine the effects of a supervision training program upon cooperating teachers and student teachers*. Doctoral dissertation, The University of Nebraska.

Ellenson, A. (1990). 사회 적응을 위한 인간관계. 이근후, 박영수 역. 서울: 하나의학사.

Field, B. (1994a). The new role of the teacher-mentoring. In. B. Field, & T. Field(Ed.),

Teacher as Mentors: A practical guide(pp. 8-26). London: Falmer Press.

_______ (1994b). The past role of the teacher-supervision as socialization. In. B. Field, & T. Field(Ed.), *Teacher as Mentors: A practical guide*(pp. 26-45). London: Falmer Press.

Fritz, S., Brown, W., Lunde, J. P., & Banset, E. A. (1999). *Interpersonal skill for leadership*. New Jersey: Prentice Hall, Inc.

Friedman, M., & Rosenman, R. H. (1974). *Type a behavior heart*. New York: Knopf.

Georgi, D., & Crowe, J. (1998). Digital portfolios: A confluence of portfolio assessment and technology. *Teacher Education Quarterly. 25*(1), 73-84.

Glatthorn, A. A. (1987). Cooperative professional development: Peer-centered options for teacher growth. *Educational Leadership, 41*(7), 12-15.

Glickman, C. D., Gordon, S. P., & Ross-Gordon, J. M. (2001). *Supervision and instructional leadership: A developmental approach*. Boston: Allyn & Bacon.

Gratch, A. (1998). Beginning teacher and mentoring relationships. *Journal of Teacher Education, 49*(3), 220-227.

Gray, J. C. (1999). *A collaborative model for the supervision of student teaching*. (ERIC Document Reproduction Service No. ED 428 046).

Grimmett, P. P., & Ratzlaff, H. C. (1986). Expectations for the cooperating teacher role. *Journal of Teacher Education, 37*(6), 41-50.

Gullo, D. F. (1994). *Devellopmentally appropriate teaching in early childhood*. Washington, D. C.: NEA.

Hawkey, K. (1998). Mentor pedagogy and student teacher professional delopment: A Study of two mentoring relationships. *Teaching and Teacher Education, 14*(6), 657-670.

Hedges, H., Cullen, J., & Jordan, B. (2011). Early years curriculum: funds of knowledge as a conceptual framework for children' interests. *Journal of Curriculum Studies, 43*(2), 185 - 205.

Hill, B. C., & Ruptic, C. (1994). *Practical aspects of authentic assessment : Putting the pieces together*. Norwood, MA: Christopher-Gordon Pub.

Holden, J. (1995). *Mentoring framworks for Texas teachers*. (ERIC Document Reproduction Service No. ED 398 227).

Holden, G. (1997). Changing the way kids settle conflicts. *Educational leadership, 54*(8), 74-

76.

Hoper, L. J. (1999). *Portfolio assessment as summative documentation in a teacher preparation program*. (ERIC Document Reproduction Service No. ED 435 754).

Hopkins, W. S., & Moore, K. D. (1993). *Clinical supervision: A practical guide to student teacher supervision*. NY: Wm. C. Brown Communications, Inc.

Hurst, B., Wilson, C., & Cramer, G. (1998). Professional teaching portfolios. *Phi Delta Kappan, 79*(8). 578-583.

Jones, L., Reid, D., & Bevins, S. (1997). Teachers' perceptions of mentoring in collaborative model of initial teacher training. *Journal of Education for Teaching 23*(3), 253-261.

Kimble, G. A., Garmezy, N., & Zigler, E. (1987). 현대심리학 원론. 김경린, 김경환 공역. 서울: 중앙적성출판사. (원저 출판 : 1984)

Kinight, S. L., Wiseman, D., & Smith, C. W. (1992). The reflectivity-activity dilemma in school-university partnerships. *Journal of Teacher Education, 43*(3), 269-277.

Knowles, M. S. (1980). *Modern practice of adult education: From pedagogy to andragogy*(2nd ed.). Chicago: Association/Follett.

Koster, B., Korthagan, F. A. J., & Wubbels, T. H. (1998). Is there anything left or us : Functions of cooperating teachers and teacher educators. *European Journal of Teacher Education, 21*(1), 75-89.

Kuczen, B. (1997). 아동의 스트레스. 강영자, 박성옥, 양명숙 편역. 서울: 양서원. (원저 출판 : 1987)

Lowenhaupt, M. A., & Stephanik, C. E. (1999). *Making student teaching work: Creating a partnership*. (ERIC Document Reproduction Service No. ED 429 939).

Machado, J. M., & Meyer-Botnarescue, H. (2001). *Student Teaching: Early childhood practicum guide*. NY: Thomson Learning, Inc.

________________ (2004). *Student Teaching: Early childhood practicum guide*. NY: Thomson Learning, Inc.

Maynard, T., & Furlong, F. (1994). Learning to teach and model of mentoring, In. D. McIntyre, H. Hagger, & M. Wilkin(Ed.), *Mentoring: Perspectives on school-based teacher Education*(pp. 69-85). London: Kogan Page.

Meisels, S., & Steele, D. (1991). *The early childhood portfolio collection process. Center for human growth and development*. Ann Arbor, MI: University of Michigan.

McDermott, P., Gormeley, K., Rothenberg, J., & Hammer, J. (1995). The influence of classroom practica experiences on student teachers' thoughts about teaching. *Journal of Teacher Education, 46*(3), 184-191.

Miller, D. F. (2003). 아동 생활 지도. 조희숙, 공숙자, 김선옥 공역. 서울: 창지사. (원저 출판 : 2000)

Mokhtari, K., Yellin, D., Bull, K., & Montgomery, D. (1996). Portfolio assessment in teacher education: Impact on preservice teachers' knowledge and attitudes. *Journal of Teacher Education, 47*(4), 245-252.

Moses, J. R. (1995). *Roles and relationship in student teaching : A role-play activity*. (ERIC Document Reproduction Service No. ED 381-501).

Murray-Harrvey, R. (2002). How teacher education students cope with practicum concerns. *The Teacher Educator, 37*(2), 117-132.

Nichol, J. (1993). The Exeter school-based PGCE an alternative initial teacher training model. *Journal of Education for Teacher, 19*(3), 303-323.

Oken-Wright, P. (1992). From tug of war to "let's make a deal": The teacher's role. *Young Children, 48*(1), 15-20.

Piland, D., & Anglin, J. (1993). It is only a stage they are going through: The development of student teachers. *Action in Teacher Education, 15*(3), 19-26.

Polachek, D. M. (1992). *Professional awareness for cooperating teacher*. (ERIC Document Reproduction Service No. ED 346 070).

Pultorak, E. G. (1993). Facilitating reflective thought in novice teacher. *Journal of Teacher education, 44*(4). 288-296.

Reynolds, E. (1992) What is competent beginning teaching? A review of the literature. *Review of Educational Research, 62*(1), 1-35.

Roe, B. D., & Ross, E. P. (1998). *Student teaching and field experiences handbook*. New Jersey: Prentice-Hall, Inc.

Ross, D. D. (1989). First steps in developing a reflective approach. *Journal of Teacher Education, 40*(2), 22-30.

Sandberga, A., Lillvista, A., Sheridanb, S., & Williamsb, P. (2012). Play competence as a window to preschool teachers' competence. *International Journal of Play Therapy, 2*(2):184-196. DOI:10.1080/21594937.2012.693385

Santer, J., Griffiths, C., & Goodall, D. (2007). *Free play in early childhood*. Wakley Street, London: National Children' s Bureau.

Schwelbel, A. I., Schwelbel, B. L., Schwelbel, C. R., & Schwelbel, M. (1996). *The student teacher' s handbook*. New Jersey: Lawrwnce Erlbaum Associates, Inc.

Scott, G. T. (1999). *Toward mastery of the craft: Mentoring to improve practice in novice teachers*. Doctoral dissertation, University of California.

Sparks-Langer, G., Simmons, J. M., & Pasch. M. (1990). Reflective pedagogical thinking: How can we promote it and measure it. *Journal of Teacher Education. 41*(4), 23-32.

State of Delaware (2009). *Titie 14 education Delaware administrative code*. http://regulations.delaware.gov에서 인출.

State of Michigan (2013). *General requirements for Michigan teacher certification*. http://www.michigan.gov에서 인출.

Stone, B. A. (1998). Problems, pitfalls, and benefits of portfolios. *Teacher Education Quarterly, 25*(1), 105-114.

Stout, C. J. (1989). Theacher' views of the emphasis on reflective teaching skill during their student teaching. *The Elementary School Journal, 89*(4). 511-527.

Surbeck, E., Han, E., & Mayer, J. (1991). Assessing reflective responses in journals. *Educational Leadership, 48*(6), 25-29.

Sunstein, B. S., & Potts, J. P. (1998). Literacy stories extended: Of reflection and teachers' portfolio. *Teacher Education Quarterly, 25*(1), 61-72.

United States Department of Education (2001). *Initial certification requirements*. http://www.title2.org/에서 인출.

Veale, A. (1989). Becoming a teacher: Early childhood practicum experiences. *Early Childhood Development and Care, 52*, 1-4.

Wade, R. C. (1997). Empowerment in student teaching through community service learning. *Theory into Practice, 36*(3), 184-191.

Wadlington, E. (1995). Basing early childhood teacher education on adult education principles. *Young Children, 50*(4), 76-80.

Westerman, D. A. (1991). Expert and novice teacher decision making. *Journal of Teacher Education, 42*(4), 292-305.

Wheeler, E. J. (1994). *Peer conflicts in classroom*. (ERIC Document Reproduction Service No. ED 372 874).

Wolf, K., & Dietz, M. (1998). Teaching portfolios: Purposes and possibility. *Teacher Education Quarterly, 25*(1). 9-22.

Wyatt, F. R. (1999). A cohort model for supervision of preservice teachers developed by mentor teacher. *Teaching and Change, 6*(3), 314-328.

저자소개

박은혜

이화여자대학교 유아교육과(학사)

이화여자대학교 대학원 유아교육과(석사)

미국 아리조나 주립대학 유아교육과(박사)

미국 뉴욕 주립대학(제네시오 소재) 유아교육전공 교수 역임

현 이화여자대학교 유아교육과 교수

조운주

이화여자대학교 유아교육과(학사)

이화여자대학교 대학원 유아교육과(석사, 박사)

새새싹 유치원 교사

한국행동과학연구소 연구원

한국어린이육영회 연수원 교수

현 한국교통대학교 유아교육학과 교수

제3판

반성적 실천을 위한 **유아교육실습**

초 판 1쇄 발행 2006년 11월 28일
초 판 4쇄 발행 2011년 1월 25일
개 정 5쇄 발행 2017년 7월 10일
제3판 3쇄 발행 2024년 8월 26일

지 은 이 | 박은혜 · 조운주
펴 낸 이 | 김기섭
책임편집 | 이윤희
펴 낸 곳 | 창지사 www.changjisa.com
153-802 서울시 금천구 가산디지털 1로 83 파트너스타워 1차 9층
전화 (02) 719-2211~3
팩스 (02) 701-9386
등 록 | 1977년 4월 28일 · 제1-421호

ISBN 978-89-426-1343-4 (93370)

값 16,000원